歷史視野中的
地方發展與變遷

—— 濁水溪畔的 二水 北斗 二林

張素玢 著

臺灣 學生書局 印行

濁水溪主流　從信義鄉眺望地利與雙龍村　鄧坤海 攝

洪長源解說帶領勘查濁水溪下游堤防工事 2001.6.12

從河川地遠眺八卦山脈　張素玢 攝

濁水溪主流　仁愛鄉萬大水庫　鄧坤海 攝

乘屋

臺邑新港社熟番豐
年秋成後築屋起蓋
其諸邑各社彥如此

春米獵歸圖局部　取自《番社采風圖考》

乘屋圖　取自《番社采風圖考》

娶親圖局部　取自《番社采風圖考》

東螺街民訪東螺社民（攝於埔里籃城）　張素玢 攝

水的番仔崙　張素玢 攝 2000.11.13

康熙古地圖中的東螺社

北斗街的中心奠安宮重建奠基　柯鴻基 攝 1989

奠安宮燈篙安座　柯鴻基 攝 2003.12.9

香爐　北斗舊街（東螺舊社街）　林建成 提供

大甲媽祖繞境北斗，1990.4

北斗大榕樹為鎮民下棋的好去處　柯鴻基 攝

二林冬季的油菜田 張素玢 攝

收集甘蔗的小火車 張素玢 攝，1995.1.16

金香葡萄—如黃金般燦爛的果實 張素玢 攝

二林的金香葡萄與黑后葡萄 張素玢 攝

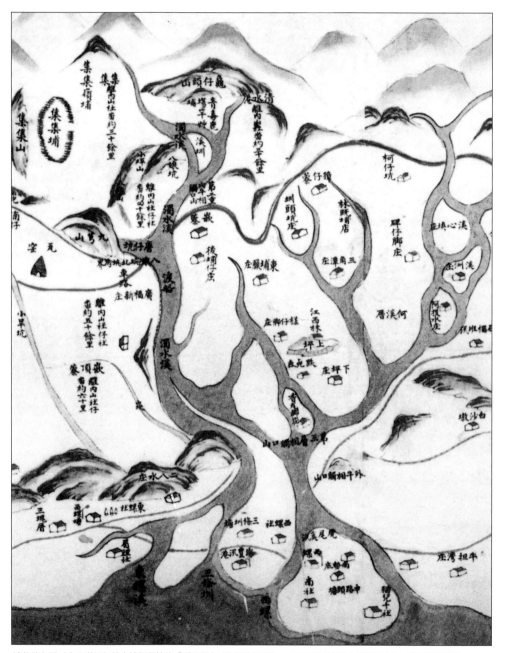

清乾隆年間（十八世紀）設山地保留地的「番界圖」，濁水溪水系圖。（賴志彰取自台大傅斯年古圖，洪英聖 翻攝）

眾木爭睹蒸汽火車頭CT278運到二水　林明雄 提供

二水地標之一龍仔頭山　陳盈源 提供

二水自行車觀光園道　陳盈源 提供

二水鼻仔頭的林先生廟　二水鄉公所 提供

縱貫線鐵路與集集線，分於二水站，左為縱貫線　柯鴻基 攝

序

　　台灣史研究成為正式的學問約在二十年前。和傳統的史學不同，它受到各種學門的挑戰，也受到政治力的干擾，走入田野尋找資料，研讀非中文的殖民者留下來的文書，已成為建構聚落史最紮實的研究方法之一。本書作者馳騁田野，用心口訪，並在檔案間尋找斷簡殘篇，使田野資料與文獻紀錄相互映證，在圖表、照片的輔助下，讀者了解二水、北斗、二林三個地方二、三百年來的變化，讀起來不僅趣味盎然，也很快地掌握了文章的脈絡。

　　二水既有水圳又有鐵路，土地肥沃，農業發達，但因土地面積太小，為了生活，人民向天爭地，在河川地上栽植，卻未能取得產權。儘管在民意代表的折衝下，政府仍然無法妥協，畢竟將好山好水留給後代子孫，也是一件重要的事。

　　北斗由繁華的商業中心到行政中心，卻因沒有鐵路通過之便利，而終究成了發展上的阻礙。

　　二林仍有著自日治時期以來農民反抗、鬥爭的傳統，只是以前為了甘蔗，現在是葡萄；殖民政府逮捕反抗者，現在的政府只能容忍。

　　在這三個地方之間，一直浮現或串出幾個值得注意的問

題：濁水溪氾濫與農業、農民之間的關係，環境變遷對人類的影響，環境保護和生產者之間的矛盾，民意代表的出現，是否改變了國家與人民之間的關係？上述幾點可能是討論台灣農村社會必然會碰到的問題，作者一一將它呈現出來，並企圖討論其背景、經過，雖不一定有結果，但其努力值得肯定。

　　本書作者張素玢博士，是一個實事求是的學者，不僅追求更深的學術研究，在教學上更是別出心裁，設計課題，帶學生做田野，希望能為學生打下研究的基礎。本書的出版，相信是她研究工作的里程碑。忝為她的老師，既欣喜此書的出版，也希望她再接再厲，成為一流的學者。謹之為序。

許雪姬

2004. 3. 6

自　序

　　1992-93年筆者撰寫「台灣中部的日本移民村」時，為政大歷史所博士班一年級的學生，因田野工作的關係，而與相關研究的學者或地方有了接觸，沒想到舊濁水溪底，竟是後來最頻繁踏查之處，也和濁水溪的「人」與「土地」，結下深深的情緣。

　　回顧過往，來回於濁水溪岸不知凡幾；或為證一說，或補文獻所闕。曾在冷冽寒冬逆風而行，在曠野中尋路問人；也曾在酷暑於濱海荒原，躲在稀疏的樹影下避過當中正日。曾受溫暖的協助，也曾遭不留情的怒言相待；常終日無所獲，所幸總有意外之得。風雨的淬煉，世事的磨合，使我更通達堅毅。

　　十年來，筆者陸陸續續完成博士論文、方志與多篇濁水溪沿岸聚落的相關研究；此書多少代表我人生的重要歷程，也是研究的累積。字裡行間的背後，是老師的教導，使我有限的知識得以擴展；是地方熱心人士的協助，使調查工作能順利進行，是家人的支持，讓我不致氣餒退縮。

　　本書的出版，尤其最要感謝指導老師許雪姬教授長期的督促和臨門一腳、淡江歷史系黃繁光教授提供寶貴意見、淡江大學語獻所陳仕華教授在出版業務的協助，以及淡江歷史研究所與我共同甘苦過的學生。本書謹將個人撰寫地方史的研究成果

和實務經驗，與各界人士分享，希望藉此拋磚引玉，讓地方史志研究激盪出燦爛的火花，並以此書回報所有幫助過我的人。

　　矗立在台灣的山脊上，遠望蜿蜒流長的濁水溪與豐碩的大地，不免感懷一切。時光流轉，倏忽十載，能為珍愛土地所做的，竟也只是烙下幾些足印。

張素玢 謹識

歷史視野中的地方發展與變遷
—— 濁水溪畔的 二水 北斗 二林

目　錄

圖 目 錄

表 目 錄

第一章 緒論

I

研究動機、範圍與目的

從歷史看地方社會

文獻蒐集與地方史志研究

從地方建構歷史

本書將以貫時性的歷史視野，論述濁水溪下游二水、北斗、二林的社會發展與變遷。族群上，包括先住民與漢人；時間上溯荷蘭時期至二十世紀末，為一個長時距的地方史研究。在資料上，除了史料文獻以外，並廣為蒐集地方文獻、檔案，如契字、文書、碑刻、文物、族譜與地政、戶政資料，綜合史學、人類學的研究方法，從案牘、從田野，進行微觀探討，俾能明今知古，呈現動態而有生命的地方史，並凸顯社會發展的特質，以了解在自然環境—— 濁水溪影響之下，三者的同質性和異質性。最後再以巨視的角度，由國史的格局，勾勒出地方史的樣態。

提供字契的鄭子賢先生攝影留念 2000.11.13

第一節　研究動機、範圍與目的

　　從1993年起到2002年近十載，筆者一直在彰化平原南區，即舊濁水溪下游地區（大致在今彰化縣福興鄉、二水鄉一線西南方)，就不同主題

圖 1-1　田野調查區域圖（新舊濁水溪流域）

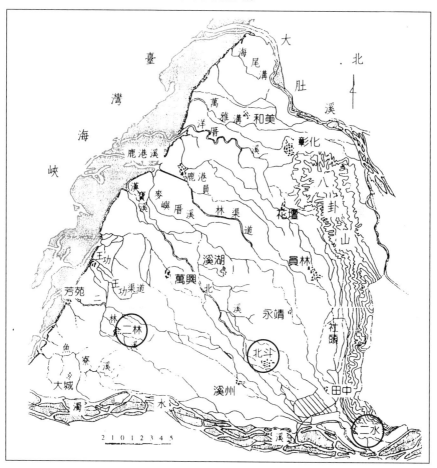

從事田野調查工作。首先進行的是〈台灣中部的日本移民村〉的研究，主要沿著舊濁水溪浮復地，進行線狀調查，涵蓋的行政區有北斗鎮、田尾鄉、埤頭鄉、二林鎮、芳苑鄉等曾建立日本移民村的聚落。至於〈戊戌水災與聚落變遷〉則從二水、田中、北斗、埤頭、二林、芳苑、溪湖、埔鹽、福興等鄉鎮，沿著舊河道進行調查，這些區域都在濁水溪沖積扇內，由此形成了本書研究的具體大範圍，並認識到此一地理區內，各聚落與水文的共同關係。

隨著研究時間的拉長，與線狀的延伸，發現即使在舊濁水溪河道區域內，人文、自然的差異性也相當大。當下產生一個疑問：到底同一地理區的不同區位，「人」與「地」交互作用，社會將呈現怎樣的發展軌跡與特質？要回答自己提出的這個問題，就必須在濁水溪沖積扇的地理區，找出幾個個案，分別代表扇頂、扇央與扇端等三個區位，觀察自然環境和人文社會互動關係，並分析形塑地方社會的原因，進而歸納台灣地方社會發展的可能脈絡。當時估計進行此一研究，不急不緩，大約要三年的時間。

1990年代，正逢方志纂修蓬勃發展的時期，筆者在因緣際會之下，參與二林鎮志的編修，除了回報一份友誼之外，一方面也希望藉由這項工作，進行實證研究。在資料蒐集的過程中，發覺單單從已刊文獻，絕對不足以撰寫內容翔實的方志，更遑論深度、廣度兼具的地方史，非得由長期的田野工作，蒐集各種隱藏在地方的文獻資料，並由口述訪談，記錄庶民生活的點點滴滴，匯集為有脈絡可循的線索，建構可信的歷史。

於是從濁水溪扇端的二林開始了探索過程，其次為扇央的北斗、最後則是扇頂的二水，前後時間幾近十年。幸運的是，三個個案研究都能配合方志的纂修，得到地方單位的行政配合，這期間其他鄉鎮的邀約，

也只好婉拒。不幸的是，濁水溪沖積扇的水文特性，使得許多珍貴契書、文獻都毀於水災，紙類文書存留下來的數量和其他地區相較（例如桃園地區），差距極大。

　　十載之間，跟隨著濁水溪新舊河道行走，藉著文獻進入歷史的隧道，發現沿河居住的「人」與「水」，有一種共生的關係，生活在相同河域的人，牽引出潛在的同質演進軸線，河流既有天然的不確定性，人們也隨著河流的擺動，群體命運為之起伏震盪。本書在方法上，似以北斗、二林、二水為個案研究，事實上三個鄉鎮歷史發展的背後，皆由濁水溪貫穿其間，它們較為鮮明的歷史光影，都與濁水溪有關；濁水溪有如一條隱微的細線，將三地串聯在一起，因此展現出異中有同，同中有異的特性。

　　彰化縣的地理環境可區分為三部分：一、八卦臺地，從大肚溪南岸直到濁水溪北岸。二、彰化隆起海岸平原，從大肚溪至麥嶼厝溪。三、濁水溪沖積扇，從麥嶼厝溪以南到濁水溪之間。[1]

　　以往對濁水溪最突出的研究是1970年代，結合地形、地質、動物、植物、土壤、考古、民族等各學科學者，所投入的「濁大計畫」。[2]「濁大計劃」整合了不同領域的專才，參與研究的學者在1980年代陸續發表相關成果，如地理學界的張瑞津、楊萬全。[3]有關濁水溪沖積扇的研究，多以自然科學的角度探討，側重在土木工程、環境科學、地理、地質學

1. 林朝棨，《台灣省通志稿》卷一〈土地志地理篇〉（台北：台灣省文獻委員會，1957），頁355。
2. 這項大型研究並沒有包括歷史領域的學者，有關漢人拓墾史、土著遷徙與漢化過程等，由民族學部門負責。
3. 張瑞津，〈濁水溪沖積扇河道變遷之探討〉，《地理學研究》7（1983），頁85-99；〈濁水溪平原的地勢分析與地形變遷〉，《地理研究報告》11（1985），頁199-227；楊萬全，〈濁水溪平原的水文地質研究〉，《地理學研究》13（1989），頁57-91。

等領域；而歷史學界對濁水溪的研究，則圍繞八堡圳為主題，至1990年以後的碩博士論文，仍以水圳、水利的研究佔最大比例，舊濁水溪流域以南的區域研究則，有待充實。[4]

　　儘管如此，本書所進行的研究，仍相當倚仗自然科學的成果，其中尤以張瑞津、楊萬全、施添福、陳美鈴、林俊全[5] 等地理學者的著作，是本書空間背景的分析基礎。陳國川對清代雲林地區的農業墾殖活動的研究，[6] 範圍涵蓋濁水溪沖積扇南區，和筆者研究的北區可做一比對。此外，民族社會學者施振民、許嘉明、林美容[7] 等人，分別研究了彰化平原的祭祀圈與社會組織、族群的地域組織等；歷史學者溫振華依時間論述清代中部的開發與社會變遷，並量化解析街庄出現時間和數目；[8] 施

---

4. 1990年代以後和本研究區相關的博碩士論文有：謝英從，〈永靖——一個彰化平原鄉鎮社區的發展史〉，中國文化大學史學研究所碩士論文（1990）；劉俊龍，〈水圳建設與彰化平原的開發〉國立成功大學歷史語言研究所碩士論文（1992）；顧雅文，〈八堡圳與彰化平原人文、自然環境變遷之互動歷程〉，台大歷史研究所碩士論文（1999）；蘇容立，〈水利開發對台灣中部經濟發展之影響〉，國立成功大學歷史學系碩士論文（2000）；楊勝，〈鹿港的角頭與角頭廟〉，中原大學建築研究所碩士論文（2001）；林福星，〈台灣「八七水災」的救災與重建——以彰化縣為例〉，國立中興大學歷史學系碩士論文（2001）。至於研究濁水溪沖積扇區域的論文只有二篇：吳忠緯，〈北斗：一個台灣市鎮的興衰變遷史〉，國立政治大學歷史研究所碩士論文（1996）；蔡明雲，〈由祭祀圈看北斗地區漢人聚落的形成與發展〉，國立政治大學歷史研究所碩士論文（1996）。
5. 施添福，《鹿港鎮志》〈地理篇〉（鹿港：鹿港鎮公所，2000）；陳美鈴，《二林鎮志》〈地理篇〉（二林：二林鎮公所，2000），林俊全，《芳苑鄉志》〈地理篇〉（芳苑：芳苑鄉公所，1997），這些方志都對彰化地區和濁水溪沖積扇的水文、地質、自然生態作了詳細的陳述。
6. 陳國川，《清代雲林地區的農業墾殖與活動》，地理研究叢書第29號，（台北：國立台灣師範大學地理系，2002）。
7. 參考施振民，〈祭祀圈與社會組織——彰化平原聚落發展模式的探討〉，《中央研究院民族所研究集刊》36（1973），頁191-208；許嘉明，〈彰化平原的地域組織〉，《中央研究院民族所研究集刊》36（1973），頁165-188；林美容，〈彰化媽祖的信仰圈〉，《中央研究院民族所研究集刊》68（1989），頁41-104。
8. 溫振華，〈清代中部的開發和社會變遷〉，《師大歷史學報》11（1983），頁43-95。

添福以行政、軍事、規模大小，分析清代台灣市街的分化和成長；[9]社會
學者柯志明探索米糖相剋、台灣農民的分類與分化問題，[10]這些專論對
筆者都有啟發性作用。許雪姬等學者，對彰化民居的調查研究，有助於
掌握地方家族與聚落的發展；[11]洪麗完對二林社、大突社和二林開拓史
的探討，[12]恰好彌補筆者對彰化南區平埔族與二林開發史研究的部分缺
口。

　　本書的章節安排，第一章為緒論，闡述主書研究範圍、方法、內容
重點、主旨和田野工作的經驗。

　　第二章描繪濁水溪沖積扇的水文特徵、河道的變遷，說明濁水溪容
易改道，水患頻仍的因素，並探敘述日治時期的河川工事，以及工事完
成後，濁水溪沖積扇區域地貌和農業環境的轉變。

　　第三章敘述濁水溪沖積扇的先住民——平埔族。這片土地上除了漢
人的活動，更早期是屬平埔族東螺社、二林社、大突社、眉裡社的生活
空間，這四支平埔族的分佈跨越了北斗、二林、二水地區，實涵蓋了整
個彰化南區，略等於整個濁水溪沖積扇面。書中除了敘述平埔社群的風
俗習慣以外，其重點是根據田調蒐集的珍貴古文書，重新釐清東螺、眉
裡社的社域，並分析平埔人之大遷移與水文的關連。

　　彰化地區的平埔族，以位於濁水溪沖積扇的東螺社、二林社、眉裡
社遷居埔里人數較多，尤其東螺社人數居首並獨立成庄。另外，大肚溪
以南的社群，唯有東螺社兩次都參與西部平埔族大遷徙；東螺社在荷蘭

9. 施添福，〈清代台灣市街的分化和成長：行政、軍事和規模的相關分析〉，《台灣風物》
　　39：2（1989.6）、40：1（1990.3），頁1-40、頁37-65。
10. 柯志明，〈台灣農民的分類與分化〉，《中央研究院民族所研究集刊》72（1993），頁107-
　　150；〈米糖相剋——日本殖民主義下台灣的發展與從屬〉，《當代》69（1993），頁70-93。
11. 許雪姬、賴志彰，《彰化民居》（彰化：彰化縣文化中心，1994）。
12. 洪麗完，《二林鎮志》〈開拓史〉（二林：二林鎮公所，2000）。

圖1-2 二水、北斗、二林行政區域圖

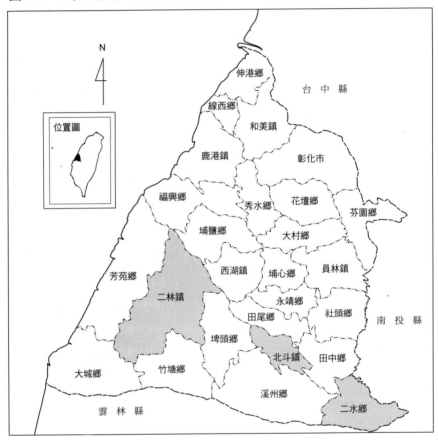

時期既非中部部落聯盟的一社,在清代也不曾參與大甲西社事件
(1731、1732),那麼到底是何等原因,參與清嘉慶九年(1804)的族群
大遷移?為何東螺、眉裡社積極求去?本書將從濁水溪水文的因素,提
供族群遷移的另一種解釋。

接下來按地理區安排章節,依次為第四章位於扇頂的二水、第五章
北斗、第六章二林。第七章縱論,則以濁水溪和地方社會的變遷為主

軸，做一連貫性的分析[13]。

「二水」位於濁水溪沖積扇的扇頂部位，是河流湧出山隘進入平原的當口，地理環境一方近水，一邊靠山，雖然地處彰化平原最南端的邊隅，卻是清代台灣水利工程的要地。十八世紀初的清代中期，水圳工程如何從濁水溪尋找一個坡度適宜的地點，來引導水流進入灌溉渠道，是開圳過程中首要解決的大問題。二水的鼻子頭是從中游到下游的坡度變換點，所以成為「施厝圳」（後稱八堡圳）、「十五庄圳」的引水之處。八堡圳、十五庄圳、鼻仔頭的水門、攔水引流的石筍和林先生廟，不啻台灣水利工程最具代表之處。

第四章二水鄉要探討的是，到底被夾制在「山」與「水」之間的住民，如何在有限的空間，求取最大的生活資源？展現怎樣的生存技能？「人」與「地」長期互動之下，呈現怎樣的社會樣貌？人類從過去適應、對抗自然，到過度利用自然，時代的變遷之中，經濟開發與生態保護之間，人類面臨怎樣的抉擇與挑戰？

二水山麓地區的維生方式，其實也是八卦台地山居聚落的縮影，山坡地的開發、河川地的利用，是今日生態保育的重要課題。至於砂石濫採、惡勢力把持河川的現象，更是台灣各大河川的最痛。二水從對抗環境、挑戰自然，到開始在「人」與「自然」之間尋求平衡，事實上也代表台灣環保意識的逐漸落實。

「北斗」在沖積扇中央偏頂方位，漢人入墾之初，在濁水溪南岸建「東螺街」，因河水氾濫，房舍田園均遭沖毀，只得另覓東螺溪和清水溪間的高亢洲地，建立「北斗街」。因處溪流南北兩岸的渡津，與東西河、

---

13. 本書指涉的濁水溪在不同的時代有不同名稱，清代為「東螺溪」、「寶斗溪」或「北斗溪」，日治時期不同的河段，而有「羅水溪」、「大突溪」、「舊濁水溪」，戰後稱「麥嶼厝溪」、「舊濁水溪」、「西螺溪」等。

陸轉運的樞紐，造就出繁榮一時的商業街肆。日後卻因水災的頻仍和地理區位重心的轉移而日漸衰微。北斗在清代是民變多發之處，日治時期在異族統治之下，政治活動與社會運動都相當蓬勃，政權興替明顯影響著地方社會發展。因此，第五章內容將依時間順序，討論幾個重點：北斗從繁榮到衰微的社會變貌及其原因。清初閩粵合墾、遷街北斗漳泉分居，為何沒有發生族群衝突？北斗不同時期的地方菁英，在當時各扮演何種角色？對社會起了何種作用？北斗從興盛到平淡，與交通區位的關係如何？

「二林」位在沖積扇外緣，雖然與二水、北斗在同一地理區，但自然條件對本地的影響、住民對環境的肆應，與前兩鄉鎮有所不同。二水是一個耕地十分狹小的農業鄉，北斗雖為商業街肆、行政中心，方圓面積也相當有限。二林土地遼闊，卻因位於濁水溪扇緣之故，飽受風害、沙害，農業不振。日治中期，殖民政府積極進行河川工程和防沙工事，改變了二林原有的生態環境，成為新一波土地拓殖的重鎮，並導向農業商品化，農民性格也隨之改變。

二林因濁水溪沖積扇扇端的地理位置，住民在「風頭水尾」與自然艱苦奮鬥，視之為宿命。但是日治時期以後，由於防沙和治水工事完成，竟扭轉了二林的農業環境，成為彰化南區最具開發潛力的地方，並發展為一個糖業街庄。

日治時期，因糖業而崛起的街庄不在少數，彰化平原除了二林，還有溪州、溪湖，濁水溪以南有虎尾、橋頭……等等。問題是，二林為何為成為蔗農事件的爆發處？戰後，二林的葡萄農又為什麼成為果農運動中最具代表的抗爭行動？過去研究者幾乎都將焦點放在蔗農事件，本書第六章跨時代研究二林的地方社會，將進一步釐清塑造二林農民強烈個性的自然與人文因素。內容將以農業環境改善、土地、資本、生產關係

的變化和糾葛為中心議題。

　　就歷史意義來說，二林是農民抗爭史上最重要的地方。第一次蔗農集體請願成功發生在二林（1924林本源製糖會社蔗農爭議），農民運動肇始於二林（1925二林蔗農事件），這種抗議性格，延伸到戰後葡萄農與公賣局的抗爭；戰後1980末到1990年代的果農抗爭，以二林釀酒葡農抗爭的時間最長，並獲得最多具體結果。

　　本書研究的二水、北斗、二林等三個地方，最明顯的同質性，就是濁水溪水文對社會民生的影響；但是位於濁水溪沖積扇不同區位的因素，也導致三個社會的異質發展，三者的發展曲線與性質也互有差異，本書將在各章節一一敘述分析。

第二節　從歷史看地方社會

　　本書選擇位在濁水溪沖積扇的北斗、二林和二水加以論述，地理環境雖是考量的因素，但是本質上仍以歷史學進行研究。歷史與自然科學解釋角度的差異是，歷史不在解釋敘述「生態環境」本身，而著重自然環境對社會發展的影響；「人」與「地」交互作用下，所產生的「事」、「物」，才是重心所在。不過地理因素在本書的份量，仍比一般歷史研究著作為重，它不只是鋪陳歷史發展的場景，更是形塑社會的自然動力。

　　筆者的研究方法之一為人類學、民族學的田野調查。歷史學看待田野調查或記錄口述資料的態度，和前兩者不同；人類、民族學常偏重於受訪人的經歷，事件過程與當事人的心態，歷史學將這些資料視為素材，經嚴謹的考訂推敲後，才成為歷史書寫的參考。歷史學者在田野工作中所目睹的「當代狀況」，仍須有更具體、更實證性的資料，使當代的

現實與過去的歷史，產生聯繫，以描述文化社會的歷程，並重建出地方的歷史。

社會學、政治學、地理學家往往以某種「理論」（通常是西方國家發展出來的理論），在台灣找尋驗證的可能，例如「依賴」理論[14]、「中地」模式[15]、「核心」與「邊陲」[16] 等理論或觀點。從理論進入某一時空研究，比較容易聚焦，不同學門也由此產生對談的可能。但從預設的理論切入，常易忽略事實的全貌，排除與理論相斥的部分，況且西方理論發展的歷史文化背景和台灣並不相同，尤其台灣本土的研究不過開始於近二十年，筆者認為在紮實的歷史事實建構完成後，經得起考驗的本土理論，才可能產生。

在筆者開始研究北斗、二林、二水時，幾乎沒有嚴謹的地方史研究成果可供參考，因此不打算發展某種理論或以理論闡述歷史，只想秉持建立歷史事實的原則，奠下可信賴地方史研究。另一個原因是，本書涵蓋三個地方，時間斷限從平埔族為主要住民的荷蘭時期，到二十世紀末，很難用一種特定理論進行驗證。「中地」理論與商業活動、交通因素關係密切，但是不同時期，三個地方的客觀條件都不一樣。因此，本書並不想為緊隨「中地理論」，只偏重相關條件的描述，而忽略了更深層的社會文化活動。

---

14. 夏鑄九研究彰化平原便以「依賴」和「發展」的觀點發展論述，見夏鑄九，〈空間形式演變中之依賴與發展〉，《台灣社會研究叢刊》3（1993）。

15. L. W. Crissman, *Marketing on the Chunghua Plain, Economic Organization in Chinese Society,* pp215-259, ed. By W. E. Willmott, Stanford. University Press, 1972 .Crissman. 以彰化平原的二林鎮為中心，用Skinner的「中地模式」來論述彰化平原西南部的中地階層和交易活動。

16. 歷史學者李文良亦採「中心」和「邊陲」的概念，分析台北盆地東南邊緣的社經變遷。見李文良，《中心與周緣：台北盆地東南緣淺山地區的社會經濟變遷》（板橋：台北縣文化中心，1999）。

　　事實上，L. W. Crissman 以二林為中心，在彰化平原西南部研究中地階層，便發現彰化平原街鎮的基本條件，只有某一方面和 Skinner 的模式不同，即彰化平原的周地，遠大於 Skinner 的模式。彰化平原和和 Skinner 所研究的中國大陸地區相對照，最大的差異是彰化沒有週期性的市集，也沒有標準街消失，反而出現六個街庄。Crissman 的研究結果與 Skinner 的六邊形模式並不相符。[17]

　　再談「依賴」理論（Dependency Theory）[18]，它所探討的元素之對應關係，通常一為支配、剝削、統治者，一為弱勢、依附者，這理論被廣泛應用到政治、外交、經濟、傳播、教育等社會科學。以本書的三個地方來看，日治時期以前，社會發展並沒有強烈的人為宰制因素或政治、經濟的「依賴」現象，北斗雖然一段時期和鹿港的港埠經濟有關，然而「依賴」理論無法成為解釋整個北斗發展史的唯一觀點。1930-1970年二林的蔗作、戰後出口導向的蘆筍、洋菇等商品化農業，和日治時期到戰後初期二水的鳳梨加工業等產業，勉強可套用這理論，但同樣不能用以縱覽全部的歷史發展。

　　雖然筆者沒有沿用「理論」研究地方歷史，並不代表排斥任何理論，相反的，「中地」模式、「核心與邊陲」、「依賴理論」等不啻在龐雜的歷史叢林，提供一條觀察的捷徑。只不過在一片歷史荒原中，首要之務應該是建構歷史的事實，如果台灣的地方史研究蓬勃發展，本土理論的建構將逐漸出現。[19]

---

17. 見L. W. Crissman, *Marketing on the Chunghua Plain, Economic Organization in Chinese Society*, pp250-259.

18. *Dependency theory : a critical reassessment,* edited by Dudley Seers, London : Pinter, 1981；又黃新生，〈依賴理論介紹〉，《中華雜誌》264（1985.7）。

19. 歷史地理學家施添福近年的論述可見端倪。

　　本書對地方社會作長期全面的觀察方式，也常見諸社會學領域的人類學者或民族學者，例如王崧興的研究龜山島[20]，又如 Bernard Gallin 在彰化縣埔鹽鄉「小龍村」（化名）的研究。[21] 兩者都採用人類學的民族誌方式，記錄小區域現時的狀況，歷史只是引入該地時空的光影而已。筆者以歷史學研究地方，乃從現今投射到文字或考古資料所及的最遠時距，也就是探入時間的縱深，去了解其社會之發展與變遷。莊英章對「林杞埔」[22] 社會經濟發展史的研究方式，比較接近歷史學，這是因為「濁大流域」的民族學的分科重點，已經包括漢人的拓展史。

　　近年學界有關地區性的研究，常以「地域社會」來表達具有內在關聯的整體性。「地域社會」一詞源自英文 local community 的日文翻譯，最早為社會學者所用，[23] 日本歷史學者岸本美緒也引用這個名詞，來研究江南地區[24]，國內歷史地理學者學者施添福，在從事竹塹、民雄的研究時，都用「地域社會」這一名詞來表達它在方法論上的意涵，即「承認台灣歷史地理上的區域差異」。筆者在三個個案中，也深切體會建構地方歷史，必須「面對來自區域差異的挑戰」[25]，本書以「地方」取代「地

20. 王崧興，《龜山島漢人漁村社會之研究》，《中央研究院民族所研究專刊》13（南港：中研院民族所，1967）。

21. Bernard Gallin著，蘇兆堂譯，《小龍村——蛻變中的台灣農村》（台北：聯經出版社，1979）。

22. 莊英章，《林杞埔——一個台灣市鎮的社會經濟發展史》，「中央研究院民族所研究專刊」乙種第8號，（南港：中研院民族所，1977）。

23. 參考長谷川昭彥，《地域の社會學——再編むらの振興》（東京：日本經濟評論社，1989二刷）。

24. 岸本美緒著、何淑宜譯，〈明清地域社會論的反思——「明清交替の江南社會」新書序言〉，《近代中國史研究通訊》30（2000.9），頁164-176；又〈秩序問題」與明清江南社會〉，《近代中國史研究通訊》32（2001.9），頁50-58。

25. 施添福，《清代的台灣地域社會——竹塹地區的歷史地理研究》「自序」（竹北市：新竹縣文化局，2001），頁7；又〈日治時代台灣地域社會的空間結構及其發展機制——以民雄地方為例〉，《台灣史研究》8:1（2001.10），頁1-39。

域」的原因，是為了明確空間的範圍。北斗、二林、二水這三個地方，為戰後劃分的鄉鎮行政區，回顧過去歷史的進程，這三個行政區內的各村莊、聚落，並非融入一個有機體之內，這與筆者所認知的「地域社會」之定義不盡等同，根據其原意是指居住在特定空間的人群，他們彼此有著相同規範、相互依存的關係，民眾的各項活動包含在全體的共同生活當中。[26] 日治初期行政區域不斷調整，直到大正九年（1920）行州郡制以後，街庄才有穩定的空間界線，並以政治力量將各村落縮合在一個行政區之內。

即使如此，筆者在各研究區進行田野調查時，同一地方的不同角頭，對發生他處的事情，常一無所知，這種情況尤以地形被山溝、水圳、鐵路分割的二水地區最為明顯。因為本書研究的時間長度，是從荷蘭延伸到近現代，因此只能說，從這三個地區的長期發展過程，可看出所謂的「地域社會」在各自的中心地帶約略成形，但並不適合將「地域社會」一詞，籠罩本研究區所有的歷史階段。因此本書採用較中性的「地方社會」，以歷史的視野論述濁水溪畔的北斗、二林、二水，分析先住民與漢人社會的動態發展，並透過對三個地方的解析，闡明自然環境與社會發展交互影響的事實，希望以這三個地方社會演變之特殊性，作為台灣區域發展的空間類型研究之一。

二水、北斗和二林地方史的建構過程，資料匱乏是最嚴重的問題。要呈現活生生的庶民史，就必須有當地文獻的挹注，才可能從地方認識歷史。儘管受限於客觀條件，越是年深歲久，資料越難找尋，加上當地區域性水災頻仍，紙類文書留存不易；即使如此，地方文獻的蒐集，仍然是從事地方史研究最基本的工作，下一節將說明筆者從事蒐集北斗、二林、二水文獻，建構地方史的經驗。

---

26. 長谷川昭彥，《地域の社會學——再編むらの振興》，頁10-11。

第三節 文獻蒐集與地方史志研究

　　社會人口學家陳紹馨認為，現代修志須以社會科學的觀點編纂。蔣廷黼先生也曾提出，除了文字資料，編撰者更要注重實地調查。[27] 即使是傳統方志亦從事實地調查以蒐集史料，並將之結集成冊，稱之為「採訪冊」，因此，實地調查的重要性不言自明，它是地方史志研究不可或缺的一環。經由實地調查，編撰者才能深入民間，與民眾接觸，瞭解庶民文化，從而建立密切的互動關係，並開發新史料實地調查與資料蒐集。

　　鄉、鎮是進行小區域研究最適當的範圍，其邊界多沿自舊聚落或自然地理分界，各鄉鎮又有完整的戶籍、地籍資料。然而官方文獻嚴重不足，仍是最大的問題，因現今許多鄉鎮，在前清時代只是零星的小聚落，方志或資料記載十分有限，其中可資取用的材料極為匱乏。如從清代到日治時期，彰化縣的各鄉鎮都沒有詳盡的聚落、街庄史，戰後地方上的行政機構對檔案的保存，又缺少一套嚴謹的管理辦法，以致投入小區域研究時，往往有無米之炊的感慨。即使像北斗這樣歷史悠久的街市，民間也幾乎找不到任何一張清代的契字，直到靠近扇頂的二水，才出現令人欣慰的蒐集成果。

　　1970年代以後志書的編修方興未艾，鄉鎮志的規模雖不如省、縣級，但在既有的文獻、史料中缺乏可憑資料，因此必須入鄉土田野，多方網羅散置的古文書、檔案、族譜、字據、私藏文獻等圖文資料，並透過地毯式的訪查，記錄口述歷史，以彌補不足。由於各地區域性差別甚大，必須因地制宜，以史學訓練為基礎，結合人類學、地理學的田野調查，深入地方，建立研究的基礎。以下各目分別從北斗、二林、二水地區的個案來作說明。

---

27. 陳紹馨，〈新方志與舊方志〉，《台北文物》5：1（1956.6），頁1-2。

一、北斗的個案

　　北斗由於過去在經濟上、政治上的地位重要，故為三個地區中文獻最豐富的地方。儘管如此，進行微觀研究時，資料仍有不足。因此為了彌補這些缺憾，在地的公文書、私文書、文物、照片的蒐集，都是必要的工作。

（一）公文書

　　北斗地區可利用的資料在公文書方面，可分為下列幾項：

1. 鎮公所檔案

　　日治時期的檔案留存不多，往往是在無意中保留下來的。如〈街庄吏員身份進退記錄〉（昭和七年，1932），內容為北斗郡內各街庄吏員（即公務人員）的背景與升遷記錄，是研究日治時期地方行政人員的珍貴資料。

　　「北斗街都市計畫圖」（昭和十七年，1942），北斗於明治四十五年（1911）六月六日，第一次公布都市計畫，到昭和十七年為配合日本南進政策，重新擴大修訂。當時的行政區域還包括今天溪州、田尾的一部份，共規劃了六個公園。光復以後，歷次變更都市計畫時，以不符需求為由，一一廢掉公園；若以現有新、舊都市計畫圖相較，就可知道不同時代、不同政府，會產生對土地利用認知的差異，且影響了地區發展的方向。

　　北斗鎮公所各課室都留存若干檔案，最豐富、最齊全的要算《北斗鎮民代表會記錄》，時間始自民國五十年(1961)。從歷次會議記錄中，可瞭解公所、代表會的關係、歷年議題、地方建設等等事項，是研究戰後

地方發展的重要參考資料。另外《北斗新舊任鎮長移交清冊》（第五、六、七、八、九、十、十一屆）亦有助於瞭解戰後地方的行政事務。

北斗曾是全台三大牛墟之一，見證北斗牛墟風光歲月的是兩本《畜牛除籍簿》，分別為民國四十三和五十二年份(1954、1963)。在農業時代，牛隻是生產的主要獸力，對於農家有不可取代的重要性，因此從日治時期開始就有一套對於畜牛的管理辦法。牛隻在一生下來便必須辦理入籍登記，載明出生日期、出生地以及所有人等，有如戶口登記，而「牛籍」也就和人的戶口名簿有異曲同工之妙。如果牛隻的所有權有了轉移或死亡，也必須和人一樣辦理除籍的手續。

戰後，畜牛的管理大致仍依循日治時期的辦法，牛隻在出生之後，也須到鎮公所辦理牛籍登記，其上註明牛隻的種別（水牛、黃牛）、性別（牡、牝、閹）、出生年月日、產地、毛色、特徵（面漩、肩漩、臀漩……等）、登記日期、飼養場所、所有人、記事欄（註明牛隻買賣異動情形）。並附有牛形版圖，包括頭部、左側身、右側身以及後臀部等四幅；登記時將牛身上的渦漩勾出，因每隻牛身上的渦漩都不一樣，因此牛若遺失或被盜，便由這些渦漩辨識身份。當畜牛賣到外地，便要辦理除籍登記，所以管理牛籍的資料有兩種，一種是《牛籍簿》，一種《畜牛除籍簿》，

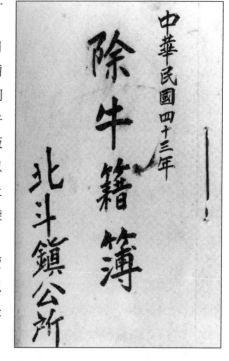

而北斗鎮公所所保存的就是《畜
牛除籍簿》，其登記的內容與
《牛籍簿》大致相同，是北斗牛
墟風光歲月的見證。

2. 地政事務所檔案

　　筆者主要利用地政事務所的
地籍圖，比對舊濁水溪河道的變
遷。將大比例尺的舊地籍圖一一
比對，重新繪製，便可知道濁水
溪護岸工程完成之後，浮現的河
川新生地面積與位置。此外，北
斗奠安宮曾有管理權之爭，鎮長
與管理委員會各執一詞，筆者則
透過「土地台帳」，以究明問題
之根源。

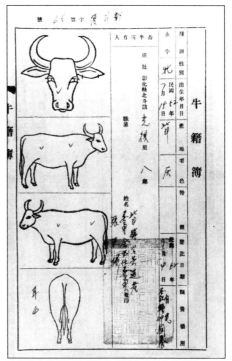

牛籍簿內之牛形版畫打勾代表牛之身上的渦眩

3. 戶政事務所檔案

　　日治時期的戶口調查簿是研究民生社會的重要線索，從北斗的《日
據時期本籍戶口調查簿》與（移民）《寄留戶口調查簿》，可分析當時民
眾吸食鴉片人口與職業、性別、種族別的關係，纏足人口與種族別，預
防接種，生熟番人數，日本移民人數、家族、原籍、遷徙等問題。

　　筆者研究日本移民村時，從（移民）《寄留戶口調查簿》，統計家戶
人數、日本原籍、遷台時間、雇工（長工）人數、寄留番地（住址）
等，由這個線索找到移民村正確的位置、並得以和移民展開長期的通

信，從事日本農業移民的研究。

日治時期的「拓士道場」檔案已銷
毀，唯有從戶政事務所的《拓士道場寄
留戶口調查簿》，可配合官方文書進行研
究。台灣總督府在昭和十五年（1940），
設立「台灣總督府拓士道場」，其目的在
鍛鍊拓士精神，學習熱帶農業的相關技
能，一方面使移民村能順利發展，實現
作為模範農村的目標。另一方面為日人
將來到南洋發展做準備，使日本人先適
應南方氣候及訓練熱帶作物栽培的技
術。[28] 全台一共有三個「拓士道場」，分

拓士道場戶口調查簿

別在台中州北斗郡北斗街、台東廳台東街、花蓮港廳鳳林街，其中以北
斗街的規模最大。從《拓士道場寄留戶口調查簿》的戶籍資料，配合北
斗出身的「拓士」口述歷史，對當時的訓練情形，訓練生的背景，得以
了解的更深入。

除了北斗戶政事務所，筆
者亦將相鄰鄉鎮戶政事務所的
資料全部翻閱完畢，目的有下
列幾點：1.了解北斗與相鄰鄉
鎮之間人口的流動。2.明瞭各
街庄社會樣態的差距。3.平埔
族人口的統計。日治時期的舊

在戶政事務所整理抄錄舊戶籍簿

---

28. 台灣總督府，《台灣事情》（1942），頁205。

戶籍簿是研究平埔族重要的線索之一，日治時期的舊戶籍簿是研究平埔族重要的線索之一，但是這些鄉鎮少數的平埔人都是從外地，尤其能高郡移入的居多。

4.政府公報、報紙類

日治時期的政府公報有：《台灣總督府府報》、《官報》、《台中廳報》、《台中州報》、《台灣新聞》，報紙有《台灣日日新報》、《台灣新報》、《台灣新民報》等，和雜誌《台灣民報》。戰後報紙主要參考《中國時報》、《聯合報》、《自由時報》等有關北斗的報導，除了圖書館館藏之外，也得力於北斗地方記者，如陳敏川、高克毅等先生的協助，提供了歷年的剪報資料。

（二） 私文書與口述歷史

民間文書有：契字、族譜、日記、地圖、帳簿、碑記、領據、祭祀公業、傳統戲曲音樂簿、寺廟台帳、舊照片等。文物包括舊農具、油車、手工業機具、戲院銅牌、神社石燈。這些資料主要來自鎮民熱心提供，一部份來自文物收藏家的幫忙，如陳慶芳、溫文卿先生等人。

筆者在北斗中所蒐集到的民間文書，以劉金木老師提供的（北斗）《鄉土調查》最重要。《鄉土調查》是一本未刊行的調查書，初稿完成於昭和六年（1931），是日治時期北斗公學校校長荒謙助，為了鄉土教學的教材，便發動全體教師進行調查有關北斗街的資料，為期兩年多（1929-1931），初稿完成後，每年派人負責修訂補記。北斗公學校的校長都有為《鄉土調查》補充訂正的責任，這也成為北斗公學校的良好傳統。這本調查書歷經第14任荒謙助校長、第15任椎田留次（1935到任）、第16任寺田清五郎（1939到任）、第17任松村逸雄（1941到任）、第18任笠野岸松

（1944到任）等校長。[29] 昭和十九年（1944）劉金木老師派任北斗公學校以後，受笠野岸松校長指派擔任修訂工作，直到1945年台灣政權轉移後，遂不負累積，而一直由劉老師收藏。[30]

　　這本《鄉土調查》以刻寫蠟紙油印而成，原書一共365頁，內容包括北斗街的歷史、自然環境、土地、戶口與勞力、產業、供需品、金融、交通、自治、各種團體、教育、生活概況、衛生、傳說等14章，逐年增添的資料以浮貼方式補上，涵蓋十分廣泛，對北斗的早年歷史與當時狀況，作了翔實的記錄。初期以同質性的鄉土調查來比較，其豐富性與詳細度，在中部地區可能居於首位，甚至在台灣也可能是佼佼者。[31]

　　李若文在梅山鄉，找到高達68冊的「小梅庄公文類纂」，能從這一批公文書資料，深入瞭解日治時期街庄的運作[32]。日治時期有一套制式的地方行政規章，指導行政運作，以此類推，各街庄應該都有「公文類纂」，但是戰後行政人員普遍缺乏檔案保存的觀念，常基於「民族精神」，對日治時期留下來的資料，任意銷毀或棄之不顧。北斗街雖然曾是北斗郡役所所在地，卻毫無這類公文書留存。

　　《鄉土調查》和公文書的性質不同，其內容非常貼近土地，對街民的生活描述尤其翔實。書中在土地所有型態，供需物品種類、數量的統計等，詳細度已超過《北斗郡大觀》、《北斗郡要覽》、《台中州統計書》，自然環境一章，有分類相當科學的植物、礦物調查；有關交通的資料，已統計出收音機數量、收聽者姓名、單位。宗教團體、社會團體也一一

29. 北斗國民小學編，《慶祝創校九十週年特別校刊》（北斗：北斗國民小學，1987），頁18。
30. 劉金木報導，2001.12.20採訪。
31. 屬日治時期台中州範圍內的街庄，筆者所知還有《鹿港鄉土調查》、《社頭鄉土調查》、《（大甲）鄉土の概況》、《大屯郡北屯鄉土誌》等。
32. 參見李若文，〈日治時代街庄研究與公文書資料──以小梅庄為例〉，《民族學研究所資料彙編》17（2002），頁67-109。

調查清楚。儘管書中並沒有註明資料來源，相信工作進行時，一定參考過街役場的各項資料，所以多少可以窺見街役場的調查報告。

　　但是，我們不能忽略調查者的身份和主觀立場；書中常以指導者、教育者的姿態，抒發感想或提出以日本文化為背景的思考。值得注意的是，北斗街在大正年間以後，政治社會運動蓬勃發展，而且北斗的地方菁英，已經成為南彰化地區的意見領袖，但是書中對這種情形，或台灣人與日人的意識型態衝突，一字不提。

　　儘管如此，筆者認為這本七十年前編寫的書，已經為今天地方史的研究打下基礎。這位北斗公學校校長，對「鄉土教育是所有教育的基礎」的認識，更值得肯定。1994年左右，劉金木老師將這本書，借予「北斗鎮志編纂小組」參考時，由於逐年增補的資料層層黏疊，紙張又日漸脆弱，稍一不慎即破裂損傷，使用上頗多不便。當時就覺得這一份珍貴的資料，應該排版印行，而極力促請地方耆老翻譯成中文。但是此書的厚度與密密麻麻的數字，常讓日文造詣甚好，卻視力不佳的長者望之卻步。直到2000年，極為熱心的二水前鄉長陳弼毅，慨然應允翻譯全書，員林父執輩施金受先生校閱，北斗劉金木老師校對，筆者負責編注，就這樣，三個鄉鎮的耆老通力合作，終於在2003年，由彰化文化局發行中日文對照的《北斗鄉土調查》。[33]

　　除了文字資料，口述歷史的記錄亦為建構地方文史的重要參考。北斗地區的口述訪談採主題式進行，即先擬定重要事件，再徵詢相關人士的看法。因為文章的撰寫並不以政治議題為唯一導向，同時呈現豐碩的社會面貌與庶民生活史，不論販夫走卒、市井商人、達官巨族都是採集

---

33. （北斗）《鄉土調查》已在2003年出版，內容包括中文翻譯與日文排印，見張素玢編注、
　　陳弼毅翻譯，《北斗鄉土調查》（彰化：彰化縣文化局，2003）。

的對象。口述資料提供了個人在歷史中鮮活的片段，反映了社會底層的聲音，也補充文字史料之不足。筆者在引用口述資料時，一直抱著謹慎的態度，能以文獻資料印證者，則反覆小心求證，無法自文獻比對者，必從不同立場者交叉訪問，以取得較客觀的資料，如尚有存疑，則加註解標明。

在北斗蒐集地方文獻的過程中，最遺憾的是古文書相當匱乏，不論走訪私人、收藏家或古物商，都未能有斬獲。推究原因，水、火災頻仍應是主要原因，所幸量多質佳的老照片彌補了這個缺憾。台灣從日治時期開始，民間開已有照片的保存，舊照片記錄著社會大事，或個人生命中的重要里程，這是以前文獻之所無者，可供我們善用的珍貴資源。一幅運用得當的相片，對文字內容的幫助，往往有畫龍點睛之效，可作為撰寫地方文史的精彩資料。北斗因在經濟與政治的發展上，曾居重要地位，過去政治人物的後代子嗣，留存許多舊照片，這些影像著實為北斗社會經濟活動的具體呈現。

二、二林的個案

二林的研究始於1993年對日本移民村舊聚落利國村（今二林鎮西庄里）的調查，其間陸續完成〈台灣中部的日本移民村〉、《二林鎮志》〈經濟篇〉、《二林鎮農會創立八十週年紀念誌》、〈憤怒的葡萄——二林葡農抗爭事件〉、〈從二林蔗農事件到葡農事件——地域與社會力的形成〉、〈私營農場與二林地區的發展（1900-1945）〉等專書或論文，〈邊際土地的開發與利用〉一文，則仍在進行研究之中。

（一）地方發展特色

　　二林不但是一個農業大鎮，更是一個從日治時期就走向商品化經濟的農業區，日治時期為源成、明治、鹽水港製糖會社的「原料採取區」，一半以上的田地為私營農場和製糖會社所有，廣大的土地受制於私人資本會社，尤其日方資本，使二林地區的農民如同勞力市場的原料被擺佈，蔗農事件爆發於二林，絕非擦槍走火，而是土地、資本與農民，交相作用下的結果。

　　戰後，台灣糖業漸漸走下坡的1960年代，已不適合稻作、產值較低的沙質地應國際市場需求，大量改植洋菇、蘆筍，使農民在經濟上得到很大的改善。1980年代，這兩項經濟作物被其他國家取代後，釀酒葡萄的栽培繼之而起，不到幾年，又成為全台葡萄產量最高的地區。

　　二林從一個沙害、風害嚴重的地區轉變為農業重鎮，自然環境——尤其是濁水溪，如何影響地方社會發展？盱衡二林的榮枯興衰與經濟作物息息相關，也是研究的重要面向，因此除了文獻資料蒐集以外，濁水溪與二林的關係、經濟作物的調查，成為研究二林的重點。

（二）田野工作的進行

1.經濟作物調查

　　既已掌握了地方特色與方向，開列出所要調查的作物項目，先向鎮公所農業課、鎮農會推廣股查尋，得到相關人士的名單。遂進行原料甘蔗栽培相關的訪談，訪談的主要對象包括溪湖糖廠所屬農場（以二林境內最多）、蔗農、原料委員等處所和人物。

　　日治時期製糖會社的土地戰後轉移至台糖公司，二林屬溪湖糖廠，農場共計有二林農場、大排沙農場、萬興農場、舊趙甲農場等，1990年代，這些農場一部份已因此而從蔗作轉為（肉豬）畜殖場。筆者雖曾閱

讀糖業相關史料，但是對作物栽培完全是門外漢，所幸訪問期間並非農忙時期，農場主任或職員可詳細解說相關專有名詞或知識，並帶至實地觀察。因此農場一個接一個調查時，個人所提出問題，也能愈來愈見深入。

台糖農場經營的考量與契作的蔗農原本不同，1990年代起蔗作的經營方式已經機械化，生產型態也為之改變；加上與農場契作的蔗農，只把蔗作當成兼業，相對於日治時期的蔗農，那種被會社剝削的深切感受，在他們身上並看不到，於是輾轉從資深農場人員，訪詢昔日治曾擔任原料委員，至今仍健在者。

日治時期的原料委員原本在地方上就是頭人，會社以其在當地的影響力和聲望，為會社招募生產所需的人力並分配產量，兼作會社與蔗農的中間媒介。戰後他們通常繼續擔任台糖公司的原料委員，因此對原料生產、栽培、製造、生產者與勞動者的微妙關係等內情都知之甚詳，他們所講述的內容，不啻活生生的台灣糖業史。

在田野實查過程中，走訪蔗農事件現場，發現原來明治、鹽水港、源成三個製糖會社的原料採取區，只是一線之隔。也就是一條線上的蔗區，土地條件類似，甘蔗品質相當，卻有三種不同收購價格，難怪蔗農心生不平，向製糖會社爭取無效之後，才憤而抗爭。蔗農事件當事者的後代，除了講述當年事件狀況，也提供族譜記載供印證，提高了口述內容的可信度。

其他的各項經濟作物，例如以出口為導向的蘆筍、洋菇，與農會契作的薏苡、蕎麥，二林特產軟枝楊桃、柳橙等，也一一實地訪查。發現農民並沒有「傳統作物」的包袱，只要國內外市場需求，立即彈性更換作物栽培。1980年代當紅的經濟作物，既無市場風險，又有極高收益的是「釀酒葡萄」。

2.葡萄風暴

除了原料甘蔗，從沒有一種作物使二林的地表景觀改變如此大。過去栽培其他經濟作物或糧食作物的農家，在1980年代以後，紛紛改種最有利潤的「釀酒葡萄」，釀酒葡萄的種植為二林帶來繁榮氣象，葡農生活因而大獲改善，紛紛改建房舍蓋起別墅，人稱「葡萄厝」。採收季節，斗苑路（芳苑到北斗）上，滿載葡萄的到南投酒廠的卡車一輛接一輛，車陣連綿不絕。在這期間，地方新聞三兩天就報導果農超收、超種，公賣局無力收購、拒收、價格等問題，引起了兩方歧見，甚至爆發大規模衝突、圍堵。葡農抗爭施壓的層次從二林農會、酒廠、公賣局、省政府，甚至針對省長宋楚瑜，從六月到八月份的二林，除了濃郁的葡萄甜味，還有濃濃的火藥味。各單位都有其立場與說詞，筆者不敢偏執一方，訪問每一環節的關係人，包括葡農、農會總幹事、推廣股、民意代表、酒廠廠長、公賣局專員、地方記者等等，發覺其中的利益糾葛十分複雜，涉及公眾人物檯面下的權勢關係，做一個歷史研究者實不適合繼續捲入漩渦裡，但因身處其間的強烈震撼，日後也寫成了〈憤怒的葡萄〉（引用美國作家史坦貝克的書名）和〈從蔗農事件到葡農事件〉兩篇文章。

3.滾滾濁水

二林的社會發展與濁水溪關係甚深，尤其是水患。清代的水災情形已成為鄉野傳說，難以考證，最早有明確記載者，是日治初期1898年的「戊戌水災」。《台灣日日新報》有登載水患本身的大致情形，至於水災對當地社會、信仰，以至聚落變遷，都不甚清楚。筆者遇見鎮公所農業課課長陳其中之父陳笔，已高齡104歲，他歷經清代、日治與中華民國政府，仍耳聰目明，水災日期、災情都可清楚告知，甚至包括源成農場日本的移民暴動，闖入農場主任辦公室的那一幕景象，因在現場擔任警衛

而能詳細道來，這是筆者田野調查所遇之「奇人」。

除了訪問耆老，筆者並在2000-2001年之間，從田中、北斗、田尾、埤頭、溪湖、埔鹽、二林到芳苑漢寶，沿舊濁水溪河道調查聚落消長，得以了解濁水溪的變遷，如何影響著地方社會。調查中發現沿河皆有「水」崇拜的習俗，聚落遭水沖沙壓而散庄的數目，至少在二十個以上，但是這部分的研究必須結合地理學門的合作，方能做出可靠的報告。

（三）地方檔案的蒐集與整理

日治時期與戰後的官方統計書，是了解二林經濟發展的入門資料，至於土地開發、私人資本對土地的利用、經營權的轉移，從現刊的文獻中仍難以探究其中的詳細情形。本書比較倚重的地方檔案與資料有：台糖公司溪湖糖廠（包括所屬農場）、二林鎮農會、二林、北斗地政事務所等檔案資料。

1. 台糖公司溪湖糖廠

溪湖糖廠為台糖公司在濁水溪以北僅存之糖廠，當時因編寫方志之故，請二林鎮公所出公函調閱相關資料，以便統計台糖接收日治時期製糖會社的土地面積與座落。前此溪湖糖廠少有學界人士去使用檔案，他們的態度較為保守，無法全面知悉資料的數量和分類情形，但是存放檔案的小間，有相當數量的日治時期地圖，可惜只能看到其中幾幅，未來若能對此作有計畫的整理與研究，其重要性應不可等閒視之。

2. 二林鎮農會資料

對一個農業鎮來說，農會是明瞭該地經濟發展狀況的最佳途徑，尤其農業推廣股。推廣股陳正雄先生不但協助筆者進行各項作物，甚至

林、牧業的調查，代為聯絡農友接受訪談，也適時解說專業的土質、土性、農藥使用等類的知識。但在統計農會款額、營運情形需調閱資料時，並不順利，近年最重要的作物釀酒葡萄，最詳細的資料都在農會，《彰化縣統計要覽》或公賣局刊行的數據，則有所不足。那段期間，筆者幾乎三兩天就出現在農會，一試再試，希望能參考農會內部資料，恰巧二林鎮農會即將慶祝成立八十年暨啟用綜合辦公廳室，正找人編纂《創立八十週年紀念誌》，筆者只好擱置手邊工作而投入其中，以此換取了各種所需資料的使用機會。

農會有最詳細的歷年釀酒葡萄種植面積、交貨數量、每筆手續費等，以至全台灣各鄉鎮栽培同一作物的統計，另外農會存款額由1985年的6億，到1995突破55億，恰恰好與釀酒葡萄的成長成正比。這股不可忽視的經濟力量，硬是讓幾位支持葡萄農的人物當選民意代表，為他們的「喉舌」。二林鎮農會總幹事卸任後，常高升全國農產運銷組織總經理或省農會總幹事。經濟力加上政治力，使得葡萄收購問題的拉鋸戰，就時間的長度、過程的複雜而言，甚至有過於日治時期的蔗農抗爭。

3.地政資料

地政事務所土地台帳的查閱與登錄，是筆者整理地方檔案花費最多力氣、最多時間的工作。地籍資料，尤其土地台帳多深鎖倉庫，民眾甚少調閱，學界利用者也不多，保存狀況遠不如戶籍資料，整理過程確實辛苦。筆者前後花了四個寒暑假，每次有幾位研究生協助，才將二林與北斗地政事務所的所有土地台帳整理就緒，目的在研究濁水溪沖積扇邊際土地開發的契機、利用方式、資本家從事土地投資與農場經營的狀況，進而明白邊際土地，亦即地目為「原野」的荒地，開發成效和帶來的利益。

二林地政事務所庋藏的土地台
帳包括二林鎮、芳苑鄉、竹塘鄉、
大城鄉共163冊。北斗地政事務所土
地台帳包括北斗鎮、田尾鄉、埤頭
鄉、溪州鄉計162冊，兩者共計325
冊。土地台帳保存的狀況好壞不
一，由於時日久遠，一般來說都有
蟲蛀的情形，更嚴重者為水漬沾

蛀蠹嚴重的舊籍

黏，一本至少要兩個鐘頭以上的時間一頁一頁剖開，甚或根本無法翻
閱。

當時先從北斗地政事務所的資料開始整理。翻閱近20本，了解記載
內容後，進行統計表格的設計，開始輸入各項資料。欄位計有地段、地
號、土地則別、地目、甲數、地租、權利者、資料來源（冊別、頁碼）、
備註等，備註欄註明土地轉移時間與前後所有者。北斗地政的資料輸入

地政事務所的倉庫內

完後，再整理二林地政事務所的土地台
帳。後來發覺原先設計的欄位，實際上
不敷使用，經調整後，部分人登錄二林
土地資料，部分人則折回北斗地政事務
所重新補登。登錄完畢後，接著一一進
行校對。

筆者過去雖曾長期利用戶政資料，
但是對地政資料比較陌生，尤其地政資
料內容更為龐雜。整理一本土地台帳歷
經的時間十倍於戶籍簿，原先只是為明
白濁水溪河川與防沙工事完成後，二林

到底有多少土地被開發出來？私人資本究竟佔有多少土地？源成農場土地分佈多廣？繼而擴及工程效益，影響所及的整個濁水溪沖積

在二林地政事務所整理輸入土地臺帳資料

扇。儘管北斗、二林地政事務所325冊土地台帳的整理已初步完成，然而後續的土地資料量化分析，目前仍在進行中。

三、二水的個案

二水地區的研究與調查進行於1999年到2002年，力圖在庶民社會收集地方文獻，以克服資料貧乏的困境。本目以彰化縣二水鄉為例，說明撰寫地方史過程中，如何進行田野工作、收集文獻，並闡述利用地方文獻，配合現有歷史資料、檔案，考訂平埔族東螺社社域與二八水地名之沿革，作為建構地方史志的基礎。

在二林地政事務所整理輸入土地臺帳資料

（一）區域特色的掌握

田野工作雖有其一般通則與方法，事先仍需針對研究的內容與方向，配合調查區域的狀況，擬定個別的計劃與步驟，即要掌握區域特色，必須在田野工作之前，廣泛搜羅各種資料作研判。以彰化縣的二水鄉為例，現有的史書、方志能找到的資料，寥寥無幾，而且多半與水圳有關。

為了彌補現有文獻的不足，筆者初步擬定：清代部分將從在地廣為蒐集字契、古文書來使用。日治時期除了《二水庄管內概況書》、《員林郡大觀》、《台中州統計書》等官書以外，並由日治時期的政府公報、報紙、雜誌，逐日、逐篇搜尋，甚至從廣告也可以找到一些蛛絲馬跡。[34]

雖然過去北斗的區域研究，曾使用過上述資料，但是當時專注在北斗，其他街庄與研究主題相關才取用，因此在二水的個案中，又重新翻閱一遍以免遺漏。

戰後由於二水鄉公所並沒有資料傳承，各課室人員異動時，亦無明確的文件移交整理，所以戰後五十年的資料保存狀況很差，有關鄉政、民事狀況，則必須從《台灣省議會公報》、《彰化縣議會公報》，藉由縣與省兩層級議員的質詢內容，了解有關二水的重要議題。另外，《二水鄉鄉民代表會會議記錄》是地方上可利用的資料，但是二水鄉民代表會的紀錄，保存的狀況也沒有北斗理想，有些年份缺漏或不知去向，編目的情形較為混亂，因此為登記重要內容而設計的填寫表格，必須一再跟著不同時期的歸檔方式更動。當時一邊翻閱，也多少幫這些龐雜的資料作一番整理。

---

34. 例如幾家製材所登載於《台灣日日新報》的廣告，意味二水在日治時期曾是原材製造重鎮。

　　除了行政單位，戰後各大報的相關報導，也是資料的來源之一。但是若以台北各圖書館庋藏的報紙去尋找，無異緣木求魚；因為報導小地方的篇幅，屈指可數，根本難以看出地方社會變容，一定要在彰化縣內的地方性圖書館，從各大報的地方版，才能找到足夠的相關新聞。不過地方各圖書館，收藏的報紙，年份各不整齊，後來透過多位地方記者提供剪報資料，才使這項報類資料蒐集工作，進行得比較順暢。[35]

　　這些資料的蒐集工作，有如大海撈針，費事耗時，正因資料有限，更不能疏忽任何可堪參考的文字和圖片。這些片片段段的資料，經分析整理過後，放在時空座標上，只是零星的點狀分布，但是二水鄉的歷史輪廓已隱約浮現，這些開發過程中的重要議題，也帶領我們去思考問題產生的背景與因素，接著在田野訪談中可進一步作深度的探討，以便將這些零碎的事件連結起來，以呈現整體而有意義的歷史敘述。

　　二水前傍濁水溪，後倚八卦台地，這個與山為鄰，與河為伴的地方，庶民生活的兩個重要元素，便是「山」和「水」。八卦台地間的山溝和橫亙於境內的八堡圳，切割了二水的空間，所以在共同的環境元素下，又發展出迥異的生活方式。考量二水的區域特性後，了解到要全面建構二水的歷史，不宜只採取重點式的田調，因此筆者以村為單位，透過地毯式蒐集資料、調查、訪談，先建立村史，作為二水歷史發展的基底。

（二）訪問與實地調查的進行

---

35. 各家報社記者，通常會將自己報導的新聞剪貼下來，整理成冊。上面註註明年、月、日，可惜常常缺記「版數」。如果該記者本身便是當地人，報導的內容正確性更高、也更詳細，備報追蹤地方事務發展的脈絡，也是了解地方社會的一條路徑。

　　閱讀過相關資料以後，對研究的地方有了基本的認識，瞭解當地的特色，便可擬定訪談綱要、問題。調查地方的發展史，和主題式訪問有所不同，前者除了掌握問題主軸以外，也要有整體性的關照，因此問題的設計，包括了下列幾個重點：

（1）地名沿革

（2）聚落的形成

（3）重要姓氏與家族

（4）經濟產業活動

（5）傳統教育

（6）民俗宗教、祭祀活動

（7）自然災害

（8）特殊人物事蹟

（9）古物、古蹟、民宅建築、老樹

　　這些綱要在訪談時，依照實際情況加以刪減、修訂，並非一成不變。通常在研讀資料文獻時，便開始擬定訪談的問題，將之歸納為幾個子題，列一清單，使訪談能有系統、有效率地進行。訪談時則根據受訪者的專長背景選定主題，不需完全按照預定的次序，一問一答，若受訪人對某事知之甚詳，則可繼續深入詢問。

　　在長達三年的工作期間，由於鄉公所提供了耆老名單，並由村里幹事作為引導者，協助找尋適當的訪談對象，逐步建立人際網絡，也化除了鄉民不必要的疑慮。由於每一個人的經驗、記憶與敘說方式相異，同一事件尤其是較為重大者，須交叉訪問，陳述相左的部分，更要配合文獻多方求證，才易趨近事實的真相，因此，田野訪問工作並非單記錄口述資料而已。

　　另一項重要的工作，便是契字、族譜、老照片的收集。二水在清代

的文獻記載不多，建立清代的部分，除了口述歷史以外也需要可靠的地方文獻。契書、字據有助於闡釋地方的開發、漢番土地關係；族譜是建立家族史的基本資料，許多族譜的內容，也涉及早期地方的開發經過。此外，值得一提的是神主牌的抄錄。所應抄錄者，不僅是神主牌上面寫的字，更要取得牌面背後那張祖先忌日的資料。然而民間對移動、打開神主牌，都有相當顧忌，往往在清

受訪者慎重翻開神主牌背面讓筆者抄錄
張素玢攝　2000.2.11

明、過年前後，才可搬動，筆者在口訪結束前，盡量請求對方，竟多能獲得應允。

　　為什麼抄錄神主牌如此重要？歷史的建構建立在可信的記載，口述資料時有錯誤，族譜可能誇大，或由於某些因素而省略更改，或移花接木，但是祖先忌日的記錄則非常慎重。往往族譜只有世系表，由世代粗略推算時間，其間相去極大，這種誤差可藉神主牌來校正，因為神主牌除了記載祖先世代別外，還會寫上生卒年。從開基祖的生卒年，又可推算這個家族在當地落腳的時段，一個聚落主要姓氏的資料統合之後，聚落形成的時間，大致就可以推估出來。

　　再來是舊照片的蒐集。二水鄉雖然只是彰化縣的一個小鄉鎮，但是在交通上，過去有縱貫鐵路、集集線鐵路與糖廠五分車鐵路在此交會，這樣的樞紐地位在台灣尚屬罕見；而在水利設施方面，又有規模龐大的八堡圳水渠系統，因此二水的老照片，有極獨特的價值。

（三）地方文獻與歷史的建構

1. 契書與平埔族東螺社社域的考訂

歷史文獻中有關二水的記載為數甚少，因此在進行時地調查訪問時，就將契字的蒐集列為重點。彰化平原南部是濁水溪的洪泛區，目前官方或私人收藏的古文書數量，和其他地區相比，相去甚多。筆者在村落調查過程，一共蒐集到67張清代的古文書（詳見本書附錄一、附錄三），日治時期的各種字據372份，這批古文書的數量，可能是五十年來，整個南彰化地區，出現契字最多的。筆者必須不厭其煩的強調，濁水溪沖積扇洪水次數太多，研究者進入此區，在清代地方文獻的蒐集過程，常有嚴重的挫折感，筆者也是長達近十年後，才有這番收穫。

這批古文書分別來自賴宗寶、陳木印、陳鰍、鄭子賢，其中以鄭子賢提供的數量最多。最早的年份起自乾隆十四年（1749），大約與二水開發的時間相吻合，其中番契約佔六分之一。這批契書上重要性如下：

(1)瞭解東螺社民姓氏由來與轉化

東螺社姓名可能採「連名制」，目前住在埔里籃城的東螺社後代，姓氏主要為「宇」、「茆」（貓）、「豹」、「李」、「乃」、「墜」，在這批古文書上有跡可尋。平埔族的姓名轉變為漢名是漸進的，嘉慶、道光年間，契字上的東螺社人名字仍以先住民語音轉為漢字，約十九世紀中期以降，改為漢人命名方式，例如阿旱亞豹、乞食阿豹為今天的「豹」姓，巴難宇士、大霞宇士推測就是埔里東螺社後裔的「宇」姓，打番墜知李為「李」姓，巴難「貓」（氏）、連貴「貓」（氏）等轉為「貓」姓或同音的「茆」，如「貓劉秀」，契字上的發加乃、眉加乃發、可能轉為「乃」姓。這些姓氏的轉換，正可說明平埔族漢化的過程。

(2)瞭解東螺作為重新考訂東螺社域的依據

清代的古文書除了提供先民入墾二水的事實以外，最重要的突破，莫過於考訂了平埔族東螺社的社域。由於契字上的四至都是最小地名，有些清代的舊地名至今已消失，有些座落在其他鄉鎮，有的因水災消失在溪流之中。為了比對契書上地名的位置，至少花三個寒暑，在二水及相鄰地區，進行地毯式的調查，才清楚地名明確的位置，再參考《清代台灣大租調查書》、《總督府檔案》、公藏的古文書等，才畫出東螺社的社域。

日治時期的平埔調查、地名辭書，往往將東螺對應為今天的埤頭鄉元埔村的番仔埔，戰後這種說法繼續被沿用，各家說法除了有東螺社或眉裡社聚落位置的差別外，兩社是屬於巴布薩族或是洪雅族也有不同的意見[36]。

由於使用二手資料，或輾轉傳抄，或未經求證而直接抄錄，以致流傳著以訛傳訛的說法。如今把過去對東螺社的認知暫且歸零，從漢人拓墾過程留下的契

提供大量古文書的鄭子賢先生 2000.11.13

---

36. 只有洪敏麟較明確地指出，番仔埔為巴布薩平埔族眉裡社「社域」之荒埔地帶，見洪敏麟編，《台灣舊地名之沿革》第二冊下（台中：台灣省文獻委員會），頁395。不過番仔埔其實不是「眉裡社」域，而是東螺社。

書、碑文等一手資料，比對「台灣堡圖」的地名，輔以實地調查。這樣一來，不但重構東螺社域的空間地圖，也訂正了以往的諸多謬誤。（詳見第三章第三節）

(3)彰化平原東螺社後裔的調查線索

筆者於1993年開始在舊濁水溪流域從事田野調查，平埔社群雖不是當時的研究重點，但是長期踏查的過程中，對東螺社漸有認知，卻苦於缺乏具體的切入點。1998年在二水鄉八卦山麓的「坑口」（二水復興村），接觸到一個「茆」姓家族，由於過去研究平埔族的經驗，對一此姓氏的族群根源，抱著達極大的好奇，認為茆家可能是平埔族。但是遍翻過舊戶籍資料，上面卻記載「茆」氏家族為「福」（閩籍）。由於日治初期調查「種族」別的時候，不少平埔族已經全然漢化，因此不能把戶籍資料當作確定種族別的唯一根據。於是幾番請託，終於打開茆家祖祠神主牌，看到背後的記載，上面寫著：開基祖茆芽，原姓「王」，來自福建省漳州府詔安縣，推翻了筆者原有的假設。直到許久之後，國史館台灣文獻館的林文龍先生，告知竹山有個「貓」姓家族，和二水是同宗親戚，於是重燃希望，再度展開調查，至小地名為「番仔田」、「番仔寮」、「番仔厝」等處訪查，經由鄉人的指點，也找到幾處番仔墓，

二水合和村山麓的「番子墓」 張素玢 攝 2000.11.13

由此對東螺社展開更深層的探索。

從1994年開始接觸到東螺社，走過北斗、埤頭、溪州、溪湖、田尾、田中，1999年終於在二水發現可能是東螺社的後裔。由二水坑口到名間、竹山、埔里，

二水合和村的「番田巷」張素玢 攝 2000.6.17

追尋著東螺社民遷徙的路線，一條條找線索，一個個茆姓家族去問；翻閱所有可能相關的十個鄉鎮舊戶籍簿，並配合蒐集到的古文書，從中抽絲剝繭，東螺社人的影像逐漸清晰了起來，二水坑口的「茆家」到底是不是東螺社，答案已經呼之欲出。

最後終於確認曾是東螺社頭目的貓姓家族，道光年間其中一支帶領東螺社遷入埔里。東螺社遷到埔里的領導頭人為「Vasin」，「Va」音近似「貓」或「茆」的閩南語讀音「狸」（麻），加上存於林仔城（籃城）的東螺社印通事名為貓劉秀，因此我們可以推論，東螺社大遷徙的領導人姓「貓」，到光緒年間，二水的東螺社土地仍以貓劉秀具名來處理。[37]（見附錄一 編號39）過去只知道舊名為「東螺街」的北斗和「番仔埔」（今埤頭鄉元埔村）屬於東螺社的範圍，至於二水雖有「番子田」、「番子厝」的舊地名，卻無法釐清老二水人到底是哪一社群的平埔族？至此，老二水人的身份終於水落石出，這使得東螺社的範圍更加清楚，與漢人土地的關係，獲得進一步的釐清。更重要的是，證實二水不但是東

---

37. 《清代台灣大租調查書》，頁433-435。

螺社的生活空間，鄉內的「番仔口」（復興村坑口）一帶，從清代以來已是東螺社的聚落，迄今仍有其後裔定居，而且可能是彰化平原僅存的東螺社人。[38]

2. 「二八水」地名的考證

二水在清代最早見諸「乾隆年間台灣番界圖」（1760），圖中標有「二八水」庄，在清代的《彰化縣志》成書年代（1831）東螺東西堡各莊名中，也出現「二八水」，[39] 日治時期行政區名仍沿用「二八水庄」，直到大正九年（1920）街庄改制，才簡稱為「二水」。

到底「二八水」之名怎麼來的？日人安倍明義在《台灣地名研究》、學者洪敏麟在《台灣舊地名沿革》、二水文史工作者賴宗寶在《二水——我的家鄉》的解釋，以及《彰化縣志稿》的內容中，都有不同的記載。

筆者從歷史文獻配合實地考察後，推論「二八水」之名應該得之於「二八水圳」。「二八水圳」大約興築於康熙五十八到六十年之間（1719-1721），是「八堡圳」與「十五分圳」這兩條重要水利設施的聯絡水圳，穿過清代二水的過圳庄。這條水圳正好是二水的中心，也是昔日二八水庄的範圍，二水舊地名的由來，應該就是源於「二八水圳」。

3. 族譜與聚落形成的探討

十八世紀初，漢人已來到二水，不過「二八水庄」之名最早要到十八世紀中葉才見諸清乾隆年間（1760）的「台灣番界圖」。清代文獻對二

---

38. 有關東螺社的調查考證經過，詳見張素玢，《二水鄉志》〈開發篇附篇〉，頁145-157。
39. 周璽，《彰化縣志》卷二〈規制志〉，頁49。又本書卷五〈祀典志〉「祠廟」，頁151：天后聖母宮一在「二八水街」。這裡雖然有「二八水街」之名，但是筆者認為此處是指天后聖母宮位於「二八水」的街上，並非已經成為街市。

水早期開發的情形幾乎沒有留下記載，因此，要了解箇中情形，主要根據聚落調查所蒐集的族譜、地契、公媽牌等資料來建構。

從族譜、公媽牌，再佐以口述資料，可明瞭二水的開發應始於八卦山麓地帶。早期的村莊，從最東邊的倡和、源泉、大園、惠民、上豐、合和以至於復興等村，都從山麓地帶較先發展，等到水圳興築完成，才逐漸拓墾到平原地區，因此山腳地區的家族到二水落腳的年代，普遍早於平原地區。但二水的許多家族是輾轉移民，才到今天居住的地方，例如大園陳家、上豐村藍家，分別來自南投名間鄉、弓鞋等處，合和村陳家則來自田中。[40] 從蒐集到的族譜分析，鄉民有極明顯的地緣關係，漳州同籍人口比率很高，少有分類械鬥或爭水爭地的衝突，過去治安不佳的原因，主要在土匪出沒搶劫。筆者進行二水地區的研究時，所運用到的各種地方文獻以地契、族譜最多，其他如電費、地租、田賦……等字據可用來分析經濟狀況，舊照片則提供社會變遷的面貌。

綜合北斗、二林、二水的地方史志研究與調查經驗，舊有史料文獻的閱讀為最優先工作，包括史籍、方志、遊記、官方檔案、碑文、古地圖、公藏古文書……等等，小區域的歷史記載不患龐雜而患極度缺乏，因為資料相當有限，所以不能忽略任何可供參考的文字和圖片。這些資料的仔細研讀之後，才能掌握調查的重點和方向，下田野後積極蒐集地方文獻，以資充實。

長期在地方從事研究調查，深覺地方人士的助力，是田野工作順利與否的關鍵因素。筆者曾在北斗得到劉金木、柯鴻基、鎮公所鄭文彬等先生的協助，二林有鎮圖書館李坤北、農會陳正雄、文史工作人士洪長源、魏金絨、許明山等先生、二水賴宗寶校長、前鄉長陳弼毅、二八水

---

40. 參考二水大園賴姓、林姓、戴姓、陳姓，源泉賴姓、陳姓、鄭姓，惠民陳姓、合和張姓，上豐藍姓等族譜及祖先牌位。

文史工作室鄭錫隆、張錫池等先生、鄉公所王惠玲小姐，以及中部收藏家溫文卿先生、現任台灣文獻館館長劉峰松、彰化縣文化局局長陳慶芳等人協助，另外報紙的地方版有較多的區域性新聞，因蒐集較為不易，也多所借重地方記者的剪報。

　　地方人士的人脈網絡和行政配合，使研究者訪談工作的障礙減到最低，尤其蒐集私書書時，常因中介者的關係，能有借閱的機會。相同的，研究者的學術訓練、專業知識，也使地方文史人士受益良多。北斗鎮在修志期間，因多位撰稿人長期在當地調查訪問，無形中帶動北斗人對過去文化的重新認識，進而醞釀組織文史學會，並於2002年正式成立。二水國中教師協助整理代表會檔案，二八水文史工作成員則參與校閱初稿，對自己的家鄉更有全面性的了解。二林成立社會大學，學員撰寫相關報告時，對鎮志倚重至深。當初地方首長或許只是把修志當成「文化政績」，但是地方志的完成，確實有帶動民眾對鄉土的認知，對鄉土產生濃厚情感的作用。

第四節 從地方建構歷史

　　從清代以來，到日治時期，以至於1970年以前的歷史撰述，都以「國史」的高度俯看地方，採用官府的立場描述，即使編纂方志也在為官方的統治提供參考。文獻所呈現的資料，多為亂事、災害，或行政區域的建置等類內容，其他對地方生態產生深遠影響的大事，反而常被忽略，或只有寥寥幾句罷了。

　　例如嘉慶十一年（1806）東螺溪大洪水，逼迫當地百姓不得不棄守已建立了半世紀的東螺街，仕紳與住民另擇他地建立新街肆，但從官方

文獻的記載，卻看不出水文對地方街市興衰的影響。像北斗這樣屬於清代的中級街肆，依官方文獻所錄，幾乎充斥著民亂和械鬥，至於當地人民社會生活史的整體樣態，反而相當模糊。

　　因此本書有意建構二水、北斗、二林較為全貌的社會史，讓地方歷史也具備自主性的價值。但這並非意味讓「地方」獨立於國家之外，而是想扭轉由國家看地方的僵化姿態，使地方史真正成為研究「國史」的厚實基礎，同時顯現出地方社會的生命力，和有「主體性」地方歷史。因此地方檔案與地方文獻，便是建構歷史的重要素材。

　　筆者主張地方歷史應建構三個層次的史料結構，分別為：第一層的庶民空間、第二層的中介空間，和第三層的政府空間。

　　第一層庶民空間的史料結構，包括官方和民間資料；前者有戶籍和地籍資料，後者為口述歷史、契字等私文書。台灣總督府於明治三十七年（1904）完成土地調查事業，建立地籍系統，隔年以地籍為基礎，利用地籍上的地番，作為該地居住者的「番地」，達到總督府「以地統人」的目標，建立台灣土地、人民和社會秩序的地理空間。[41]　日治時期的戶政和地政資料，是今天每個鄉鎮最完整、最有規制的地方檔案，舊戶籍資料的閱讀，目的在建立對庶民社會的普遍性了解，作為研究調查的基礎。

　　相對於戶政資料的了解「人」，地政事務所檔案的地籍資料，如土地台帳、地籍圖、連名書等，則有如「土地」的身份證，其原始地目、變更之地目、所有者、面積、地租、土地轉移情形等都有明確記載。

　　基礎建設工作完成後，對研究空間的社會特性、基本元素大致掌握，接著在這網狀的節點上，或針對主題，或劃定區域，逐一進行田野

---

41. 施添福，〈日治時代台灣地域社會的空間結構及其發展機制──以民雄地方為例〉，《台灣史研究》8：1（2002），頁6。

調查，蒐集口述資料、契字、族譜、老照片、私文書、地圖等各類地方文獻，完成基層地方史料的建構。

第二層中介空間的史料結構，是反應庶民社會的聲音和意見到行政體系的媒介。第二層的資料由下至上，包括鄉鎮民代表會會議記錄、縣議會記錄、省議會記錄，這是「體制內」反映民意的管道，從各級民意代表提出的問題，可明瞭不同時期當地人民的公眾事務。問題被提出的層級越高，代表牽涉越廣越複雜；非基本行政單位，或縣府所能解決，例如二林釀酒葡萄的問題，涉及農林廳、公賣局、甚至國家的農業政策，因此在省議會中屢見議員質詢。又如二水河川地的使用，也牽涉彰化、雲林兩縣，需由第四河川局擬定辦法和措施。

這些資料只反應戰後的社會狀況，日治時期的部分必須仰賴報紙和雜誌。兩者性質為大眾媒體，因此反映問題的機動性和造成的輿論效果或影響，絕不可等閒視之。例如日治時期北斗的社會治政運動、二林農民抗爭；雜誌和報紙記載了社會的波動，喚起民眾意識，從代表官方的《台灣日日新報》，和台灣人立場的《台灣民報》、《台灣新民報》報導角度的不同，也看到殖民政府與民間社會的緊張關係。戰後二水河川公地的爭執、山林保育區、盜採沙石等環保議題，二林葡農事件、北斗奠安宮古蹟保存問題，都藉由報紙將雙方的意見和爭執披露出來，造成輿論壓力，對社會力的形成也有推波助瀾的效果。

第三層史料結構為政府空間，政府行政單位發行的各種資料，可了解國家權力在地方運作的情形。這一層的資料包括檔案、官報、公文書、要覽[42]、政府公報、統計書，例如《故宮檔案》、《台灣總督府檔

---

42. 日治時期的要覽，還包括各層級地方性政府機關，所發行一系列的《要覽》、《概況書》、《大觀》、《案內》等，林秀姿，〈日治時期台灣各地區《要覽》評介〉，《台灣風物》43：1（1993），頁85。

案》、《台灣總督府府報》、《台中廳報》、《台中州報》、《台中州統計
要覽》、《台灣省政府公報》、《彰化縣統計要覽》、《彰化縣政府公報》
……等，這些大致都完整存放在各圖書館或庋藏單位。至於最基層的鄉
鎮公所各課室檔案，儘管保存狀況不一，仍不可忽略，另外，與地方有
密切關係的農、漁會、郵局、電信局、自來水廠等，亦有一些可供參考
的資料。

　　由於各地方的社會特性不同，還得依照其經濟屬性，至相關單位尋
找資料，例如和二水息息相關的第四河川局、集集攔河堰管理中心、林
務局、農林廳。二林的研究案例，則溪湖糖廠、菸酒公賣局南投酒廠等
資料，也要列入搜尋的目標。

　　必須特別指出的是，地圖類的資料，這三層史料結構可能都存在，
《台灣堡圖》、《軍部圖》、《台灣地形圖》、《兩萬五千分一地圖》、《空
照圖》等圖的重要性當然不在話下，甚至連一個日本移民所劃的部落
圖，也有助於了解移民的住民與社區結構。

　　地圖是空間的百科全書，舉凡山川水系、植被、作物、聚落、道
路、漢番界線……等等，都可以在不同時期，為某一目的測繪的地圖找
到答案。從不同年份同一性質的地圖，不但能比對出地表景觀的改變，
也可以看到社會經濟變遷，在地圖留下的痕跡；地圖包含某種意識型
態，也隱藏著許多密碼，每一人個解碼能力，因其學科背景，或研究功
力而有所不同。

　　從這三個層次的史料結構可充分體會到；在地方建構歷史，是一個
艱辛的工作，是一個毫無僥倖的歷程，要在成排的書架裡，一本一本、
一頁一頁翻閱；在一望無際的田野中，且行且問，困頓終日卻一無所
獲，乃常有的事。

　　建構地方歷史，若像製作衣服；地方史這件衣裳，無法一開始就在

布料上做大塊文章，必須隨著如梭的歲月，一經一緯，慢慢織成素布一匹，方能開始剪裁縫製，雖是一件樸實無華的衣服，卻已付出無數時間心血。如果建構地方歷史，就像種一棵樹；培育幼苗之前，還得經過一番漫長的墾荒過程。所幸數量龐大的檔案、文書資料之蒐集閱讀，曾在不同時間、空間，得到「北斗鎮志編纂小組」[43]、「台灣總督府檔案整理小組」[44]、二水國中教師[45]、淡江歷史所研究生[46]的協助，但是每一份檔案、資料的蒐集整理工作，筆者至始至終都沒有缺席。

為了讓民眾的想法意見，不再埋沒於國家政策、舉措之下，本書以較多的篇幅，呈現社會底層的聲音。因為根植於地方的歷史研究，是活生生的，有血有淚的歷史。

台灣史作為普遍性的學術研究不超過三十年，隨著時間、成果的累積，研究人數的增加，學界近十年來對台灣史的探討，已經由大區域、概念性轉為更細緻、深入的議題，這種情況下，絕對不能沒有穩固的地方史研究。前清一代的方志大體上仍不脫以朝廷的觀點看地方，如今地方建立自己的史志，才有其主體性，把具有地區性脈絡的史料，放在它發生的區域，才可以看出這些史料的真正意義。[47]

從地方出發，從地方建構歷史，「地方史」才可能與「國史」並列為史學的兩大支柱。

43.「北斗鎮志編纂小組」成員包括當時政大歷史所博碩士生，陳祥雲、陳鴻圖、王嘉慧、吳忠緯、蔡明雲、古文君等。

44. 1997-1998年之間，台灣省文獻委員會進行《台灣總督府檔案》數位掃瞄之前，筆者與台大、政大、文化史研所研究生近十人，一起從事檔案編碼、抄錄、整理的工作。

45. 二水教師群包括賴宗寶校長、陳汝南、陳文卿、陳正東、陳建業等老師，協助整理二水鄉民代表會資料。

46. 淡江歷史研究所研究生從第一屆開始，以二水為基地進行田野實習，曾參與戶政、地政資料整理，和村落調查等工作。

47. 施添福，〈揭露島內的區域性：歷史地理學的觀點〉，《中等教育》45：4（1994），頁62。

第二章

濁水溪
河道變遷和河川整治

2

水文與河道變遷
日治時期治水與水利工程的進行
小結

集集眺望濁水溪與水里溪交會　鄧坤海 攝

濁水溪是台灣最長的河流，也是人文、地理的重要界線，曾為農墾引來源源活水，卻也帶來無常的災害。從有文獻記載開始，這條河流就不斷大幅擺動，河道的屢次改變，使流域區內住民的身家性命受到嚴重威脅，造成人群遷移和社會變遷。濁水溪的究竟是怎樣的水文特性致使河道變動不居？濁水溪歷次的變遷情況為何？日治時期怎樣進行整治工程？以下將一一探討。

第一節 水文與河道變遷

濁水溪主流發源於合歡山主峰與東峰間的佐久間鞍部，海拔約3,200公尺。其流程為先匯集合歡山東坡之水，至盧山附近與塔羅溪相匯，西南流約35公里匯卡社溪，蜿蜒再西南行約11公里納丹大溪及郡大溪。後

濁水溪上游曲冰段　張素玢 攝 2003.4.18

折向西流約15公里納陳有蘭溪，自此以下，河谷漸行開闊，坡度漸次遞減，網流開始出現。自水里至鼻子頭之間，先後匯入水里溪、清水溝溪、東埔納溪及清水溪等，以鼻子頭隘口為扇頂，向西形成沖積扇。

濁水溪沖積扇的範圍廣及彰化縣、雲林縣，為台灣面積最大的沖積扇。位在彰化縣部分的濁水溪扇洲，北以鹿港溪為界，南以濁水溪為界，西至台灣海峽，東至八卦山脈，涵蓋了彰化的南半部。這個扇形的地區，面積廣達1,339平方公里，扇之半徑約40公里，扇頂高度約100公尺，平原面地勢十分平坦，高度約在海平面至海拔40公尺之間。在這個平原區域，分布許多屬於濁水溪水系的大小河川，除一般的排水溝及灌溉溝渠外，自北而南分別為：鹿港溪、舊濁水溪、二林溪、魚寮溪等。

濁水溪主流巴庫拉斯段河谷　鄧坤海 攝

濁水溪由於其發源地區屬於極易風化的板岩、黏板岩地質區，因此，河道中富含大量懸移物質，濁水溪在鼻子頭隘口以上，坡度較陡，經二水橋後，由於流幅變廣，坡度變緩，因此，河道中搬運的物質便依粒徑的大小向四方堆積，粒徑大的物質首先堆積，而粒徑小的物質則漸次堆積於扇緣部分。由於能量驟減以及流量的改變，使得濁水溪的大、小主支流經常改道，甚至沖積物覆蓋於西部隆起海岸平原之上，使得沖積扇的地質十分複雜。[1]

---

1. 張瑞津，〈濁水溪平原的地勢分析與地形變遷〉，《地理研究報告》11，頁200-201。

　　關於濁水溪的歷史記載，大多分散於地方志、遊記或文集內，郁永河在《裨海紀遊》（1697）曾提到：

> ……渡虎尾溪、西螺，溪廣二三里，平沙可行，車過無軌跡，亦似鐵板沙，但沙水皆黑色，以台灣山色皆黑土故也。又三十里，至東螺溪，與西螺溪廣正等，而水深湍急過之。轅中牛懼溺臥而浮，番兒十餘，扶輪以濟，不溺者幾矣。……[2]

　　從郁永河的生動描述，可以得知當時濁水溪下游的虎尾、西螺、東螺溪，大致為寬幅相當的河川，特別是水黑流急，強渡困難。

　　周鍾瑄《諸羅縣志》（1717）記述了當時濁水溪主流的不固定性：

> 東螺溪分自虎尾牛相觸，與虎尾、西螺迭為消長。有時虎尾漸涸，獨受阿拔泉一流。……[3]

　　藍鼎元《東征集》（1722）：

> ……源出水沙連……
> 從牛相觸二山間流下，北分為東螺溪，又南匯阿拔泉之流，為西螺溪。……虎尾純濁，阿拔泉純清；惟東螺清濁不定，且沙土壅決，盈涸無常。吾友阮子章詩云：「去年虎尾寬，今年虎尾隘。去年東螺乾，今年東螺澮。[4]

---

2. 郁永河，《裨海紀遊》，台灣文獻叢刊第44種，（台北：台灣銀行經濟研究室編，1960），頁18。

3. 周鍾瑄，《諸羅縣志》，台灣文獻叢刊第141種，（台北：台灣銀行經濟研究室編，1962），頁12。

4. 藍鼎元，《東征集》，台灣文獻叢刊第12種，（台北：台灣銀行經濟研究室編，1958），頁84-85。

由《東征集》的描述可知康熙年間，濁水溪下游之主流在虎尾溪及東螺溪。

從清代以來的記載得知，濁水溪沖積扇上的主流河道，一直沒有固定在那一條分流。據孫習之研究，雖無法顯示濁水溪擺動和改道的時間先後，但確知濁水溪沖積扇平原的水系，可以現在的主流西螺溪，中分為南、北兩部分：（1）北部：自西螺溪以北，有魚寮溪、二林溪、萬興排水和舊濁水溪。（2）南部：自西螺溪以南，有施厝寮溪、新尾溪、舊虎尾溪、牛挑灣溪（排水）、尖山排水。這些河道都曾為濁水溪的分流或主流河道。[5]

光緒年間由於有較現代的製圖法，故有關濁水溪各分流的相對位置較明確，在光緒五年（1879）的《台灣輿圖》，以及光緒十四年（1888）的《台灣地輿全圖》，均明顯可看出東螺溪河口段有兩股分流，由鹿港街南方入海。[6] 當時的主流曾流經二林，即今萬興排水溝流路，出海口一在王功港北方今之漢寶園附近，一在鹿港南方的管嶼厝庄和漢寶園庄之庄界間出海。[7]

舊濁水溪在1904年出版的台灣堡圖尚稱為濁水溪，由二水流向西北，於鹿港和芳苑鄉漢寶之間出海，與西螺溪同為當時濁水溪下游的主流，至1926年，扇端附近的網流，因主流導向西螺溪，水量變小，河中

---

5. 孫習之，〈台灣省北港至濁水溪平原區域航照地質之研究〉，《石油地質》(1973)，頁187-199。

6. 夏獻綸，《台灣輿圖》台灣文獻叢刊45種（1959），頁25；《台灣地輿全圖》台灣文獻叢刊185種，(1964)，頁29。

7. 經陳美鈴實地訪察，二林上、下保的保界和今萬興排水的流路相當一致，幾為舊濁水溪故道，出海口在今王功港北方的漢寶園附近。依日治初期《台灣堡圖》（明治三十七年），二林下保和馬芝保的界線，顯然是以古濁水溪東螺溪、寶斗溪分流，河道為劃界依據，因此，得以推斷出另一分流之出海口在管嶼厝庄。又依日治之初最早測繪的地圖《台灣五萬分之一圖》（明治三十年），也顯示當時主流由麥嶼厝北方出海。

沙丘堆積，下游分流發生變化，北分流流路未變，但又分成數條分流，成為麥嶼厝溪，南支流仍稱舊濁水溪。

　　康熙以來至光緒年間約兩百年的時間，濁水溪下游流路之變遷，主流有由南向北移動的現象，河口變遷的距離約達45公里之遠。濁水溪最初以舊虎尾溪（北港溪）及西螺溪為主流，光緒末年則以西螺溪與麥嶼厝溪為主流，此後由於人工築堤進行河川整治，使得濁水溪不再漫流於沖積扇上，而以目前的西螺溪為主流。

　　綜觀濁水溪平原河流的變遷，早期由於河道堆積旺盛，河床逐漸淤高，一遇洪水，自然另覓低處流，流路發生改變，後期因人工築堤、束水、截水、鑿圳而使河道發生變化，而濁水溪北岸流量減少，河中沙洲也消失，同時沖積平原上的沙丘亦因沙源減小而消失。[8]

　　自濁水溪實施河水治理後，將各分流封堵，集中導流於西螺溪，各分流因此各自成小水系，或變為平原排水溝圳，且泥沙輸出量銳減，導致海埔地地形顯著變遷。麥嶼厝溪（亦稱舊濁水溪）為濁水溪昔日五大分流之一，曾在康熙三十六年（1697）與明治三十一年（1898）草嶺潭崩潰形成大洪水時，兩度成為濁水溪的主流，濁水溪整治後，始成為平原上的獨立溪流，舊時溪道廣闊，經農民開墾後漸縮，原有景觀不復可見。[9]

　　濁水溪每次的河道變遷，事實上就意味大洪水的發生，使流域區內的居民被迫遷移，無論先住民或漢人都難逃水禍。從表 2-1可以了解水患之頻繁。儘管方志記載不夠詳盡，簡單數語，仍可窺見住民生存受到的嚴重打擊。

---

8. 林俊全，《芳苑鄉志地理篇》，頁62-63。
9. 林俊全，《芳苑鄉志地理篇》，頁111-112。

圖 2-1　濁水溪河系變遷圖

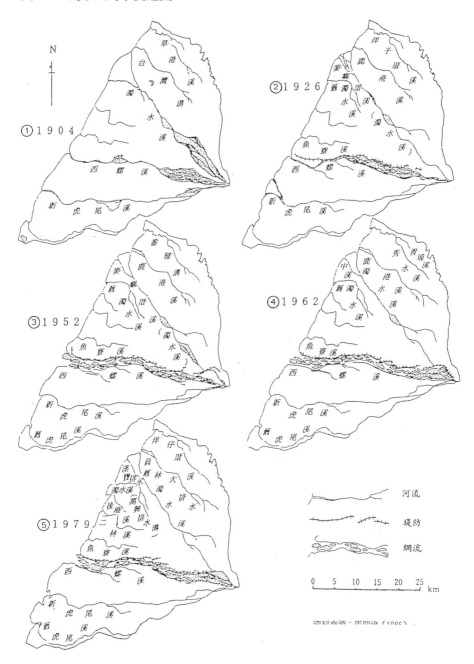

資料來源：張瑞津，〈濁水溪平原的地勢分析與地形變遷〉《地理研究報告》11，頁213。

表 2-1　濁水溪的變遷與災害（1721-1913）

年代	災情	資料來源
康熙60年(1721)	大雨如注成災續修	台灣府志
雍正元年(1723)	水圳被沖壞，（眉裡）社番乏本難堪	大租調查書
雍正12年（1734）	彰化縣地方颶風大作…東西螺兩保被風水沖壓田園	宮中檔雍正朝
乾隆3年(1738)	彰化大水	彰化縣志
乾隆13年(1748)	彰化風雨大作…被水各村莊沖倒瓦草房屋共1800餘間…	上諭檔
乾隆14年(1749)	中、南部大雨水	彰化縣志
乾隆18年(1753)	中部大雨水…豁免東、西螺保水沖下則園21頃56畝	彰化縣志
乾隆30年2月(1765)	中部大水	2
乾隆30年6月(1765)	中部大水	2
乾隆33年(1768)	中部大雨水	彰化縣志
乾隆中期(1760-1770)	濁水溪的本流由虎尾溪移至西螺溪	1
乾隆37年(1772)	中南部大水	2
乾隆52年(1787)	彰化霪雨連旬，平地水深三尺	彰化縣志
乾隆53年(1788)	中部大雨水	2
乾隆57年(1792)	豁免束東、大肚、二林、貓羅等保勻丁銀	彰化縣志
嘉慶7年(1802)	羅水（濁水）大至…民舍漂流屍橫溪埔… 沖出新虎尾溪	台灣採訪冊
嘉慶11年(1806)	東螺舊社街--被水漂壞…眾紳耆卜遷于其北二里許所	北斗街碑記
嘉慶14年(1809)	台郡及彰化一帶，猝被風雨兼有飛蝗…	宮中檔
嘉慶18年(1813)	園業被洪水崩壞拋荒，租粟無徵…	大租調查書
道光元年5月(1821)	彰化大雨水	彰化縣志
道光元年7月(1821)	中部大雨水	彰化縣志
道光9年(1829)	洪水沖壞彰化橋樑	彰化縣志
道光19年(1839)	台灣各地大雨	2

年代	災情	資料來源
道光25年6月(1845)	連日大雨，並於7日下午5、6時颱風大作。	2
道光年間(1820-1850)	北斗溪變為清水， 此時草湖(芳苑鄉草湖村)一帶的良田完全化為沙崙。	1
咸豐4年(1854)	濁水溪本流變更，改以東螺溪入海	總督府檔案
咸豐9年(1859)	濁水溪氾濫波及(北斗)約245甲，屋宅成溪流。	北斗鄉土調查
光緒7年(1881)	(田園)被水沖崩變為溪埔(東螺)眾番等口糧無歸。	大租調查書
光緒10年(1884)	洪水氾濫，北斗街因淹水使土地流失、 河道變更，其時洪水抵達關帝廟(永靖鄉)、 大埔心(埔心鄉)一帶。	北斗鄉土調查
光緒16年(1890)	大雨水…二八圳被災尤劇…良沃千餘甲將為荒埔。	台灣通志
光緒18年(1892)	清濁二溪皆漲水。	雲林縣採訪冊
光緒19年(1893)	溪水暴漲，沖壞民房甚多，崩旱田百甲。 北斗北側山溪因洪水成大溪，水田流失交通不便。	雲林縣採訪冊 北斗鄉土調查
明治31年(1898)	洪水氾濫，北斗街再次淹水，災害更甚， 當時河幅寬達二百間(400公尺)；同時因西螺溪氾濫， 樹仔腳庄(竹塘鄉樹腳村)淹水。	台灣日日新報
明治35年(1902)	洪水氾濫，河幅達六百間(1200公尺)；北斗街東方 半里(日里，約2公里)的悅興街(五、六十戶)全滅， 同時蕃仔洋庄(二、三十戶)完全流失。	北斗鄉土調查
明治37年(1904)	大洪水、溪口、漢寶園庄(芳苑鄉漢寶村) 中土名鹽埔、山寮、加走等小村落因土地流失而 荒廢，居民移至王功(舊稱王功港街，芳苑鄉王功 村)的北方，新設漢寶園庄。	台灣日日新報
明治44年(1911)	大洪，彰化平原受災。	台灣日日新報
大正2年(1913)	濁水溪鐵橋北岸堤防潰決，西螺街遭洪水危害。	台灣日日新報

資料來源：1. 杉目妙光，《台中州鄉土地誌》。2. 徐泓，《清代台灣天然災害史料彙編》
　　　　（台北：行政院國家科學委員會，1983）。

　　濁水溪屢次氾濫，沿河村落常遭淹沒或被迫遷移，因此形成彰化平原兩個聚落疏密不同的地區。清初的水圳工程避開水患頻繁的沖積扇，朝彰化隆起平原發展，漢人的墾殖路線，先沿著八卦台地山麓再向水圳灌溉系統的埤圳發展。使舊濁水溪（麥嶼厝溪）和今天的西螺溪之間，以二林為中心的三角地帶，也就是濁水溪沖積扇，成為彰化平原聚落最稀疏的區域。[10]

　　水患對濁水溪沖積扇地區的住民，始終是一個揮之不去的夢魘。水災使先住民在經濟與自然環境的雙重壓力下，不得不遷移他處；讓二水的住民必須往山腳尋求生活空間的保障。水災曾全面沖毀東螺舊社街，迫使街民另擇適當地點建立街肆；水災也導致二林地區沙害嚴重，聚落消失。這種歷史性的自然災患，到日治時期開始受到制約，殖民政府以大型工程防堵河水漫流擺動，降低了洪災造成的可能傷害。

第二節 日治時期治水與水利工程的進行

　　濁水溪下游的肥沃沖積土和水圳灌溉網，從十八世紀中葉就吸引了許多漢人入墾，「人」與「河」共生共存，但是濁水溪變遷不定，住民蒙受水害，已經成為歷史性的問題。

　　台灣河川的水文大致而言有下列幾個特性：（1）河床陡而水流急：因多數溪流源於高山，水流又短，所以河床的坡度甚大，平均比降在四十分之一以上。（2）水量懸殊：各主要河川的上游，皆為夏季多雨的區

---

10. 施振民，〈祭祀圈與社會組織 —— 彰化平原聚落發展模式的探討〉，《中央研究院民族研究所集刊》36（1973），頁193。

域，又受颱風影響，故雨水甚為集中。溪床流路短，中途又少流蓄處所，因此在大雨之後，易爆發山洪。

濁水溪與下淡水溪洪水流量皆曾達每秒22,000立方公尺，而釀成巨災。但枯雨季節則溪底暴露，只剩間歇細流，濁水溪之枯水流量曾降至19立方公尺。（3）多山崩之害：台灣各溪流之中上游，沿岸山坡陡峭，因常有暴雨與地震，故山崩頻頻發生。（4）含沙量甚多：由於高山若干岩層的脆弱，間以地震、山崩、颱風暴雨肆虐，兩岸山坡常有沙石傾注溪中，使河流含沙量大增。[11] 由於上述原因，台灣一旦降下豪雨，山坡地崩塌，河水氾濫河岸破壞，沿河聚落田園便嚴重受災，歷次財物損失相當可觀。

日本領台之初的各項建設，一開始未及於治水工程，經過1898、1912、1913接連大水災以後，再也不能忽視洪水防治。明治三十一年（1898）《台灣總督府公文類纂》的〈濁水溪護岸工事書類〉[12]，為了解歷史上濁水溪為患的情形，作為工事規劃的參考，也記載了從清代到日治初年的的水災：

- 咸豐四年，洪水氾濫，本流變更改由東螺溪入海。
- 東螺溪數十年來洪水為災……光緒七年清官朱幹隆……建設長堤五哩，以障水患。
- 光緒十六年，（東螺溪）氾濫，七張犁（今田中沙崙里，舊濁水溪東岸）、過圳墘（今二水過圳村）新厝仔各庄田園漂流80餘甲
- 光緒十九年，番仔園（今二水修仁村）興化各庄，村民死亡

---

11. 陳正祥，《台灣地誌》中，頁402-403。
12. 《台灣總督府公文類纂》〈濁水溪護岸工事書類〉，明治三十一年第64卷，永久保存。

　　四十餘名，田園流失二百餘甲

● 明治三十年八月九日洪水……自濁水溪以東螺溪為主流後，
　川幅未增，年年雨期，溪水暴漲，水害即伴之而來。

　　大正五年（1916），殖民政府擬定淡水河、烏溪、濁水溪、宜蘭濁水溪等九條較大河川的整治計畫。台灣總督府的治水目的，除了減少洪水危害人畜田園，還有一個很重要的因素，便是保護業已興建完成的縱貫鐵路。縱貫鐵路橫越台灣各主要河川，一旦洪水沖毀路基鐵橋，這條最重要的交通命脈就為之中斷，對經濟、運輸直接造成衝擊。大正六年（1917）增建縱貫鐵路海線，治水工程更形重要；為保護橋樑地點上下河岸的安全，便在後龍溪、大安溪、大甲溪及濁水溪等河岸興建部份堤防。昭和四年（1929）正式頒佈河川法，並規定濁水溪等十九條主要河川優先實施河川法，鳳山溪等三十二條次要河川為準備施行河川法的目標。[13]當時的治水計畫，以興建堤防與整頓河床為主。

　　台灣總督府於大正七年（1918）開始進行濁水溪護岸工程，大正九年（1920）完工。[14]官方投入巨額資金從事河川工事，河川整治效果十分良好，其中成效最顯著的為濁水溪。據昭和十三年（1938）的統計，濁水溪河川工程施行之後，受益面積34,790甲，在二十九條河川中居

---

13. 昭和四年河川施行法中定的十九條主要河川為宜蘭濁水溪、淡水河、頭前溪、後龍溪、大
　　安溪、大甲溪、烏溪、濁水溪、北港溪、朴子溪、八掌溪、急水溪、曾文溪、二層行溪、
　　下淡水溪、林邊溪、卑南大溪、秀姑巒溪、花蓮溪。次要河川為圳頭溪、武荖坑溪、得子
　　口溪、金面溪、福德坑溪、雙溪、磺溪、南崁溪、老街溪、社子溪、鳳山溪、客雅溪、中
　　港溪、打那叭溪、新虎尾溪、鹽水溪、阿公店溪、東港溪、士文溪、荊桐腳溪、楓港溪、
　　四重溪、保力溪、港口溪、知本溪、呂家溪、太巴六九溪、七腳川溪、沙婆礑溪等二十九
　　條。見台灣總督府內務府土木課，《土木事業概要》。
14. 台灣總督府內務府土木課，《土木事業概要》，昭和十五年（1940），頁29-31。

首。年收入增加額1,445,000圓，僅次於下淡水溪的2,541,964圓；地價增加值4,544,000圓，次於淡水河的55,002,166圓。

大正六年（1917）調查，濁水溪164甲農田年收穫1,159,929圓，地價3,852,072圓。昭和二年（1927）年收穫增加到3,107,224圓，地價10,791,480圓，十年之間年收穫增加1,947,295圓；地價增加了6,941,408圓，當時預估在未來幾年，河川收益還可再提高。[15]

立於濁水溪堤防上的水泥樁，上書「大正八年度河川工事 標高23.2797（公尺）」 張素玢攝 2001.12.16

除了治水事業，水利工程也配合施行。過去台灣的農田水利泛指「埤」、「圳」，即人工灌溉用的儲水池和水路。水利設施在清代就已經發展，不過尚未全面普及。日治時期明治三十四年（1901）七月，以律令第六號公佈「台灣公共埤圳規則」，明治四十一（1908）年二月律令第四號公佈「官設埤圳規則」，大正十年（1921）十二月律令第十號制訂「台灣水利組合令」對水利設施加以保護監督，接下來便是防止水災的工程建設。

在日據時期北斗郡地區，只要提及戊戌大水災，老一輩莫不聞之色變。那次水災發生於明治三十一年（歲次戊戌，1898）[16]，因濁水溪支

15.台灣總督府內務局土木課，《土木事業概要》，昭和十三年（1938），頁30。
16.二林鎮一位生於光緒十六年，時一百零五歲的人瑞陳筢先生（1993），親身經歷戊戌水災，並能清楚描繪當時情形。

流清水溪上游草嶺潭潰決，流路北移，洪水回歸舊濁水溪故道，而使舊濁水溪成為濁水溪下游的主流。[17] 戊戌水災使當時的台中縣（包括今日的苗栗縣、台中縣、彰化縣、雲林縣）受到極大的損害[18]，從溪州、北斗、田尾、埤頭到二林都有嚴重水患；洪水沖毀河岸，北斗街全市浸水，溪流漲

圖2-2　濁水溪護堤築起前水系圖

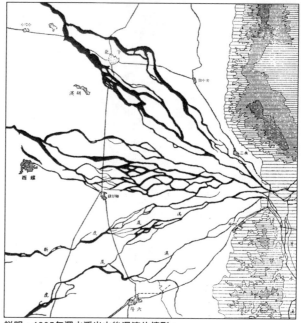

說明：1905年濁水溪出山後漫流的情形。
資料來源：陳正祥，《台灣地誌》（中），頁422-423。

勢如奔馬[19]，四塊厝、沙仔崙、曾厝崙、北勢寮土地大量流失。[20]　埤頭

---

17. 水利局，《濁水溪河道治理計劃研究報告》，1971，這條水道在文獻中名稱不一，水利局稱舊濁水溪(東螺溪)；陳正祥，《台灣地誌》，1949，稱「東螺溪」，大矢雅彥，《濁水溪》，1964，稱「麥嶼厝溪」；詳見張瑞津，〈濁水溪沖積扇河道變邊之探討〉，師大地理系《地理學研究》7（1983）。彰化縣五萬分之一公路分區路線圖上標為舊濁水溪。

18. 房屋5,567戶全倒，8,054戶以上半倒，死亡人數148人。《台灣日日新報》第100號，明治31年8月31日。

19.《台灣日日新報》第97號，明治31年8月27日。

20.《台灣日日新報》第100號，明治31年8月31日。

庄[21]、田尾鄉[22] 也災
情慘重。至於二林附
近則沖毀竹頭角、新
莊仔、打銅一帶，造
成新的溪流，經港
尾、崙仔腳、代馬、
挖仔、柳仔溝、西庄
仔、萬興之東或北，
然後轉向東北隅會合
舊濁水溪入海。[23]洪水
退了以後，沙害反比
水害嚴重，受害區因
土地流失，造成人口
大量外移。

圖2-3　濁水溪護堤築起後水系圖

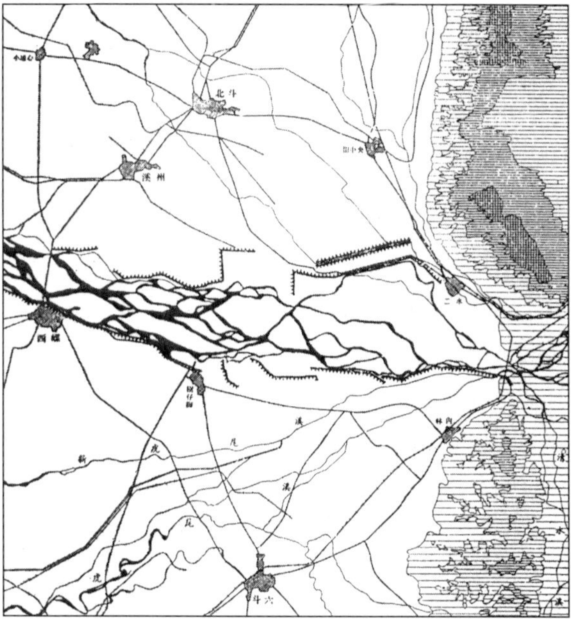

說明：1956年濁水溪出山後之水系。

　　明治四十四年
（1911）大洪。濁水溪平原受災，下游造成淤積，也形成廣大的沖積扇。
人工開鑿的排水系統，也因淤積造成排水不良。[24]

　　大正元年（1912）十二月台灣總督府便已進行護岸工程，隔年三月

---

21. 像埤頭庄舊濁水溪畔土地大量流失，約在埤頭庄一堡到二堡的區域後來的日本移民村5號、6號、7號聚落）。許萬煙報導(民國13年生)，1993.7.30採訪。
22. 田尾、北斗一帶，由下壩、圳寮、越仁、興化莊、十張犁到七張犁等共流失十三庄，原先的土地流失而成為新河道。由於濁水溪經常決堤，水動輒淹沒田地，所以住在溪底一帶的居民至今仍保留拜「溪王」河神）的習俗，在農曆七月十五普渡溪埔的好兄弟，祈求不要決堤氾濫。葉金練報導（民國17年生，田尾鄉人，住日本移民村1號附近），1993.7.23採訪。
23. 《彰化縣萬興國小沿革》，頁1。
24. 彰化縣政府，《彰化縣綜合發展計畫》（1989），頁11。

完成。工事分第一、第二、第三護岸，第一護岸391間（約603.8公尺），自濁水溪右岸築到南投廳濁水庄附近，以防止洪水沿右岸而下。第二護岸長510間（918公尺），築於鐵道橋（今二水鐵路橋隘口）上游左岸，以防止支流清水溪之破壞鐵路。第三護岸長1,340間（2,412公尺），築於鐵道橋下游左岸，以導溪流之水入濁水溪本流及西螺溪，而新虎尾溪除灌溉用水之外，不讓洪水流入。護岸以堅石疊成，上掛鐵條蛇籠，各處要所，亦以鐵條蛇籠調節水量。工事費81萬餘圓，人力達五千。[25] 護岸完成之後，仍不能阻擋濁水溪洪水，大正二年（1913）七月濁水溪鐵橋北岸堤防潰決，西螺街遭洪水危害。[26] 大正七年（1918）又開始進行濁水溪護岸堤防工事。堤防上起濁水（今南投縣名間鄉），下至下海墘（大城鄉台西村），蜿蜒達40多公里。[27] 堤防的興築，完全徵用民力，凡是住在溪水氾濫區之內的居民，都必須參加義務勞動。修築期間，每天晚上甲長至保正家開會，宣佈明天徵調之人數。每戶出丁一人，也可請人代工。[28] 每人分配三尺長的堤防，自備鋤頭、畚箕、扁擔去挖土挑土，築到官廳指定的高度。三尺不算長，但長、寬、高相乘，體積也相當可觀。大正年間築起的堤防還只是土堤，堤上長滿青草，溪邊堤上青草茂盛之處，是放牧牛羊的好地方，但是官方禁止人們在堤上放牧，因為草長根深能保持水土，有護堤的作用。[29]

25. 《台灣日日新報》，第4741號，大正二年八月十七日。第三護岸將使北斗街直接成為下游要衝，居民懼怕洪水橫溢西北，而議論紛紛，台中當局特為此事至北斗說明。《台灣日日新報》，第4559號，大正二年二月十一日。
26. 《台灣日日新報》，第4721號，大正二年七月二十七日
27. 北斗郡役所，《北斗郡概況》，頁148。
28. 張協銘報導，其父擔任保正。1995.8.19採訪。
29. 洪長源，《溪州鄉情》，頁219-220。

濁水溪護岸堤防在大正九年（1920）完成，堤防修築之後，濁水溪，舊濁水溪、虎尾溪、舊虎尾溪等，由今天的西螺溪出海，舊濁水溪則成為今天溪州鄉、北斗鎮、埤頭鄉、溪湖鎮、二林鎮、芳苑鄉、福興鄉的排水渠道，由福興鄉的麥嶼厝出海，所以又稱「麥嶼厝溪」，通稱為「舊濁水溪」。[30] 堤防築起溪底於焉浮現，計得浮復地3,591甲多，[31] 過去時而細流，時而巨洪的景象不再，附近農民胼手胝足，開始在荒埔開墾。

面積 3,500多甲的濁水溪浮復地要發展農業，首要之務便是水利建設。日治時期台灣的水利建設，主要還是依循明清時代的基礎，除了維護民間原有埤圳，而且積極修建官營水利灌溉工程。[32] 在工程進行之前，先有大正十二年（1913）起的灌溉排水事業調查。舊濁水溪浮復地需灌溉排水的面積有一萬甲（含北斗、員林、南投郡），工程費估計約250萬。[33] 另外於昭和七年（1932），曾修建八堡圳第一圳（俗稱濁水圳）、第三圳（十五庄圳）的進水閘口，並設第一、二圳分水門，以便分配調節水量和執行灌溉。昭和九年（1934）八堡圳第二圳做修改工程，延長418公尺至濁水溪，並設置排沙門、水路及鋼骨水泥制水門。昭和十年（1935）新建第一、二圳排沙門工程，由第二圳放流於舊濁水溪之排沙門。昭和十四年（1939）八堡圳做改良工程，改良八圳排水路幹線。[34] 至此，灌溉面積幾乎遍及現在彰化縣大部分農田的八堡圳修整工程，可說告一段落。水利灌溉工程，使農業利用價值不高的河川浮復地，開始

---

30. 台灣台灣總督府內務府土木課，《土木事業概要》，頁29。

31. 台中州役所，《台中州管內概況及事務概況》，昭和五年（1930），頁17。

32. 惜遺，〈台灣水利問題〉，《台灣季刊》33（台北，台灣銀行經濟研究室），頁13。

33. 《台中州管內概況及事務概要》10，昭和十一年（1926），頁398。

34. 惜遺，〈台灣水利事業年譜〉，《台銀季刊》3：3（1950），頁174-183。

具備初步的生產條件。舊濁水溪浮復地，於是成為北斗、二林、二水境內最重要的拓墾地帶。

殖民政府對濁水溪浮復地的利用情況大致為：大片且連續的土地保留為日本移民村[35]，其次讓私營農場申請開墾，其他零星的土地才由本地資本家開發，或農民向政府租地開墾土地。不只北斗地區如此，整個舊濁水溪浮復地，都循此模式進行土地開墾。因此昭和年間以後，河川浮復地帶狀分佈著日本移民村、區塊狀的日本私營農場、台灣拓殖株式會社，和零星的台灣本地資本會社的土地。

戰後，國民政府大致循著日治時期的基調整治濁水溪，最大的突破則是2001年9月底完成的「集集共同引水」工程，此為全台灣最巨型的引水、供水系統，也是國內最複雜的水資源系統，政府強調的是「流域管理」觀念，亦即對有限的水源作最有效的利用管理。

和過去不同的是，此一引水工程的水資源利用，部分被分配至工業用水，供應雲林離島基礎工業區用水及補充自來水。儘管工業用水只佔南岸平均每秒90噸中的3噸，[36] 但是工業用水的穩定性要求遠遠高於農業用水，因此必須花費323億以建造集集攔河堰。[37] 集集共同引水工程攔河堰完成後，部分地下水之補注將集中於濁水溪中游地段，同時河沙之淤積也將堆置於攔沙堰上游的水里、集集地區。此後，濁水溪河道之變遷將更為不易。[38]

---

35. 在移民村未建設之前，先租與農民開墾。
36. 集集共同引水最大供水量，每秒160 cms，北岸占70cms，南岸占90cm。參考集集攔河堰管理中心網站（http://chi-chi.wracb.gov.tw/indexmain.asp）
37. 黃瑞昌（工業技術研究院）資料提供。
38. 參考中興工程顧問公司，《集集共同引水計畫濁水溪流域地區迴流測預報系統建置水文系統模擬模式成果報告》（霧峰：經濟部水利署中區水資源局，2002）。

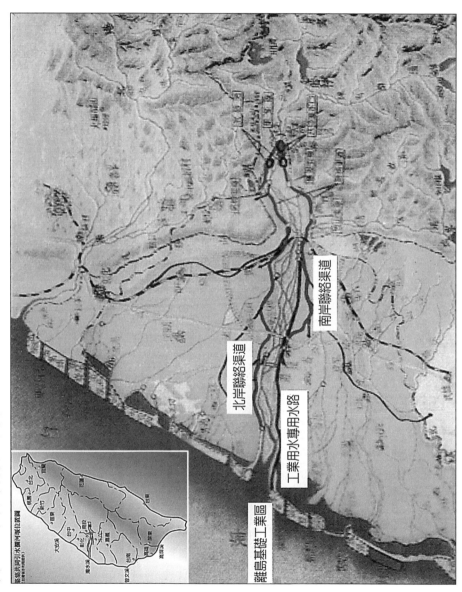

圖 2-4 集集共同引水工程圖

北岸聯絡渠道

南岸聯絡渠道

工業用水專用水路

離島基礎工業區

小結

　　從歷史的縱深來關照「人」與「濁水溪」的關係，可以發現兩者的互動隨著時代而不同。清代以前，人群的分佈與聚居，按照生態環境的紋裡自然排列，時而必須隨著河道的擺動躲險避災。濁水溪的泥沙量極高的特性，使之成為台灣變動最頻繁的水系，這便意味濁水溪下游，尤其沖積扇地區面臨嚴重的水患威脅，使沖積扇成為彰化平原聚落分佈最稀疏的地帶。濁水溪之不定，歷歷記載於志書史籍，洪水也導致沿河住民一再受害。前清一代，自然是人類的生存主宰著，人們只能承受、順應和利用河川的力量。

　　日治時期以後，人與自然的關係開始轉變。日本殖民政府運用國家力量，以人為的工程施設，一步一步將濁水溪制約起來，濁水溪漫流的河道，被收束在今天彰化、雲林縣的交界處。控制河水寬幅以後，官方接著興修水利工程，改善並擴大水圳灌溉和排水系統，利用濁水將河川浮復地化為耕地。土地從不可利用到可利用，展現出人類不但對抗自然，而且開始宰制自然。曾經毀家滅園、兇暴的濁水溪，已被人類馴服，成為化育大地、滋潤作物的「母親之河」。

　　此一時期，自然生態的影響漸漸褪去，國家力量代之而起，像過去濁水溪密佈的網流，滲透到每一吋土地，成為主宰社會的最大動因。官方以政府的權力，進行有計畫的土地開發拓墾，使舊濁水溪浮復地的人文、地表景觀大大改變；地方社會牽動的力量，也由人與自然的抗爭，轉為人民與統治者的衝突。

　　二十一世紀以後，濁水溪也隨著社會的轉型，改變其作為「水資源」的角色，將由「農業之河」轉型為「農工之河」，人與自然的互動持續進行，未來的發展仍有待觀察。

第三章　**先住民**

3

彰南平原的平埔族

舂米打獵圖

早在漢人移居台灣以前，彰化平原已經有先住民生活其中，學者按照語言學分類，將這些先住民歸類為南島語的平埔族。今天彰化縣境已知的平埔族社群共有十個，八卦台地邊緣的有半線、貓羅、柴坑仔、大武郡社，阿束、馬芝遴社，在大肚溪到舊濁水溪間的平原。至於本書所討論的空間，在舊濁水溪以南到今天的西螺溪之間，有東螺、眉裡、二林、大突等社，大突社本來居住於舊濁水溪北岸（今彰化縣溪湖鎮境），十八世紀遷徙到南岸（今彰化縣二林鎮境）。清代北斗地區為東螺社（Dabale Baoato）、一部份眉裡社活動的區域，二水為東螺社，二林地區則有二林社和一部份的大突社。為了符合本書的研究區域，下文敘述的內容以這四個社群為主。

第一節　概說

1624年荷蘭佔領台灣南部並建立政權，台灣西部平原要到1644年以後才納入荷蘭人的勢力範圍。荷人在陸續討平各部落以後，將台灣分為四個地方集會區，現在的彰化平原屬於北部地方集會區。1644年3月21日，荷蘭長官在評議委員、秘書與六十名士兵陪同下，於赤崁舉行北部村社集會。會中除了討論幾件事情以外，並提到有關東螺、西螺社、Valapais眉裡與中國海盜Kimwangh，共同攻擊荷蘭人的盟友部屬與Dalivo村社，東西螺、眉裡社需納雙倍貢物。[1]

荷蘭時期治理台灣的重點為教化工作，從「1659年教會及學校視察報告書」（見表 3-2）可以知道當時東螺社的教化率為60%，要學會禱

---

1. 江樹生編譯，《熱蘭遮城日記》（二）（台南：台南市政府，2000），頁249。

表 3-1　荷蘭時期彰化地區附近村落戶口數

單位：人・戶

村落名稱	譯名	1647年		1648年		1650年		1654年		1655年		1656年	
		人口	戶數	人口	戶數	人口	戶數	人口	戶數	人口	戶數	人口	戶數
Assock	阿束/啞束	51	237	53	282	55	263	58	275	59	283	59	287
Turchara /Taytoet	馬芝遴	66	208	65	275	55	289	64	262	62	264	60	258
Taurinap /Dorenap	大突社			53	271	60	267	60	245	55	235	53	230
Tavocol	大武郡社	47	149	70	246	76	260	83	240	78	236	73	247
Tarkais /Gilim	二林社	62	331	88	438	85	419	77	308	75	342	55	347
Balbeijs	眉裡社	35	135	38	157	57	203	52	195	57	196	61	207
Dobale baota	東螺社	89	358	88	366	92	386	92	299	89	339	91	351

資料來源：中村孝志著，吳密察、許賢瑤譯，〈荷蘭時代的台灣番社戶口表〉《台灣風物》
　　　　　44:1（1944.3），頁224。

表 3-2　荷蘭時期彰化地區村社教化成績一覽表

單位：人

社名		1656年人口數	1659年	知教義信徒數			教化率
Tackeijs	二林	347	164	男 / 65	女 / 99		47%
Trugra	大突	230	140	男 / 67	女 / 40	童 / 33	61%
Taurinap	馬芝遴	258	154	男 / 56	女 / 70	童 / 28	60%
Assoeck	阿束	287	197	男 / 92	女 / 96	童 / 9	69%
Tavokol	大武郡	247	155	男 / 71	女 / 108		72%
Dobalibaiou	東螺眉內	250	150	男 / 63	女 / 62		60%
Balbeijs	眉裡	207	125	男 / 63	女 / 62		60%
Dobalibaota	東螺北斗	351	209	男 / 113	女 / 969		60%

資料來源：中村孝志，〈荷蘭對台灣原住民的教化〉，《台灣史研究初集》（台北：三民出
　　　　　版社，1970），頁104-106。
註：此表上引自原文的東螺眉內、眉裡、東螺北斗等處的拼音，中村孝志可能傳抄有誤，譯
　　音也需進一步澄清（翁佳音賜正）。

告、使徒信條、十誡，甚至拼音、閱讀，應該不是一兩年之內能做到的，[2] 即使早期的文獻資料不多，也能推知荷蘭人在彰化一帶的傳教工作相當積極。

　　明鄭時期，鄭成功部將劉國軒曾討平中部沙轆社叛變，永曆三十一年（1676，清順治三十三年）鄭氏設屯招佃於半線地區（今彰化縣一帶），由於沒有留下文字記載，所以平埔族詳細生活情形仍不得而知，直到台灣納入清代版圖以後，中部一帶先住民的情況才逐漸被描繪出來。

　　清代中葉以後漢人拓墾的勢力愈來愈大，平埔族的土地逐漸落入漢人手中，再加上濁水溪水患無常，東螺、眉裡、二林社於是跋山涉水，千里找尋另一個生活天地。十九世紀初的嘉慶年間，東螺社一部份遷移至噶瑪蘭，卻捲入當地閩南、客家的族群衝突而紛擾不安。道光年間，東螺社、二林社大部份社民又遷移至埔里盆地，從此定居下來，大突社多留住原地，並與漢人逐漸融為一體。

第二節 先住民的生活與風俗

　　清代巡台御史黃叔璥曾命畫家把台灣的平埔番社分佈繪成「台灣番社圖」，由圖可看出「東螺社」位於東螺溪和西螺溪之間（見圖3-1），離「大武郡社」（今彰化縣社頭鄉舊社一帶）約三十里。靠近海邊的「二林社」被東螺溪支流所包圍，二林社以北為「大突社」，眉裡社要在十八世紀乾隆年間的「番界圖」才得見。（見圖3-2）

---

2. 村上直次郎原譯，程大學中譯，《巴達維亞城日記》（三）（南投：台灣省文獻委員會，1970），頁312、423-424。

圖 3-1　清康熙古地圖中的東螺社

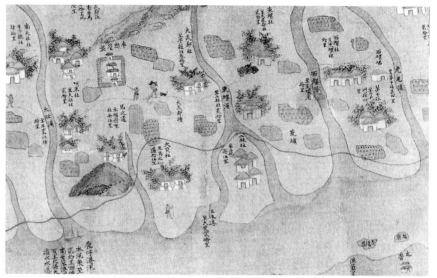

　　這幾個平埔社群的屋舍型態大致填土為基，編竹為壁，上覆茅草。為了防潮及雨水入侵，土基架高，搭梯方能進入室內。屋舍規模高可達五、六尺，寬五丈，深十丈多，中以喬木為柱，前後左右皆有門戶可出入，室內可煮食，可坐可臥；粟米儲放在屋外離地數尺的糧倉，可防潮防腐兼防鼠。屋舍外圍是圈圍，四周種植果木，茂密的莿竹層層環繞；田畔高敞之地，結數椽為休息之所，稱「田寮」，農忙時期就暫住其中。社中有一公共集會所稱「公廨」或「社寮」，通事也在此處理社民事務。番社凡有興木作屋，社民必齊力助之，房屋落成之日，男男女女共聚一堂，攜酒漿、載歌舞、酩酊盡興而歸。[3]

3. 范咸，《重修台灣府志》，台灣文獻叢刊第105種，（台北：台灣銀行經濟研究室，1961），頁437；又周璽，《彰化縣志》，道光十二年，（南投市：台灣省文獻會，1993重刊），頁299-300。

圖 3-2　清乾隆年間（十八世紀）設山地保留地的「番界圖」濁水溪水系部份

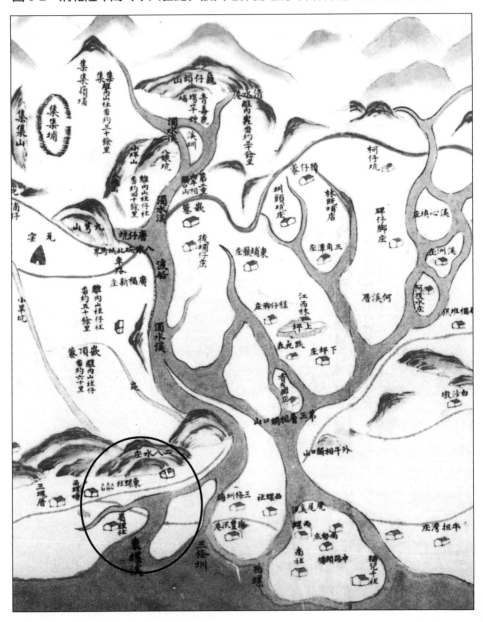

彰化地區的平埔族以漁獵粗耕為主要經濟型態，農業技術較原始。巡台御史六十七《番社采風圖》的「刈禾圖」清楚寫著：「彰邑各社番男婦耕種收穫小米禾稻，至七月間定期男婦以手摘取，不用鎌、鉊，淡防各社亦如此。」社民以粟米為主食，粟米剪穗而藏，帶穗而春。以巨木為臼，臼口四尺，高二尺多，婦女三、四人，輪流春米，以歌相和。《彰化縣志》記載：「將旦，村舍絡驛丁東，遠颺若疏鐘清磬。客驟聽者，不辨為何聲。」[4] 樂音伴著杵聲，相當悅耳。社民常吃的飯有兩種：一種叫「占米」，清晨將飯煮熟，放在「攜籃」（小籐籃），吃飯時和水食用。另一種叫「糯米」，炊蒸為飯，外出時，將糯米捏成飯糰帶在腰間，或是把米浸在竹筒內，以薪材煮成竹筒飯。社民亦懂釀酒，禾米蒸熟拌麴，以細竹簑過濾後，封在甕中，存放幾年後色味香美。[5] 先住民一般而言都不吃狗肉，其他肉類，則連毛帶皮燒烤，肝

《番社采風圖考》中所見的茄子、荔枝、西瓜、楊桃

《番社采風圖考》所見的葫蘆、番薯

4. 周璽，《彰化縣志》，頁300。

5. 周璽，《彰化縣志》，頁298-299。

生食，腸則熟食。小魚稍微醃漬後，任其腐爛生蟲後食用。蔬果類有番
石榴、西瓜、荔枝、芒果、楊桃、茄子、黃瓜，番薯和葫蘆尤為重要。
蕃薯有紅白二色，生熟皆可食，社民也用來釀酒。葫蘆味道苦澀難以入
口，秋收後曬乾作成容器，外殼抹上鹿脂，摩擦日久愈見光滑晶瑩。社
民服役或傳遞公文時，必隨身攜帶，若逢大雨、洪水，則將公文塞入葫
蘆當中，綁在頭上，涉水而過。屋內葫蘆層層堆疊，甚至多至上百個，
數目越多代表越富有，即使漢人高價欲估，也不肯割愛。[6]

　　社民最早冬天以鹿皮為衣，夏天以縷縷麻片圍繞下身，不但涼爽，
也便於渡水，後來受漢人影響漸漸改為布衣。女子皮膚白晰，不施脂粉
不結髻，盤髮以青布包起。上衣短至臍上，下身以布圍起，膝下到足踝
用青布打綁腿。幼童剃髮，十餘歲時才留髮，婚後又剃去四周頭髮。男
子煉鐵為鐲，環環套在臂彎，女子喜歡東洋鐲、銅鐲或瑪瑙鐲。東螺社
男女都好穿大耳洞，最初僅能穿過羽毛管，再而筆管，終至大到可掛著
大木環或海螺。由於耳飾太重，有人甚至因而斷耳。二林社則不時興大
耳，習慣以銅錫耳墜裝飾。[7]彰化各社已婚婦女原本有缺齒的習慣（斷其
側牙兩顆以別於未婚者），但是到康熙五十六年（1717），周鍾瑄修《諸
羅縣志》時，婦女大都已不斷齒。[8]

　　東螺社的婚嫁情形是在男女都還年幼時，兩家便請媒人撮合，男家
用螺錢三、五枚為定，娶親時再用數錢。娶親當日，由姊妹妯娌迎新婦
入門。[9]「東螺社」、「西螺社」、「大武郡社」、「半線社」等社「娶

6. 周璽，《彰化縣志》，頁301。又參考六十七，《番社采風圖卷》。

7. 黃叔璥，《台海使槎錄》，〈卷八番俗六考〉，台灣文獻叢刊第四種，（台北台灣銀行經濟
　 研究室），頁104。

8. 范咸，《重修台灣府志》，頁438。周璽，《彰化縣志》，頁296-297。周鍾瑄，《諸羅縣
　 志》，頁155-156。

9. 范咸，《重修台灣府志》，頁438-439。

迎婦　取自巡臺御史六十七《番社采風圖考》

親」、「迎婦」稱做「牽手」。從《番社采風圖卷》的「迎婦圖」，可看出彰化縣一帶的平埔族結婚娶婦的情形。見新婦穿著朱紅色的短衣，下著藍裙，腰間繫以紅帶，頭戴羽冠，頸上掛滿圓形貝殼飾物，坐在竹篾轎上。行列前導者，著執紅彩帶的竹篙，轎子後面也有一人撐著紅彩竹篙，新娘身旁的婦人可能就是媒人。

　　每年九、十月收穫以後，社民賽戲過年。男女老幼穿上最漂亮的服飾，青壯年男子頭上更插著五彩鳥羽，一起歡度節慶。社民把最豐盛的酒菜魚肉擺出，大家開懷暢飲，唱歌跳舞。《續修台灣府志》曾收錄一首「東西螺社度年歌」，描述其過年情形：

　　　　吧園吧達敘每鄰無那（耕田園），

　　　　馬流平耶珍那麻留呵搭（愛年歲收成），

夫甲嗎溜文蘭（捕鹿），

甘換麻文欣麻力（易銀完餉），

密林嗎流耶嚎暐含（可去釀酒過年）。[10]

另外在《台海使槎錄》中也收錄一首「二林社納餉歌」：

吧園吧達敘每鄰（耕田園），其嗎耶珍那（愛好年景）夫甲馬溜
文蘭（捕鹿去），奇文蘭株屢（鹿不得逃逸），甘換溜沙麻力岐
甘換（易餉銀得早完餉）。馬尤耶？耶其喇印耶（可邀老爺愛
惜），圍含呵煞平萬耶嚎其喃買逸（我等回來快樂飲酒酗歌）。[11]

這兩首歌除了描寫番社過年的情景，也透露出每年納完餉，才是社
民最歡樂的時光。

第三節 傳統社域與社址

一、社域

荷蘭時期二林社社域大致在新舊濁水溪下游沖積扇上，包括今二林
鎮的大部份、芳苑鄉、竹塘鄉的一部份地區，也就是清代二林下堡及深
耕堡部份地區。大突社社域位於彰化平原偏西南處，包括今溪湖鎮西

---

10. 余文儀，《續修台灣府志》，乾隆二十五年，（南投市：台灣省文獻委員會，1993重刊），
　　頁566。
11. 黃叔璥，《台海使槎錄》，〈北路諸羅番三〉，頁106。

南、埔鹽鄉西南、芳苑鄉東半部及二林鎮東北等地區，即清代二林上堡的範圍。[12] 十八世紀初（雍正年間），漢人勢力進入大突社域，在今天的溪湖鎮大突、北勢兩里建立大突新庄，為大突社域最早被開拓之地。[13] 十八世紀中末葉（乾隆年間）入墾二林地區，並逐漸形成同姓聚落。大體而言，十九世紀以來，二林地區幾乎已經被漢人拓墾完成，而形成市街，在二林社域形成二林街，大突社域形成挖仔街。[14]

眉裡社社域以現在的溪州鄉為主，包括竹塘鄉、埤頭鄉南邊，也就是清代東螺西保和深耕保的一部份。東螺社包括田中鎮、二水鄉、北斗鎮，田尾鄉、溪湖鎮南緣、溪州鄉北邊。東螺社和眉裡社社域大致相當於清代東螺東西保和深耕保東部。在劉良璧的《重修福建台灣府志》（1740）彰化地區的街庄之上出現六個「保」名：半線保、馬芝遴保、東螺保、大武郡保、二林保、深坑仔保（又稱深耕仔保）。[15] 周璽的《彰化縣志》（1835）[16] 除了增加鹿港、貓羅保外，半線、馬芝遴、二林、東螺、大武郡等保又一分為二。如果以目前彰化地區平埔社群的研究成果，重新建構各社的社域，吾人將會發現，彰化地區各保的命名和平埔社群有很密切的關係，清代各保的行政區劃約略符合主要的平埔社群社域。例如，半線社所在，先是稱為半線地方，後來稱為「半線保」，東螺社所在稱東螺保。這種現象事實上深具歷史意義，說明漢人入墾之初，

---

12. 有關大突、二林社的最新研究要見洪麗完，〈二林地區漢人拓墾過程與平埔族群移居活動之探討〉，《台灣史研究》4：1（1999.4）。

13. 陳三郎，〈大突社番始末初探〉，《台灣文獻》29：2（1978），頁151。

14. 洪麗完，〈二林地區漢人拓墾過程與平埔族群移居活動之探討〉，頁66、68。

15. 見劉良璧，《重修福建台灣府志》（台北：台灣銀行經濟研究室，1961），台灣文獻叢刊第74種，頁79-80。

16. 見周璽，《彰化縣志》，頁42-51。

表 3-3　彰化地區平埔社域 社址一覽表

社別\著者	伊能嘉矩	安倍明義	潘英海	程士毅	陳宗仁	修正後社址	修正後社域
東螺社	東螺西堡蕃子埔庄	蕃子埔（埤頭）	彰化縣埤頭鄉元埔村	埤頭鄉元埔村	埤頭鄉	北斗鎮溪州鄉交界→埤頭鄉陸嘉村二水大園村番子厝、修仁村番子寮、復興村坑口（張素玢）	二水 田中 北斗，田尾 埤頭溪湖一部分（張素玢）
眉裡社	東螺西堡舊眉庄	舊眉（溪州）	彰化縣溪州鄉舊眉村	溪州鄉舊眉村	溪州鄉	北斗鎮溪州鄉交界、二林東華里番子厝 竹塘鄉樹腳村番子寮（張素玢）	溪州，埤頭竹塘鄉南區（張素玢）
阿束社	線東堡番社口庄	大肚溪口	彰化市香山、牛埔二里	彰化市昇平 順正鎮南福安等里	彰化市	彰化和美鎮番社里（林文龍）	大肚溪以南和美鎮、伸港鄉、線西（林文龍）
半線社	線東堡彰化街	彰化	彰化市	彰化市香山里	彰化市	彰化市鎮南里番社洋（林文龍）	彰化市彰南區（林文龍）
馬芝遴社	馬芝堡鹿港街	鹿港街	彰化市	鹿港鎮、福興鄉舊社村	鹿港鎮	彰化福興鄉番社（陳一仁）	鹿港 福興 埔鹽，秀水鄉之一部（陳一仁）
柴坑仔社	線東堡阿夷庄柴坑仔		大肚溪口→彰化市國聖里	彰化市國聖里	彰化市	彰化香山里（林文龍）	
二林社	二林上堡二林街	二林	二林鎮東和、西平、南光北平、等里	二林鎮東和、西平、南光北平、等里	二林鎮	二林中西里→二林東興里（洪麗完）	二林、芳苑、竹塘鄉（洪麗完）
大武郡社	武東堡舊社庄	社頭	社頭鄉舊社、松竹、東興、廣福等村	社頭鄉舊社村	社頭鄉	彰化社頭鄉崙雅村、舊社村（謝英從）	社頭鄉、員林東南山區、二林、永靖、田尾鄉之一部（謝英從）貓羅社 芬園
芬園鄉舊社村			芬園鄉舊社村	芬園鄉大突社	二林上保		
大突庄	溪湖溪湖鎮大突里		溪湖鎮大突里	二林華崙里→二林		萬興排水南方、溪湖鎮番婆里（洪麗完）	溪湖鎮、埔鹽、芳苑、二林之一部。（洪麗完）

說明：本表各家所指涉的地點多為社址，未修正前的研究大多對社域和社址並未清楚區分。

資料來源：伊能嘉矩，《台灣文化志》下（中譯本），（台中：台灣省文獻委員會，1991），
　　　　　頁295。安倍明義，《台灣地名研究》（中譯本），（台灣：武陵出版社，1992）頁
　　　　　156-166。洪麗完，〈二林地區漢人拓墾過程與平埔族群移居活動之探討〉，頁63。
　　　　　程士毅，《彰化的自然環境與原住民》，頁61。潘英海，《重修台灣省通志卷三住
　　　　　民志同冑篇》第二冊，頁952。陳宗仁，《彰化開發史》(彰化:彰化縣立文化中
　　　　　心，1997)。林文龍，〈八卦山畔平埔社址考辨〉，《彰化藝文》（2）。謝英從，
　　　　　〈大武郡社的社址、社域及地權的喪失〉，《彰化文獻》創刊號。陳一仁，〈鹿港
　　　　　區平埔族「馬芝遴社」社域及人口變遷探討〉，《彰化文獻》創刊號。

圖 3-3　清末彰化平原堡界與平埔社域對應圖

對區域名稱的認識，是接受自不同的平埔社別、漢人街庄所用的名稱，與平埔社群有對等的關係。因此，從十八世紀中葉彰化平原的保名推測，當時勢力最大的社群為半線、馬芝遴、大武郡、東螺、二林等社，阿束、大突、眉裡社可能分別被含括在半線、二林、東螺社內。現在結合最新研究成果，將彰化地區平埔社域在清末行政區劃上呈現如圖 3-3。畫出東螺社與眉裡社的空間地圖之後，進一步來探討東螺、眉裡社的社址。

東螺社之位置，過去文獻輾轉承襲，記為彰化縣埤頭鄉番子埔一帶，這個沿用已久的看法，因二水鄉出現的一批古文書而必須重新商榷。

二、由古文書重探東螺與眉裡社域

在荷蘭文獻中，東螺（Davole）與西螺似乎有著某種程度的關係，Dobalibaiou、Dobalibaota村社皆以Dobali為字首，清代以東螺為名設立大屯，這些似乎都在反應東螺社是一個人口不少、地域空間廣大的社群。然而，日治時期的平埔調查、地名辭書，往往將東螺應對為今天的埤頭鄉元埔村的番仔埔，戰後這種說法繼續沿用，各家說法除了在東螺社或眉裡社聚落的差別外，兩社究竟屬於巴布薩族或洪雅族的看法也有不同[17]。由於二手資料或輾轉傳抄，或未經求證、或直接抄錄而未盡正確，以下將把過去對東螺、眉裡社的認知歸零，從漢人拓墾過程

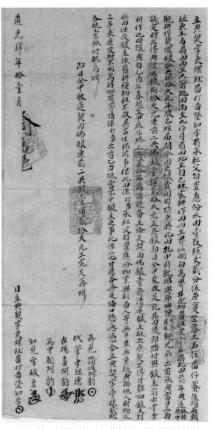

東螺社番打番墜知李所立典契字　鄭子賢 提供

---

17. 洪敏麟較明確地指出，番仔埔為巴布薩平埔族眉裡社「社域」之荒埔地帶，不過番仔埔其實不是「眉裡社」域，容後說明。見洪敏麟編，《台灣舊地名之沿革》第二冊下，頁395。

留下的契書、碑文等一手資料，輔以實地調查，重構東螺、眉裡社域的空間地圖。濁水溪流域由於水災頻仍，除了《清代台灣大租調查書》以外，古文書的蒐集相當困難，所幸筆者在二水鄉收集到契字一批，從附錄一已經可以大約勾勒出東螺社域的空間範圍。

附錄一的古文書以編號1的「示諭」時間最早，業戶曾峻榮即舉人曾天璽具稟：

> 緣東螺社番土官斗肉大箸……等，承祖有草地一所，座落夏里莊，東至施貢生水圳為界，西至十張犁前黃賞水圳為界，南至七張犁橫車路為界，北至大武郡大路界碑為界。又草地一所，座落七張犁莊……南至樹仔腳為界。……經有招佃開墾報陞，下則園共九十九甲五分，立戶大箸斗肉應納課粟二百三十八石八斗在案。……係與業主、土官、社番交關，而二莊眾佃莫能知悉，理合稟請乞恩給示諭，以便管業，前去開埤築圳，收租輸課……

此文書指涉的施貢生水圳為八堡圳，黃賞（黃仕卿侄子）水圳為十五庄圳（今稱八堡二圳），土地大致位於今天田中鎮八堡一圳（康熙五十八年，1719修築）、二圳（康熙六十年，1721修築）之間，即舊大字田中央一帶。另一塊草地在七張犁庄到樹仔腳（疑竹塘鄉樹腳村），七張犁庄即今天的田中鎮沙崙里。濁水溪平原的兩大水利主脈完成之後，立刻帶動灌溉區內土地的拓墾，雍正八年（1730）業戶曾峻榮看準這塊土地的潛在價值，從東螺社番買進已有相當多佃戶耕作的田，是一塊面積達九十九甲餘的農墾精華區。再配合編號6文書：

> 東螺社番通事巴難宇士，有承祖父遺下荒埔一段，址在七張犁莊（田中鎮沙崙里）南勢，土名旱溝頭，東至施家二分大圳，

　　西至王、黃、張家旱園，北至雪施九荒埔，南至曾頭家草地
……因離社寫遠不能自墾……

　　值得注意的是，這張契書代筆人「大通未說」、為中並知見人「唱汝宇士」，與立契人「東螺社通事巴難宇士」，全為社民，可見他們已經可在社內找到處理土地事務交易的人選。又，這塊土地四至接鄰已經都是漢人所有，推知立契時間乾隆三十八年（1773），今天的田中鎮大街，已經成為漢人區，沙仔崙發展成街肆應不晚於乾隆末年。由此編號1「示諭」和編號6文書，可知今天的田中鎮大部份是東螺社域，而非「洪雅族阿里坤支族大武郡社之領域」[18]。

東螺社地契 郭子賢提供　張素玢翻拍

---

18. 洪敏麟編，《台灣舊地名之沿革》第二冊下，頁326。大武社域應在今天田中鎮與社頭鄉交界以北。

　　編號2、10、12、13、16、20、21、22、24、30、36、43、45、47
的文書，土地座落分別在鼻頭庄、挖仔內、墓頭山（今稱墓碑山）、土地
公坪、番仔寮、苦苓腳，相當於今天二水鄉源泉村、大園村、倡和村、
惠民村、修仁村、大豐村、合興村等。另外二水鄉合和村山腳有「番仔
田」的小地名，復興村與合和村交界的山麓在田野調查過程中，發現兩
處「番仔墓」。這些契書上的地名分佈於整個二水鄉八卦山腳沿線，與南
端濁水溪沿岸。二水鄉目前十五個村，有九村都出現在東螺社相關契書
上，由此可推論二水鄉亦屬於東螺社域，非「大武郡社洪雅平埔族之社
域」。[19]

　　編號17、18、25、31、38、40、46文書，土地座落於北斗莊、北勢
寮莊、北斗街崁腳溪底，分別是現在的北斗鎮西北斗新生、大新、西
德、西安、中寮、大道等里，以及與北斗交界的溪州鄉圳寮村一部份，
都在舊濁水溪網狀水系間的河床沙洲地流域，也是水文不穩定之處，從
咸豐九年（1859）以降陸續落入漢人之手。至於北斗街肆精華區，是否
亦為東螺社地？
以下再以碑刻文
字求證。

　　乾隆初年，
閩籍移民在舊眉
庄建立一街肆，
即《續修台灣府
志》所稱「東螺
（舊社）街」，由

題有「東螺舊社街」的香爐

19. 洪敏麟編，《台灣舊地名之沿革》第二冊下，頁366-369。

於嘉慶十一年（1803），不幸發生漳、泉械鬥，繼而東螺溪氾濫成災，房舍田園均遭沖毀，民眾流離失所。於是武舉人陳聯登、舉人楊啟元、監生陳宣捷，與街耆高倍紅、吳士切、謝嘮等人勘察北斗附近地形，有計畫的建立市街。建街完成之後，領導的六名仕紳鐫碑為記，即嘉慶十三年（1808）的「東螺西保北斗街碑記」：

> 彰南有東螺舊社街久矣。自嘉慶丙寅年被洪水漂壞，眾紳耆卜遷於其北二里許，蓋有不得已者焉。問其地，則東螺番業主也，其佃則李氏、謝氏、林氏居多。於是請業主、各佃定稅明白，其番租、正供悉係佃人與業主理，不干鋪民事；⋯⋯

另外，北斗士紳鑑於北斗街從舊社遷居新街以來，原有墓地墳塚累累，新眉墓地則接近溪水。眾紳發動成立義塚，在街民熱心捐輸下，買入兩處義塚，並立「北斗街義塚碑」部份碑文如下：

> 我北斗街自舊社遷居以來，各事皆備；獨義塚一節，前人未經建置⋯⋯凡置塚地二所，一買東螺社番婦沙衣未脫等熟園兩段，在本街宮後（奠安宮）東勢（即大丘園，今北斗鎮第一公墓），經丈一甲一分三釐，連大租在內共契面佛銀三百五十六元。一買東螺社白番眉巴連等熟園二兩段，在大三角（今北斗鎮中和里中圳第二公墓），經丈一甲四分三釐，連大租在內共契面佛銀四百四十六大元。⋯⋯[20]

從「東螺西保北斗街碑記」、「北斗街義塚碑記」這兩塊石碑來看今天的北斗鎮市街，無疑也屬於東螺社域。

與東螺社相關的契書中，比較特別的是編號4的杜賣永耕大租契：

---

20. 見「北斗街義塚碑記」，今存放在北斗鎮文昌里有應公祠（現英靈堂）左側。

> 東螺社番阿乃重長……有同承阿公備工開築草地一所，址在二
> 林上堡溪湖莊，並崙仔厝湖及沙仔湖共三莊，……東至番婆莊
> 及大竹圍牛埔界，西至大圳港及溪仔岸界，南至八份埔下湳洋
> 界，北至崙仔厝崙車路界，四至界址明白。……今因乏銀使
> 用，……外托中引向黃合亨出首承賣……

　　這塊草地東在今天溪湖鎮番婆里、大竹里一帶，西至舊濁水溪，約
在溪湖西南部。過去學界認為溪湖鎮為大突社社域，由此一地契看來，
東螺社北界應包括二林上堡南邊。畫出北界後，再看東螺社的南界。第
39號文書的土地在：

> 草地熟園……座落土名址在麻園寮等處。前因道光年間被水沖
> 崩，變為溪埔，以致眾番等口糧無歸。今幸稍有浮復，欲招佃
> 開墾耕作。……東至四塊厝莊前溪埔為界，西至陳家荒埔為
> 界，南至松仔腳莊後林廖亮園業為界，北至圳墘七張犁崁腳為
> 界；……

　　這塊土地東在今田中鎮大崙里，南至溪州鄉大庄村，北至田中沙崙
里。

　　第44號文書土地座落：

> ……北斗街崁腳溪底，東至董涵車路及自己荒埔田園為界，西
> 至眉裡社番通事余色漢及陳、林現佃為界，南至圳寮庄北溪底
> 熟田園及楊盞舍熟園為界，北至北斗街崁及溪崁腳溪水為界，
> 四至界址明白，內有溪水及水圳四渠等一切在內。自前年被水
> 沖崩，現暫浮復，社內番親人等無力開築，通事累賠供餉。時
> 通事貓劉秀再邀眾社番等，亦皆無力開築……

圖 3-4　東螺、眉裡社契書土地座落示意圖

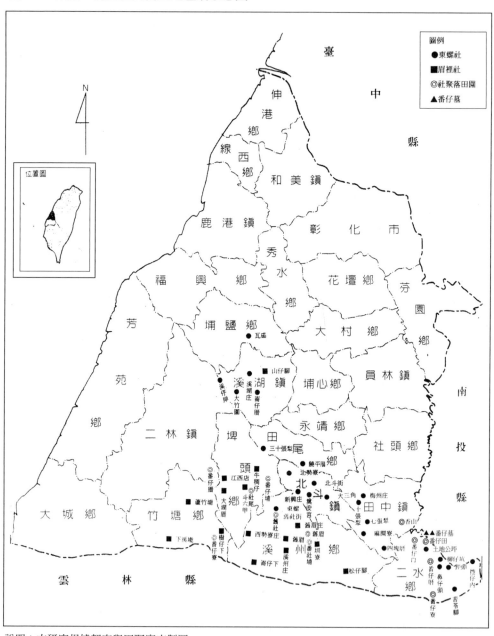

說明：本研究根據契字與田野實查製圖

　　此契約立契人為東螺社番通事貓劉秀，他招佃永耕的土地與眉裡社番通事余色漢接鄰，土地位置在今天北斗西德里與溪州交界處，包括溪州鄉圳寮，這也是東螺、眉裡社土地交接處，相當靠近現在的濁水溪，所謂「溪底」的荒礫之地。

　　從附錄一的東螺社相關文書，可畫出東螺社社域的輪廓。西北界到埔鹽鄉南端，與大突社、二林社接鄰，即鹽埔鄉、溪湖鎮、二林鎮交界的舊濁水溪岸；南界在今天二水鄉修仁村、溪州鄉大庄村、竹塘鄉樹腳村，即濁水溪北岸與眉裡社相鄰；東界到八卦山麓，與大武郡社相鄰；相當於清代東螺東堡與西堡的一部份。

　　這個區域差不多從濁水溪沖積扇之扇頂部份，順著舊濁水溪流域由東南朝西北，一直到溪湖、埤頭、二林交界地帶。綜觀東螺社土地權的流失，大約從今天的田中鎮、北斗鎮、田尾鄉、二水鄉、溪湖鎮的平原開始，逐漸到濁水溪河床沙洲地，光緒年間，東螺社業主可能已經成為不在地地主。

　　討論完東螺社，接著探討眉裡社。目前能看到的眉裡社契書件數不多。從現有八張大致可以明瞭，眉裡社的社域在溪州鄉為主的濁水溪北岸，其中兩件土地因為水患，社民無法墾耕而出典或招佃（參見附錄二）。

　　值得格外注意的是附錄二編號1之典約：

> 立典約字人眉裡社土官蛤知臘、打劉巫士、蛤目，同眾番甲頭等，因本社草地一所，座落土名二林深耕坑埔，南至西螺溪，又至下西墩，西至蘆竹塘出西二十里，堅插莉桐為界，北至大突山仔腳，又至埌抬橋仔頭，種插莉桐為界，又至埔心仔江西店為界，東至大湖厝路口厝大路為界；四至界址明白。年應完課餉五十七兩六錢，廍餉二張，時值價銀七百五十五員正。因

> 康熙五十八年，林華、陳濟世協同自出工本，經開兩條課圳，
> 林華自開三條圳。水圳一條灌溉深坑埔園；陳濟世一條灌溉二
> 林、三林埔。該莊田園徹底奉憲陞科，造報額徵課租。於雍正
> 元年，水圳被溪水拋流沖壞，本社番乏本，難堪開墾餉費，招
> 中外請林華官出首承典，自出工本開墾田園，修理課圳，收租
> 納課為課餉費項，不敢累及番眾生端滋事，通土一力抵擋。立
> 典約字二紙，各執一紙存照。

這張契書的土地南到今天的竹塘鄉溪墘村濁水溪畔，西至竹塘村，
北到溪湖鎮東寮里與埤頭鄉合興村，東抵埤頭鄉大湖村，是一處狹長型
南北向的草地，本為眉裡社民所共有。從價銀七百五十五員來推算，土
地面積相當大，又有水圳灌溉，提高了這塊土地的價值，卻因為雍正元
年（1723）的水患，社民無力修復而招典，由承典者自出工本開墾。這
張契字突破了眉裡社域只在溪州鄉的看法。事實上，眉裡社社域以現在
的溪州鄉為主，包括竹塘鄉、埤頭鄉南邊，也就是清代東螺西保和深耕
保的區域。

三、社址

社域是一個社群的經濟與社會空間，社民可自由耕種游獵其中，社
址則是平埔社群的聚落，清代在方志中稱為「番社」。[21] 隨著游耕區域和

---

21. 本文之沒有沿用「番社」而以「社址」一詞進行討論，目的在強調番社的「位置」。至於
「番社」性質的更詳盡討論可參考洪麗完，〈從部落認同到『平埔』我群——台灣中
部平埔族群之歷史變遷〉，台灣大學歷史學研究所博士論文，2002，第五章第一節『清治
下「社」之性質』。

自然環境的改變，聚落也跟著遷移，而且一社的社址應不只一個。

　　荷蘭時期中部地區缺乏可供參考的地圖，清代方志有關位置的描繪籠統。例如蔣毓英《台灣府志》（1688）：東螺街在東螺社，距縣南四十里；余文儀《續修台灣府志》（1760）東螺社，離府治二百四十里。判定平埔社群的社址有其困難，除非有古文書佐助，清中葉以前只能推測大概的區域，清末的社民聚落或可由地名和「台灣堡圖」追蹤。

　　首先，讓我們從郁永河的《裨海紀遊》談起。郁永河渡過虎尾溪、西螺溪，再涉過湍急的東螺溪，行三十華里（1華里約等於0.756公里），至大武郡社夜宿，對社民形貌也有所描述。追蹤郁永河的行徑，與其參考《諸羅縣志》（1724）附圖，不如以「康熙中葉台灣輿圖」（1684）來的適當。「康熙中葉台灣輿圖」（圖 3-1）中的大武郡社聚落離八卦丘陵

圖 3-5 《諸羅縣志》「附圖」

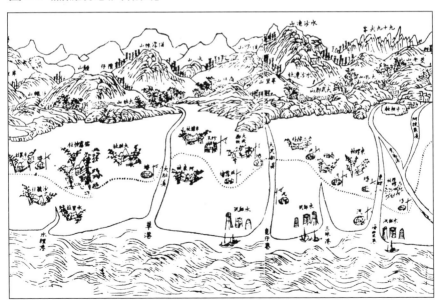

圖 3-6　劉良璧《重修福建台灣府志》（1741）的「彰化縣圖」

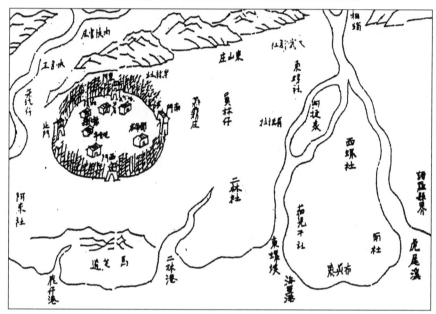

還甚遠，較接近道路，東螺社與道路則有段距離，郁永河繼續北上以後，提到的番社也都在道路沿線。所以大武郡當時社址不在今天八卦丘陵的社頭鄉、員林一帶（清武東堡）[22]，而是今天田尾、永靖附近，位於清代的武西堡。東螺社則在大武郡社東南，可能為北斗東南方、田中以西處。東螺溪南有一未標明的番社，是否為眉裡社尚難判定。二林社被包圍在東螺溪下游的分支當中，大突社在三林港西北二十里處。[23]

　　到1724年《諸羅縣志》成書年代，附圖上的河川與「康熙中葉台灣

---

22. 謝英從，〈大武郡社的社址、社域及地權的喪失〉，《彰化文獻》創刊號，頁121。
23. 見康熙朝「台灣地圖」中標示的先住民聚落。

興圖」大不相同，不見西螺溪，東螺與虎尾溪在中游併合，相當於東螺溪的河流改稱大武郡溪。值得注意的是，原先東螺溪下游的二林社移到東邊，靠西邊的大突、馬芝遴社也不見了，東螺溪到大武郡溪之間的番社全在道路以東。雖然史籍方志未見記載，推知1684年到1724年之間，今天的濁水溪沖積平原，必定發生了非常嚴重的水災，尤其被東螺溪包夾的二林社，給沖得躲到遠遠的山邊，南社也移到東螺社以北；可見番社遷移的可能距離，比我們所認為的還要遠。（見圖3-5）

　　過了二十餘年，在劉良璧《重修福建台灣府志》（1741）的「彰化縣圖」，大武郡溪從地圖消失了，二林社回到西邊，南社往南到虎尾溪旁，眉裡社位於東螺溪網狀河系以北，東螺稍往東移，大武郡縮到山邊，很接近今天社頭鄉舊社一帶，大突社仍沒有被標示出來。（見圖3-6）

　　再過十餘年左右，乾隆年間「台灣輿圖」（1751），東螺、眉裡的社址由於有漢莊的比對，已漸漸能點出位置。大突社在二林港與鹿仔港之北，距離馬芝遴五里；二林社在大突社以南十五里處；眉裡社位於牛稠子庄（埤頭鄉芙朝村）西北、斗六甲（埤頭鄉陸嘉村）以北，約為埤頭與二林交接處，再比對台灣堡圖，這裡也有「番子厝」的地名。至於東螺社則在三塊厝（田中、田尾相鄰區）以南，相當於今天北斗鎮一帶；地圖中的東螺社南有一舊社庄，推測應該是東螺的舊社，與漢人形成交換村。[24]

　　東螺社民放棄舊社以後，一可能遷到舊名斗六甲附近（今埤頭鄉陸嘉村）[25]，另一則遷到「番仔厝」二水鄉大園村、「番仔寮」（二水修仁

24.今天的「北斗」鎮名仍有東螺社名的殘存，北斗語音「寶斗」，這兩個字的閩南語發音和東
　螺社（Baoata）的平埔族語音相近，「寶斗」之名可能由此而來。

25. 根據蕃務本署，《熟蕃戶口及沿革調查級》記載：東螺西堡斗六甲庄，舊番社名東螺社。

圖 3-7 「台灣堡圖」中的東螺社聚落

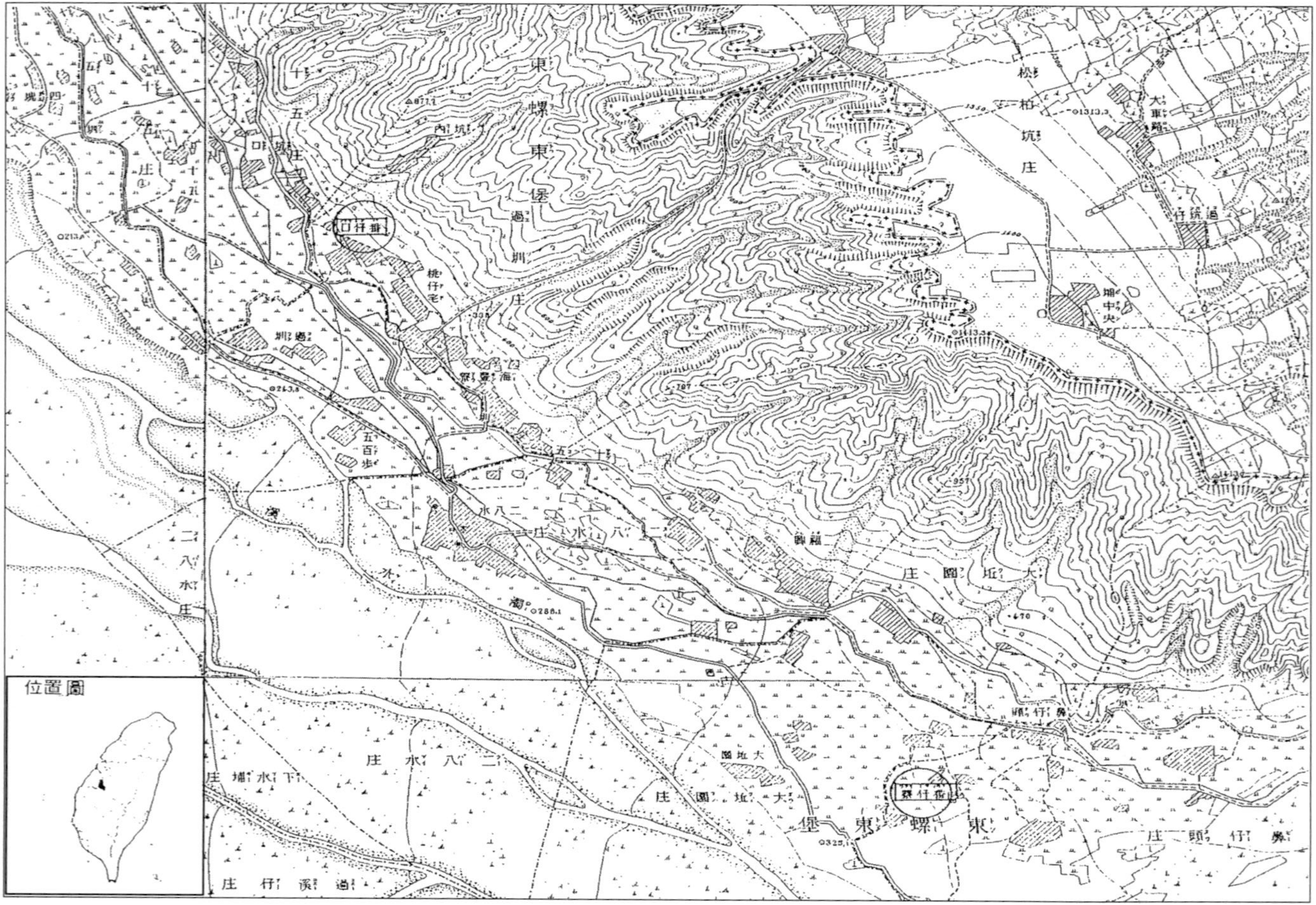

村）[26]，至於二水「坑口」（番仔口）的番社，定居年代可能要更早。
（見圖 3-7）

　　以乾隆年間的「台灣輿圖」與「台灣堡圖」比對眉裡社社址，大致
在今天埔頭鄉、二林鎮、竹塘鄉交界處的「番仔厝」（二林鎮東華里），
另一社址在「番仔寮」（竹塘鄉樹腳村）。

　　清初的二林舊社原在有航行之利的二林溪旁（今天的二林鎮中西
里），約在清中晚期往東二公里處遷移，即今天的二林水廠旁邊（二林東
興里）。大突社（亦稱挖仔社）原居彰化隆起平原西南部，舊濁水溪岸西
南約八百公尺處的挖仔（今二林鎮華崙里一帶）。挖仔因在交通要衝，道
光年間發展成為街市，大突社受漢墾勢力排擠而往西移；十九世紀戊戌
大水災（1898年）逼使大突社再移到挖仔西南，即今天萬興排水南方一
帶。[27]

　　約在十九世紀中葉，彰化地區的平埔社民已經相當稀少。《彰化縣
志》云：「以上二十三社（彰化地區），歸化熟番所居，然或漢人雜處，
或遷徙而墟其地，姑就原名記載耳」[28]。到底平埔人遷居何處？為何遷
移？

第四節　平埔社群的遷移

　　彰化地區的平埔社群共有阿束、半線、柴坑仔、貓羅、馬芝遴、大

---

26. 番仔寮事實上不在現今的位置，而在更西邊，即所謂濁水溪溪底。明治三十一年（1898）
　　的戊戌水災，使番仔寮沒入水中，居民往東遷村，但是仍然沿用原聚落名稱。二水鄉修
　　仁村實地調查。
27. 洪麗完，〈二林地區漢人拓墾過程與平埔族群移居活動之探討〉，頁71-73。
28. 周璽，《彰化縣志》，頁51-52。

圖 3-8　彰化地區平埔族大遷徙示意圖

取自石再添等，〈濁大流域的聚落分布與地形之相關研究〉附圖

突、大武郡、東螺、眉裡等社。清中葉以後，普遍面臨土地流失，維生
艱困的處境。嘉慶九年（1804）岸裡社潘賢文，率領中部平埔族男女老
幼千餘名，從苗栗內山穿越，翻山越嶺、歷盡萬難到噶瑪蘭五圍尋找新
天地[29]。這次的平埔族大規模遷移，是由岸裡社、阿里史社為主導，東
螺、阿束、北投、大甲、吞霄社參與其中。

　　從史實可知，西部平埔族曾有兩次遷移，一在嘉慶九年（1804），一
在道光年間。值得注意的是，大肚溪以南的社群，只有東螺社參加嘉慶

29.〈台灣中部地分文獻資料〉，《台灣文獻》34：1（1983.3），頁178。又，參考施添福，
　　〈清代台灣岸裡社地域的族群轉換〉，收入潘英海、詹素娟編，《平埔研究論文集》（南
　　港：中央研究院台灣史研究所籌備處，1995）。

九年平埔族大遷徙。岸裡、阿里史、阿束、北投、大甲、吞霄等社，曾在雍正九年或十年（1731、1732）的大甲西社事件結盟，阿束、北投、牛罵頭社的的關係，甚至可推到荷蘭時期的部落聯盟[30]。東螺社在荷蘭時期既非中部部落聯盟的一社，在清代也不曾參與大甲西社事件，那麼到底透過何種機制，參與清嘉慶九年的族群大遷移？或謂乾隆五十五年（1791）正式實施的「屯番制」，使平埔社群因埔地分配的相鄰而有了聯繫。不過東螺社埔地位於彰化縣屬沙歷巴來積（今豐原、潭子之間的三村里），和阿里史、阿束（彰化縣水底寮）、岸裡（彰化縣雞油埔）、吞霄（淡水廳武陵埔，今桃園縣龍潭鄉）等社的埔地都不同[31]，彼此互動情形可能有限。

一、社群遷移成因的探討

西部平埔族曾有兩次遷移，一在嘉慶九年（1804），一在道光年間。值得注意的是，大肚溪以南的社群，只有東螺社參加嘉慶九年平埔族大遷徙。為何平埔社群要離開傳統社域，播遷至宜蘭或埔里盆地？沈重的賦稅與勞役重擔應為原因之一。康熙末年，東螺社和眉裡社社餉一共三百七十兩[32]；雍正四年（1726）為減輕平埔族稅賦，豁免婦女丁稅，並

---

30. 荷蘭文獻《巴達維亞日記》曾記載，台灣中部的十八個村落由名叫「柯大王」（Quata Ong）的首領所統治，這些社群包括水裡、牛罵頭、沙轆，烏牛欄、樸仔籬，阿束、貓霧揀、南投、北投、貓羅等社。見中村孝志著，許賢瑤譯，〈荷蘭統治下位於台灣中西部的Quatang 村落〉，頁224、228。又參考翁佳音，〈被遺忘的原住民史——Quata（大肚番王）初考〉，《台灣風物》42：4。

31. 連橫，《台灣通史》（台北：幼獅文化公司，1978），頁293-294。

32. 周鍾瑄，《諸羅縣志》，頁98。

　　將其餘丁稅由徵穀[33]（每石）改為徵銀三錢六分：乾隆二年（1737）再改為每丁徵銀兩錢，東螺社番丁一百零二名，眉裡社番丁九十七名，共徵銀三十九兩八錢[34]。儘管清廷似乎體恤社民，減少徵銀，社民的感受從「東西螺社度年歌」、「二林社納餉歌」（見頁75、76）歌曲中可見端倪。

　　這兩首歌，雖然描述社民過年歡樂的情形，但是也反應了稅賦的沈重負擔，無怪每年易銀完餉無稅一身輕之時，才是東、西螺社民最愉悅的時光。除了稅賦、公差勞役，乾隆末年又得擔任屯丁。

　　乾隆五十三年（1788），由於平埔族助平林爽文事件有功，清廷仿四川屯練制，全台挑出四千名平埔族，分南北兩路成立「屯田制」。設大屯四處，小屯八處，將私墾、未稅土地、沒收充公的未墾埔地，撥給各社屯丁，讓社民耕種，或租贌漢人作為養生之需；這些分配的土地禁止買賣，也免繳田賦。彰化縣屬屯防北路，包括嘉義、彰化二縣和淡水廳的平埔族，共三大屯、九小屯，設屯千總（六品武官）一名，隸屬於北路協副將管轄。彰化縣設屯把總（七品武官）一名，屯外委三名，屯丁一千人。東螺一大屯[35]，有屯外委一名，年餉銀六十圓，屯兵四百名，每名年餉銀八圓。

　　乾隆五十六年（1791）「屯制」實施後，東螺社屯丁的數目不但居東螺大屯之首（見表 3-4），也是北路屯防人數最多的。從清代的文獻無法知悉當時東螺社的男丁數，不過比照乾隆二年（1737），以社丁102名徵

---

33. 雍正四年以前，壯番一名年徵米一石七斗。少壯番一名年徵米一石三斗，壯番婦一名年徵米一石。
34. 周璽，《彰化縣志》，頁176。
35. 東螺大屯包括東螺社、馬芝遴社、眉裡社、大突社、大武郡社、阿束社、半線社、二林社。

表 3-4　清乾隆晚期東螺大屯編制、屯地概況表

編制	人數	埔地位置	現址	每人甲數	埔地總甲數
屯把總	1	彰化縣沙歷巴來積	豐原潭子之間的三村里	5甲	5甲
屯外委	1	彰化縣沙歷巴來積	豐原潭子之間的三村里	3甲	3甲
東螺社屯丁	152	彰化縣沙歷巴來積	豐原潭子之間的三村里	1甲	203甲
馬芝遴社屯丁	23	彰化縣沙歷巴來積	豐原潭子之間的三村里	1甲	
二林社屯丁	28	彰化縣沙歷巴來積	豐原潭子之間的三村里	1甲	50.63甲
眉裡社屯丁	50	彰化縣校栗林	台中縣潭子鄉校栗林村	1.01甲	
大武郡社屯丁	28	彰化縣萬斗六	台中縣霧峰鄉	1.03甲	46.26甲
半線社屯丁	13	彰化縣萬斗六	台中縣霧峰鄉	1.03甲	
大突社屯丁	76	彰化縣水底寮	台中縣東勢鎮境	1甲	106甲
阿束社屯丁	30	彰化縣水底寮	台中縣東勢鎮境	1甲	

資料來源：伊能嘉矩，《台灣蕃政志》，頁374。

銀定飽，到乾隆五十六年這段期間，人口增加率幾乎已走下坡時[36]，屯丁就被徵調了152人。

　　「屯丁」是代替、彌補班兵防衛之不足，一但有亂事發生，屯丁便須出動平亂，男丁被徵調以後，平埔社群的人口結構勢必產生變化，社群力量也受到很大的拉扯。再加上撥給屯丁的埔地遠離番社，只好招佃代耕，卻常遭佃戶抗租、盜耕、盜瞨，最後違法出售土地。其次屯飽也遭

---

36. 儘管乾隆年間是彰化平原開墾快速的時期，很難從現有文獻提出數據。因為從余文儀《續修台灣府志》（乾隆二十五年，1760）以後，彰化地區缺乏方志記載，直到道光十五年（1835）周璽的《彰化縣志》，七十五年之間，番丁人數、徵飽數額付之闕如。不過比較康熙朝「台灣地圖」，和乾隆中葉的「台灣地圖」可發現，前者以原住民聚落為主，後者漢人聚落已經多於原住民聚落。

剋扣，使屯丁陷於缺錢缺糧的困境，可能因此有大規模出走的行動，目的地便是尚未劃入版圖的噶瑪蘭以逃避政府的壓力，可惜到了噶瑪蘭，捲入漳泉之爭，未能順利建立基業。

　　道光年間，平埔社群受到漢人移墾勢力的擠壓更甚，彰化平原的漢人聚落多至上百，平埔社群多半遷離舊地，進行第二次大規模遷移。吳子光在《一肚皮集》中，曾描寫平埔社群經濟的困境：

> 邇來番社為墟，轉徙弌離，有非鄭俠「流民國」所能殫悉者。余揖其酋長而問以故。酋曰：「昔番全盛時，席豐履厚，歌詠太平，一切典禮咄嗟立辦。迨其後，瞨社有費，承應官府有費；尤酷者，按季領餉守候無常，衙蠹從中包攬，挖肉醫瘡，明知毒藥殺人，而不得不躬自蹈之者，番獨非人情乎哉，誠有大不得已也[37]。」

埔里籃城現存少數能代表「林仔城」時代的表徵
張素玢 攝　2001.6.22

　　從以上描述，可以看出番社寥落，住民飽受官方、社商剝削的無奈和苦楚，此為平埔社群不得不遷移故土之普遍因素。彰化地區的平埔社群，以東螺社、二林社、眉裡社遷居埔里人數較多，尤以東螺的296人居首並獨立成庄（見表 3-5）。阿束與眉裡社共居下梅仔腳庄，但以眉裡社

---

37. 吳子光，《吳子光全書》（三）（台中：中華民國台灣史蹟研究中心，1979），見〈禦番〉一文。

表 3-5　原彰化縣境平埔族遷入埔里部落戶數人口表

今部落名	原社名	戶數	人口	備註
枇杷城庄 (今枇杷里)	阿束社、北投社 (自稱Assok)	22	82(男50、女32)	以來自南投縣草屯 鎮的北投社為主
文頭股庄 (今枇杷里)	萬斗六社 (即貓羅社，自稱Varo)	11	82(男54、女28)	
中心仔庄 (今枇杷里)	萬斗六社、北投社	16	70(男30、女40)	多係萬斗六社
林仔城庄 (今籃城里)	東螺社 (自稱Taopari)	59	296(男152、女144)	
興吉庄(恆吉城) 庄(今大成里)	二林社(自稱Makatum) 馬芝遴社(自稱Tariu)	25	140(男70、女70)	
白葉坑庄 (今溪南里)	柴裡社、柴坑社 北投社、東眉社	20	70(男30、女40)	
虎仔耳庄 (今大南里)	阿里史社眉裡社 (自稱Vairie)	2	8(男5、女3)	大部分為 巴宰族阿里史社
守城份社 (今牛眠里)	萬斗六社、北斗社 日北社、山頂社			以巴宰族 山頂社為主
下梅仔腳庄 (今北門里)	阿束社、眉裡社	22	150(男70、女80)	

資料來源：(1) 伊能嘉矩，〈埔里社平原に於ける熟蕃〉，《蕃情研究會誌》2號 (1899)。
　　　　　(2) 劉枝萬，《南投縣沿革志開發篇稿》，1957年。

佔多數，二林社糝少數的馬芝遴社在興吉城庄，大突、大武郡、柴仔坑、半線雖有移入，但人數不多，未自成聚落。平埔社群遷移埔里的情形，學界討論甚多，在此不贅述。這裡想要闡述的是，漢墾的壓力、屯餉遭剋扣、屯丁缺錢缺糧的困境、公差勞役過多等情況，都是平埔社群的共同遭遇。為何彰化地區的平埔社群對移居與否出現極大的差異？除了經濟、政治壓力以外，必須加入環境因素的考量，尤其濁水溪流域的水文變化極大，正是導致彰化地區平埔社群必須遷移的重要原因。

二、水文與社群遷移

　　台灣最長的河流，也是人文、地理重要界線的河流——濁水溪，孕育了廣闊的沖積扇平原，吸引農民進入此區墾耕，利用濁水溪水系開發的水利系統，更造就千里沃土。康熙末年，八堡圳與十五庄圳相繼完成，由二水鼻仔頭向西北鹿港方向，以及二水到田中一帶，沿渠聚落如雨後春筍。濁水溪雖然為農墾引來源源活水，卻也帶來無常的災害。從有文獻記載開始，這條河流就不斷大幅擺動，河道的屢次改變，使流域區內的住民時常被迫遷移。從1749到1792，五十年不到的時間，濁水溪共發生十一次水災，幾乎五年一次。雖無文字記載，不難想像社民經濟受到的嚴重打擊。在十八世紀中葉以前，社民尚有可供自由遷移的土地，隨著漢墾勢力的增強，社地不斷出典、杜賣，到十九世紀初，一方面生活空間日趨窘迫，一方面來自濁水溪的威脅始終沒有減除，不得不出走另謀生路。

　　濁水溪氾濫的區域，涵蓋東螺、眉裡、二林社社域，其中以東螺社為甚。比對東螺社域，從濁水溪出山狹口，也就是二水鼻子頭一處，沿著舊濁水溪河道，呈東南至西北走向。舊濁水溪舊稱東螺溪，正是河道變遷最劇烈的河流，只要河道改變，家園俱成荒墟。濁水溪北岸的眉裡社，受水患波及的程度也不淺；至於下游的二林社域，水患之後往往形成沙丘，不利農耕。另外舊濁水溪北岸的大突社，舊址在今溪湖鎮大突、北勢里，較清楚的遷移是明治三十一年（1898）受戊戌大水災影響，由北岸遷到南岸的挖子、萬興[38]。日治時期濁水溪修築堤防以後，這個區域就穩定下來。

---

38. 除了目前所知兩個聚落以外，二林萬興農場翻土播種時，曾挖到瓦片陶碗，配合田野調查，知道其地曾是大突社社域，現已埋在甘蔗園下。

　　全盤檢視彰南地區的平埔社群，可觀察到社群遷移與否，與社民所處的自然環境有密切關係，尤其是「水文」。濁水溪沖積平原不但是彰化地區，甚至是台灣最不穩定的水文區之一，區域內的平埔社群遷移頻繁，最後可說毫無戀眷地離開故土。

　　也許吾人要問：既然這些社群在歷史的進程始終遭受水患威脅，何以至嘉慶、道光時期才有大規模、遠距離的遷徙？我們參考文章所整理的契書（附錄一、附錄二）可知，平埔人土地在十八、十九世紀不斷將土地賣與漢人，最初是平原地區，越到後期，給墾的土地多為濁水溪的浮復地。這意味著社民的生存空間愈來愈惡劣，社地愈來愈有限。在漢人未大量入墾以前遭遇洪患時，社人可在廣大的社域內尋覓適當的地點，建立新的聚落，或等水退之後再回故居，就如《諸羅縣志》（1724）附圖標示的彰化平原平埔番社位置，與「康熙台灣輿圖」（1684）及後來的《重修台灣福建台灣府志》（1741）差距極大，本來在濱海的二林社可以移到大武郡山邊，東螺溪南岸的「南社」移至東螺溪北岸、二林社和東螺社之間，幾乎大武郡溪和東螺溪之間的番社都往山邊移動。但是乾隆年間以後，漢人村庄逐漸取代平埔番社，漢民掌握土地實權，平埔社人只能遷移到遙遠的化外之地。

　　學界提到平埔社群的遷移原因，有歸納為清廷統治的政策，如John Shepherd，他認為原住民社會受中央統治政策影響，造成內部權力結構的分化，受漢文化影響較深的族系形成新的領導階層，與官方關係差者，勢力趨於薄弱，乃遷離故土[39]。竹塹社衛家與龍潭霄裡社蕭家為其社群的領導階層，但是勢力轉弱的竹塹其他各姓與八德霄裡本家並沒有長距離遷移。苗栗地區遷移埔里的社群，也沒有證據顯示其為弱勢者，

---

39. 參考John R.Shepherd, *Statecraft and Political Economyon the Taiwan Frontier, 1600-1800*, Stanford: Stanford University press,

何況清代政府社會控制力不強，政治與政策能影響到多少「天高皇帝遠」的社民，值得再謹慎思考。

施添福以「公差勞役過多，社民缺乏力農的環境」來解釋岸裡社群、南部平埔社群遷移或勢力衰弱之因。筆者基本上同意這個看法，但是其有區域性和時間性的限制。彰化平原的自然環境，不像多山形勢險要的岸裡、巴宰社域，必須守隘、護衛軍工，社民未曾以「善用鳥槍」、「勇猛矯健，穿林越澗如飛」聞名，由於平埔社群的特性各有不同，也許因而產生勞逸不均的現象。另外，嘉慶、道光年間以後，台灣南北道路津渡多已架設，驛站、營汛系統建立，人力資源相當豐富，一如郁永河北上採硫，行旅都要借重社民的情況應該已經改善。

論者或謂社群經濟能力不盡理想，僅有少數能參與需要投資的遷移活動。洪麗完比較彰化地區的二林社和大突社，解釋前者的貧瘠旱地在農墾條件改善後，土地價值提升，二林社因而能帶著財富與漢人的生活經驗，參與十九世紀入埔之舉。低窪地帶的大突社，經濟狀況貧弱，因而不能籌足資本遷居到埔里。[40]

比較二林社社域和大突社域的農業環境，前者遠遠不如後者。二林農業環境的改善，水田率的提高，都要到日治時期。季風的強烈與濁水溪下游泥沙的堆積，使農作收成不佳，清代仍以旱作為主[41]。反觀大突社舊社在「湖仔內」，這是溪湖鎮的農墾精華區，溪湖楊姓大家族便崛起於此[42]，以地名推測「湖」似為盆狀窪地，但其地土層深厚，為優質的耕

---

40. 洪麗完，〈二林地區漢人拓墾過程與平埔族群移居活動之探討〉，頁86-87。

41. 張素玢，〈私營農場與二林地區的發展 1900-1945〉，《彰化文獻》2(2001.3)，彰化：彰化縣文化局，頁49-74。

42. 有關「湖仔內」聚落情形參考楊幸雪，〈漢人血緣聚落的分化與整合以彰化縣溪湖鎮「湖仔內」地區為例〉，師大地理系碩士論文，1995。

洪水氾濫之後的濁水溪河川礫地　賴宗寶攝

地。[43]大突社離開舊地遷居挖仔內與萬興的地區，早在清代末便已水田化，現為水稻蔬菜區。大突社相關契書出現「無力自耕」、「屯埔拋荒」的立契原因，廣見於各社，經濟貧化已經是普遍的現象，所以二林社是否經濟能力較佳，有較多資本作為遷徙的「準備金」值得再考慮。

　　水文的不穩定，水患的無常，才是彰南地區平埔社群大遷徙的最主要因素。無所逃於天地之間的洪水夢魘，便是讓社民離開寬闊平原，到環境全然不同的埔里盆地定居的原因。這就可以解釋為何大突留居故土，不穩定水文區內的東螺、眉裡、二林社則大舉遷移。

---

43. 溪湖鎮實地調查。

小結

　　本章敘述生活在彰南平原，也就是濁水溪沖積扇區域的先住民，包括東螺社、眉裡社、二林社和大突社，時間從有文字記載先住民社狀況的荷蘭時期，以至遷離彰化平原的十九世紀初。內容除了敘述這些社群整體的歷史發展，以及風俗習慣以外，重點尤其放在過去學界尚未深入探討的東螺、眉裡社。

　　本研究發現，東螺社社域大致為清代東螺東、西堡的範圍，眉裡社則在東螺西堡與深耕堡的一部份。這個成果釐清過去對兩社模糊或錯誤的看法，並進一步證實清代的行政區劃，與先住民社域的可能關係。筆者在文中以相當多的篇幅，考定東螺、眉裡社的社域和社址，主要基於1.過去學界仍欠缺對這兩社的研究，資料多沿用日治時期的調查。2.私藏古文書的出土，使進一步的研究成為可能。3.在詳細畫出東螺與眉裡的社域之後，就會發現其空間幾乎都落在濁水溪的洪泛區，有了這樣的瞭解，才能分析水文與平埔社群遷移的關係，並為現有的平埔族遷移的研究成果再提供另一種解釋。

　　本文透過文獻、契書、地圖的整合與長期的田野調查，觀察平埔社群與自然環境的因素，提出以水文為基礎的社群遷移說，認為原住民族除了經濟貧化、喪失土地實權以外，水患的威脅、水文的不穩定，是促使濁水溪沖積扇的先住民，尤其是東螺、眉裡社積極求去的原因。更了解到，不論漢人或先住民，都曾經飽受濁水溪水災的威脅，相異的族群，曾在不同的時空，面對自然的挑戰。即使漢人與先住民，在這片土地上發展結果的並不相同，歷史上這些濁水溪畔的族群，卻有過類似的遭遇，經歷過一段相同的命運。

第四章 二水

4

人 與 自 然 的 生 存 競 爭

水圳的修築與漢人移墾

與河爲伴

與山爲鄰

小結

八堡圳圳頭安置石筍的情形，地點為今水門　鄭源捷 提供

　　二水鄉位於台灣中部，地居彰化縣東南隅，東西長約8.75公里，南北寬約5公里，全鄉面積為29.449平方公里，外型全貌略成一箇「菱角形」。東北角與南投縣名間鄉交界處最高，標高約431公尺，由此向西遞降，至與溪州鄉相鄰的河川地為最低，標高僅有64公尺。舊名「二八水」，在清代最早見諸「乾隆年間台灣番界圖」（1760），圖中標有「二八水」庄。在清代的《彰化縣志》成書年代（1831）東螺東西堡各莊名也出現「二八水」，日治時期行政區名仍沿用「二八水庄」，直到大正九年（1920）街庄改制，才稱為「二水」。戰後的二水鄉行政區域相當於日治時期的二水庄。

　　二水後倚八卦台地，前傍濁水溪，這個與山為鄰，與河為伴的地方，庶民生活的兩個重要元素便是「山」和「水」。位於濁水溪沖積扇扇頂的二水，山坡與河川地形成為本區的主要特色，依地勢高低可分為：八卦山台地、濁水溪中游河谷、濁水溪沖積扇平原等三種不同的地形。[1]八卦台地間的山溝橫互，境內的八堡圳切割了二水的空間，所以在不同的環境元素下，發展出迥異的生活方式。

　　儘管康熙四十八年（1709）施世榜便在二水興築清代最具規模的水圳，灌溉彰化平原，境內就有八堡圳、十五庄圳、二八水圳等三條水圳；二水卻因夾在八卦台地與濁水溪之間，鄉民必需在窄隘的生存空間下，與自然競爭，求取生活最大的邊際效益。

　　旰衡二水的發展特色，本篇不以政權遞嬗為章節之劃分，而以人民與土地的關係展開論述。

---

1. 彰化縣二水鄉公所，《彰化縣二水鄉整體建設發展計劃》（中原工程顧問有限公司，1994），
　貳、〈基本環境資源〉一之（一）地形地勢，頁2之1。

第一節 水圳的修築與漢人移墾

　　二水這片依山傍水的土地，早在漢人移居台灣以前，就有人類的活動。由於此地尚無考古發掘資料，目前仍未知史前時代的情況，但是從可靠的文獻記載，平埔族早就生活在二水，真正的老二水人，是所謂的「東螺社」人。（有關東螺社的情形詳見本書第三章）

　　在十八世紀以前，彰化平原的漢人仍然相當有限，只是零零星星的小點狀分佈。明鄭時期，曾有鄭成功部將林杞在二水鼻子頭一帶開墾之說，但是缺乏證據，只能當作參考。[2] 漢人逐漸在二水定居並發展為聚落，要到康熙末年施世榜興築施厝圳、黃仕卿修建十五庄圳的時期。所以水圳修築，與漢人移墾有著密切的關係，以下先就水圳修築來討論。

一、 水圳的修築

　　清代台灣灌溉面積最廣，也是最重要的水圳，為一般人習慣為「八堡圳」，事實上，至少在道光年間《彰化縣志》以前，清代方志、古文書等文獻中稱之為「施厝圳」，而不是「八堡圳」。施世榜興築水圳的年代，台灣還沒有「保」的行政區劃，直到乾隆五年（1740），彰化平原才有「保」的名稱出現，而且當時也只有六保，因此不可能稱「八保圳」。道光年間，彰化平原村莊不斷增加，「保」的數目也達到十六，因此有可能在十九世紀初，才有「八保（堡）圳」之名，後來就一直沿用。本文為了忠於史實，將稱呼清初施世榜開鑿的水圳為「施厝圳」。

---

2. 彰化縣文獻委員會，《彰化縣志稿》〈沿革志〉（台北：成文出版社影印，1983），頁153。

　　施世榜在清初和他的父親施鹿門從福建晉江來台，康熙四十八年
（1709），施世榜請得墾照，在半線地區（今彰化縣）引濁水溪之水築
圳，從當時番界濁水庄取水，在今天二水鼻仔頭截源入圳，歷經十年，
於康熙五十八年（1719）完成。

　　施世榜之父來台，最初在台南從事台灣與日本之間的糖業貿易。台
灣的糖業貿易從荷蘭時期就打下基礎，在南部已經普遍種植，為何施世
榜特意到中部開發水圳，以利稻作？原來台灣在康熙中葉以後，人口日
漸成長，對米糧的需求也不斷增加，過去以蔗作導向的農業經濟，造成
糖多價賤。由於稻米的商業利益逐漸取代蔗糖，稻米的需求量大增，於
是掀起水利興築的風潮。施世榜既然從事貿易，對市場的價格波動必然
十分敏感，當稻米的利潤超過蔗糖，施氏便運用充沛的資金，在濁水溪
找到適合開鑿水圳的豐富水源。[3]

　　「施厝圳」是清代台灣最重要的大型水利建設，建造這個工程，不僅
要熟悉埤圳水利建設的特點和方法，而且動工之前，也需掌握自然地理
的各種條件。例如對溪流水源的勘測、灌溉地區地形地貌查勘，陂埧基
礎的判定，圳渠網絡的佈局，以及具體施工過程的技術指導等。

　　施世榜從商起家，他認識到水利興修對稻作的必要，至於其工程技
術可能談不上專業。施厝圳灌溉之廣，濁水溪之特殊水性，使水圳開鑿
的過程並不順利，完工之際竟然圳水不通。這時出現了一位「林先生」
的傳奇人物，使這項工程能夠成功。史書記載：

　　　　工竣，而流不通，世榜慮之，募有能通者予千金。一日，有林
　　　　先生見，曰：「聞子欲興水利，而苦無策。吾為子成之。」問

---

3. 蔡志展，《明清水力開發研究》（瑞和堂印行，1999），頁17。（本書無出版地）

其名，不答。於是相度形勢，指示開鑿之法，曰：「某也丘高
宜平之，某也坡低宜浮之，某也流急宜道之，某也溝狹宜疏
之。」世榜從其言，流果通。眾以世榜力，名施厝圳。[4]

　　這段文字，清楚描繪了林先生對水圳工程的診斷，他認為問題癥結
在沒有完全掌握地勢。日人伊能嘉矩在《台灣文化志》收錄了林先生所
作的律詩一首：

施家鑿圳灌田畔，濁水瀠洄導以西。草徹由來多顧水，源深性
有木為堤。隨山導勢南流北，就水看形上啣低。十五葫蘆他同
樣，劃歸虎鹿兩螺溪。[5]

　　我們無法得知林先生的詳細生平，但是無庸置疑的，他對濁水溪水
性地形，瞭解十分深入。施世榜最初將引水點設置在鼻子頭（二水倡和
村），林先生則建議向上游近山處延伸（今南投縣名間鄉濁水村），如此
一來，水圳的取水口傾斜度較大，圳水得以貫通。[6]

　　施厝圳灌溉後來的東螺東堡、東螺西堡、武東東堡、武東西堡、燕
霧上堡、燕霧下堡、線東堡、馬芝遴堡，使彰化平原11,925甲的農田受
惠，寫下台灣水利史劃時代的一頁，也帶動了農業史上的第一次綠色革
命。緊接著，黃仕卿在康熙六十年（1721）修築「十五庄圳」。「十五庄
圳」同樣取源於二水的濁水，灌溉東螺東堡內十五庄，大致在今天的二

4. 連橫，《台灣通史》卷31，頁806。
5. 伊能嘉矩著，台灣省文獻委員會編譯，《台灣文化志》中卷（台中：台灣省文獻委員會，
　 1991），頁339。
6. 顧雅文，〈八堡圳與彰化平原人文、自然環境變遷之互動歷程〉，台大歷史所碩士論文，
　 1990，頁44。

水鄉、田中鎮一部
份，面積7,500甲，
在彰化平原的重要
性僅次於「施厝
圳」。[7]

　　大約在康熙五
十八到六十年之間
（1719-1721），橫互
於施厝圳與十五庄
圳之間，有「二八
水圳」（鄉民稱為
「二分水圳」），文
獻未記載建造者，
應是兩條重要水利
設施的聯絡水圳。

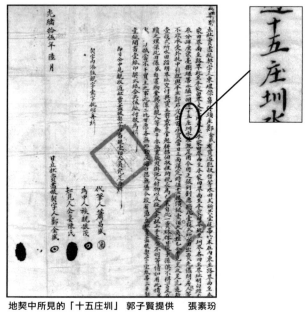

地契中所見的「十五庄圳」郭子賢提供　張素玢
翻拍

　　清初在二水有限的空間內就有三條水圳，便利的灌溉系統，帶來移
墾熱潮，漢人較有規模的在二水從事農業墾殖，大約就在康熙末年到乾
隆時期。

二、漢人入墾二水

　　台灣在清初的開發，偏限於南部地區，到康熙四十、五十年之間

---

7. 余文儀，《續修台灣府志》卷二（1765），頁108；顧雅文，〈八堡圳與彰化平原人文、自
　　然環境變遷之互動歷程〉，頁61。

（1700-1720），從福建、廣東移民到台灣的人數，每年達到十幾萬人。[8]
《諸羅縣志》記載，在1704年漢人開墾的地區過斗六門以北，到1710數年
之間，漢墾勢力已經超過半線（彰化）、大肚溪以北。[9]

在這樣一波一波的移民潮當中，十八世紀初漢人應該已來到二水，
清代文獻對二水早期開發的情形並沒有記載，因此，本節內容主要根據
聚落調查所蒐集的族譜、地契、公媽牌等資料來建構。由於這些資料可
遇不可求，仍無法做到普遍、全面性的瞭解。

二水的開發與水圳的建設息息相關，但是水圳修築之前，漢人已經
零零星星在二水靠近八卦山台地，山溝與山溝之間的緩坡地落戶。當時
山腳一帶為平埔族東螺社的聚落，漢人可能向東螺社民膜耕。茆家的男
祖原姓「王」，大約在明鄭末年就來到二水坑口（今復興村），後來入贅
或被茆家收為養子。[10]　同樣住在坑口的卓姓祖先，約在康熙末年入墾。[11]
另外，二水有水坑（今惠民村）王姓也早在明鄭時期的末年入墾。大
園、源泉賴姓、大園林姓約在康熙末年；源泉鄭姓、陳姓，大園戴姓、
陳姓、惠民村陳姓、合和村張姓，約在乾隆末到嘉慶初年入墾。有些住
民並非一開始就落腳於二水，例如大園陳家來自南投弓鞋，上豐村藍家
來自名間。

---

8. 周元文，《重修台灣府志》台灣文獻叢刊第66種，（台北：台灣銀行經濟研究室，1960），
　頁323。

9. 周鍾瑄，《諸羅縣志》，頁110。

10. 根據茆家公媽牌記載（復興村茆文傳提供），來台祖茆芽生於己丑卒於甲戌年，傳一子，
　名旭，生於康熙戊辰（27）年（1688），卒於乾隆辛酉（6）年（1741）。從兒子的年代上
　推，茆芽生應是永曆三年（1649），卒年甲戌為康熙三十三年（1694），如果他在壯年三
　十歲時來到二水坑口，則清廷尚未將台灣收入版圖。

11. 據「福建安溪卓姓譜系表」（復興村卓明德提供），卓姓來台祖生於康熙壬午年（1702），
　卒於乾隆癸未年（1763），推測約在康熙末年入墾。

　　從族譜、公媽牌，再佐以口述資料，二水的開發應始於八卦山麓地帶。先民選擇「山坑」定居有下列原因：

1.當時社會治安不佳，時有搶匪，住在山溝兩坑之間防禦力較強。

2.山麓為湧泉帶，取水方便。

3.為松柏坑到二水的交通動線，亦可交換山產。

4.過去山林的野生動物很多，例如野兔、竹雞、雉雞等。

　　康熙末年，「施厝圳」、「十五庄圳」和「二八水圳」相繼完成，對墾務大有激勵作用，這時墾務逐漸由山腳轉移到水圳流經之處。例如番仔寮洪姓、裕民村許姓、五伯村陳姓約在乾隆年間入墾。乾隆年間以後的土地開發情形，從二水收集到的古文書可略知一二。（見附錄三）

　　這些地契較集中於今天的大園村、五伯村、修仁村一帶，由民間收藏的地契分析，可觀察到下列幾點：

1.1749年到1813年之間，土地交易的土地類別皆為旱田，1819年以後才是水田，可見二水耕地的水田化要到十九世紀初。究其原因，二水由於東邊近山，西邊近水，可供開墾的土地面積不如鄰近的田中廣闊，加上水患問題，開發的速度不如想像中快。

2.這些契書反映的漢番地權關係更值得注意。早期漢人拓墾的「二八水庄」，原為東螺社生活之地。漢人移入以後與東螺社產生密切的土地關係；由以下契字可見一斑：

> 仝立甘愿賣盡根墾契字東螺社土目大眉知里，承祖父遺下荒山埔園乙所，座落土名挖仔內庄。東至陳家荒埔為界，西至柳仔坑為界，南至大圳為界，北至赤崁頂大崙為界。內大坑三條，界址明白，年配納社餉穀五石。今因乏銀費用先盡問番親叔兄弟侄人等，不能承受，外托中引就，愿賣與賴寒觀出首承買。當日三面言定，時值價銀三百大員正，……

日立賣盡根墾契字人東螺社番 東螺社土目大眉知里記（印信）

　　這塊位於土名「挖仔內」（今大園村）的荒山埔園，由東螺社土目大眉知里以三百大員賣出，原因是社內缺乏費用。在乾隆十四年（1749）三百大員的價格，又是還沒開墾的山坡地，想必面積十分可觀，承買人賴寒是大園的賴姓家族。

　　東螺社面臨漢人貨幣經濟與土地拓墾的衝擊，不斷以土地本身作為商品，或是賣給漢人，或是典借金錢。十九世紀初，東螺社以土地向漢人借錢的契書為數不少，例如：

> 立典契字東螺社番巴難貓氏有承祖父遺下水田壹段，座落在番仔寮東勢土名鼻仔頭。東至自己園為界，西至大箸謬園為界，南至大箸宇士田為界，北至石埔為界，四至界址踏明為界。今因乏銀費用，自情願將此田出典，先盡問房親叔伯兄弟侄不能承受，外托中引就鼻仔頭庄鄭楚、汲、會觀兄弟等全出首承典，當日三面言議時值價銀貳拾大員正，其銀即日全中交收足訖，其田隨即踏附與銀主前去掌管耕作，逐年配納番主大租粟五升滿，此田愿約限耕貳拾肆年終為滿……
>
> 道光捌年拾貳月 日立典契字番 巴難貓氏

　　東螺社巴難貓氏以二十銀元，將水田典出二十四年，每年租粟不過五升。由東螺社與漢人訂定的契書來看，嘉慶年間其經濟狀況已經相當窘困，出典的土地多數為墾成的田園，典期又相當長，除了上文契書外，編號15東螺社番打番墜知李的水田，則在立約前兩年曾典借過一次無法償還，於是期限已滿又將之典給陳姓兄弟二十年。巴難貓氏除了鼻仔頭的水田以外，道光十四年（1834）也將番仔寮埔園典十四年（編號

23），連貴貓氏（編號28）的下田典期亦為二十四年。

　　嘉慶二十三年（1818），台灣知府鄭佐廷鑑於番產典賣漢人日漸嚴重，而向台灣道汪楠建議由官方出示告諭，規定所有出典決賣漢人的番產，限一年內由番人取贖；番產出贌典借漢人，也須限年退還番管。汪楠認為立意雖好，但是不易執行，他主張解決番產外流的方法，一方面需由官方出示，規定漢人典賣、贌耕或典借社番田園，一律不准計利，只准以冬季收成為期，讓番人備銀取贖。另一方面，汪楠也主張釐清社番公私田園埔地，詳列典賣胎界漢人田園甲數以及現存租額，造冊分別呈送台灣府、縣，以及鹿港和淡水分府衙門備查。社番如果缺銀急用，只能由社內公租或向其他番人借用，不准向漢人借貸，或向漢人短折租谷，借取錢銀。[12]

　　台灣道汪楠這些建議，經由福建布政使、巡撫和總督等上級官員反覆審議，咸認妥當作成決策。然而，在執行政策的過程中，卻出現不少困難。其中之一是番產田園清釐不易，尤其接近內山埔地，更難丈勘。以縣級衙門有限的人力及辦公經費，實際上並不具有執行清丈任務的能力。其次，土著業主和漢佃銀主可以採用彈性的、多樣的典賣形式，進行產權交易，因此，官方很難監督土著借貸行為。尤其規定土著借銀不准計利，試圖運用行政力量干預民間金融交易，更無法執行。[13]

　　在岸裡社文書當中，六十件典借契字只有三件典期超過二十年，占5%。二水的東螺社與漢人之典契雖然只蒐集到五件，但四件的典期就超過二十年，甚至長達四十年。（見表 4-1）東螺社業主與二水漢人之間的

12.〈台灣中部地方文獻資料〉，《台灣文獻》1983：34（1），頁111-112。

13. 陳秋坤，《清代台灣土著地權》（南港：中央研究院近史所，1994），頁212。

地權典借，並沒有很清楚寫出典押利息，但是為了為數不多的金錢，長期典借形同變賣土地的契約內容，似乎也透露清廷擔憂番民地權外流的同時，東螺社已經難以在其祖居地生活下去。嘉慶九年（1804）與中部岸裡、阿束、大甲、吞霄、北投等社，越過中央山脈，千里迢迢遷徙到噶瑪蘭，然而移居行動沒有成功；後來，東螺社又在道光初年遷徙埔里盆地。從典契這麼長的典期與如此低的借銀來看，推測東螺社民已經有放棄原鄉，另覓社地的打算。

表 4-1　東螺社業主典借契字一覽表

立契人	銀主	時間	土地類別	期限	借額	原配納額	資料來源
東螺社番大箸宇士、巴難宇士	鄭文章	嘉慶18年（1813）	熟田園	40年	100銀圓	租粟6斗	賴宗寶
東螺社番打番墜知李	陳生泰 陳進生	道光4年（1824）	水田	20年	120銀圓	租粟1石	鄭子賢
東螺社番巴難貓氏	鄭楚 鄭汲 鄭會	道光8年（1828）	水田	24年	20銀圓	租粟5升	鄭子賢
東螺社番巴難貓氏	鄭江	道光14年（1834）	埔園	14年	10銀圓	年租谷1斗	鄭子賢
東螺社番連貴貓氏	蔡右	道光26年（1846）	下田	24年	16銀圓	租粟1斗	鄭子賢

　　儘管實際土地經營權已經落在漢人手中，至十九世紀中葉，從契書四至所載，東螺社還有業主權，咸豐年間以後，地權已經成為漢人所有。當東螺社遠離二水，社地逐漸成為漢人的田園，二水的人文地貌到

了十九世紀已經大不相同。人為開鑿的水圳，流穿二水，化荒埔為水田，山坡的雜林也開始有計畫的種植相思樹、果樹，八卦山山麓與平原出現零星的聚落。

　　道光十一年（1831）纂修的《彰化縣志》，二八水庄第一次出現於志書當中[14]，到底「二八水庄」因何得名？

三、「二八水」的由來

　　二水舊名「二八水」，雖然這個舊地名為鄉人所熟知，但是其由來卻莫衷一是，各有說法，本文將從一手史料正本清源，將「二八水」的由來解釋清楚。

　　到底「二八水」之名怎麼來的？我們先看地名辭書的解釋。

　　日人安倍明義《台灣地名研究》是這麼寫著：

> 二水至大正九年（1920）以前稱為「二八水」。所謂「二八水」，乃是兩條河川流成八字形的意思。亦即把濁水溪一渡頭的名稱轉為庄名，該渡頭之名已經見於乾隆二十九年（1764）的《續修台灣府志》。道光十二年的《彰化縣志》記載「二八水渡，一名香櫞渡，二八水與沙連（今南投縣）往來通津。」由此可知，當時以本地為起點，有船舟溯越濁水溪東方，通至番界水沙連。[15]

　　洪敏麟在《台灣舊地名沿革》提出不同的意見，他指出「二八水渡」並非今日之二水，而是今天竹山鎮北部下坪里境內的香員腳，地名由來

---

14. 周璽，《彰化縣志》卷五〈祀典志〉，頁154。
15. 安倍明義，《台灣地名研究》（台北：武陵出版社，1992），頁163。

是因為境內有「二分水圳」與「八堡圳」因得名。[16]

《彰化縣志稿》中記載：

> 二水原名二八水，係由二八水圳或二八水渡，轉為二八水庄，
> 日據民國九年，乃略八字，成為今名。但亦有誤作「二水有施
> 厝圳及十五庄圳，故名二水。」[17]

以上這些說法各有所缺，安倍明義與《彰化縣志稿》解釋因「二八
水渡」得名，但是「二八水渡」在今天竹山的香員腳。洪敏麟「二分水
圳」與「八堡圳」而得名之說亦有瑕疵，因為康熙四十八年（1709）施
世榜興築的水圳，當時並不稱做「八堡圳」，而稱施厝圳或施貢生水圳。

陳國典曾在《彰化人》雜誌為文說明「二八水」的由來，他提出二
八水之所以得名的兩個理由。第一，明鄭時期，自林杞埔（今竹山）要
到二水，必須經過清水和濁水兩條溪，越過這兩條溪，稱為「過兩幅
（pak）水」，二幅水與「二八（pat）水」讀音雷同，先民移入本地時識
字不多，所以就將地名寫做「二八水」；第二，自內山流出的清水溪和
濁水溪二合（kap）水，在出山口的本地會合，因此本地地名就叫「二八
水」。

陳國典認為二八水所指的兩條溪水，應該是清水溪和濁水溪，清濁
兩溪在此會合而西出海口，兩溪在本地會合之前，形如八字，因而得名
「二八水」，特別是兩溪會合後又分為二水。上下由兩邊都流成八字形，
便成為二八水了。陳氏進一步推論在施厝圳和十五庄圳開築以前，「二
八水」的地名就已經存在。[18]

---

16. 洪敏麟，《台灣舊地名沿革》（台中：台灣省文獻委員會，1984），頁365。
17. 彰化縣文獻委員會，《彰化縣志稿》〈沿革志〉（1962），頁327。
18. 陳國典，〈二水地名的由來〉，《彰化人》23/24期（1993），頁4-6。

　　筆者則認為「二八水」之名，得之於「二八水圳」（鄉人習稱「二分水圳」或「二分仔圳」）。《重纂福建通志》卷三十七〈水利〉記載：

　　二八水圳橫亙施厝圳、十五莊圳中。[19]

　　二八水圳穿過清代二水的過圳庄（今天合和、上豐、過圳、五佰、光化、文化、二水等村），也就是從二水集集線火車車庫，流經文化村、二水街、光化村，到員集路的二八水橋，不過目前已經看不到完整的水圳。[20]這條水圳正好是二水的中心，也是昔日二八水庄的範圍，二水舊地名的由來，應該就是源於「二八水圳」。

　　因此「二八水」之名不會早於施厝圳和十五庄圳修築之前，保守的推估應在十八世紀中葉（1750左右）。如果二八水指稱濁水溪與清水溪會合之處，那麼「鼻仔頭」的位置應該更接近。在二水所蒐集到的古文書當中，一張乾隆四十五年（1780）的杜賣契（見附錄三編號2之契書），土地位置在「二八仔土名大坵平」（今五伯村），亦即清代二八水庄的範圍。

　　再說康熙年間濁水溪河道與今天差異甚大，根據《台灣府志》（1696）東螺溪到斗六門才與虎尾溪同流，[21]陳國典所描述的河川狀態，大約是道光年間的情形。清代初期交通多為南北向，濁水溪中、下游，也就是林杞埔到二水的往來並不頻繁，作為二八水到沙連通津的「二八水渡」，要到乾隆二十五年（1765）的《續修台灣府志》才出現。[22]　「二八水渡」為渡口名稱，不在二八水庄，但是其得名應與「二八水」有關。

---

19. 孫爾準，《重纂福建通志》卷三十七〈水利〉，1868，頁141。

20. 賴宗寶賜知。

21. 高拱乾，《台灣府志》，台灣文獻叢刊第65種，（台北：台灣經濟研究室，1960），頁23。

22. 余文儀，《續修台灣府志》，頁101。

第二節 與河為伴

　　台灣最長的河流，也是人文、地理重要界線的河流——濁水溪，孕育了廣闊的沖積扇平原，吸引農民進入此區墾耕，利用濁水溪水系開發的水利系統，更造就千里沃土。濁水溪沖積扇平原，孕育了彰化平原的穀倉，今日的「濁水米」更是名聞遐邇。雖然濁水溪懸浮物豐富，頗有灌溉之利，但是含沙量為台灣河川之冠，使自然河道時有變遷，造成濁水溪流域受害程度亦為全台之首。流域區內的住民身家性命受到嚴重威脅，造成人群遷移和聚落變遷。

　　康熙五十八年（1719），清代台灣最大的水利工程八堡圳，引濁水溪之水，灌溉19,000甲土地，103個村莊受益。我們可以發現，施世榜在進行工程建築之時，已經謹慎考慮濁水溪水患的軸幅，避開洪水頻繁的區域。施厝圳與十五庄圳相繼完成之後，灌溉區域的土地生產力大增，由二水鼻仔頭向西北鹿港方向，以及二水到田中一帶，沿渠聚落如雨後春筍。隨著人口的增加，人類對土地的利用不斷提高，除了平原地區以外，山坡地也漸次開發，濁水溪流域的生態環境受到相當程度的影響。受限於文字資料的缺乏，我們無法具體描述自然環境受到的衝擊，但是方志對濁水溪水患的記載，多少已經反映了此一事實。

　　從1749到1792年，五十年不到的時間，濁水溪共發生十一次水災，幾乎五年一次。至於對水災較詳盡的紀錄，要到日治時期明治三十一年（1898）的戊戌大水災。

一、水災與防洪

　　戊戌水災發生於明治三十一年（歲次戊戌，1898），因濁水溪支流清

水溪上游草嶺潭潰決，流路北移，洪水回歸舊濁水溪故道，而使舊濁水溪成為濁水溪下游的主流。[23] 二水因戊戌水災所造成的損失十分慘重，濁水溪岸的頂厝仔、苦苓腳、番仔寮、頂店仔、五佰步仔的田園被沖走，成為濁水溪河道，今天所謂「溪底」，當年便淹沒在滾滾濁水中。番仔寮在戊戌年之前，原本在埤仔頭西南方莿仔埤圳之間，[24] 有五十幾戶人家，稱為「番仔寮大庄」，[25] 因整庄被水沖走才移居現址。[26] 另外五佰步仔也因水淹嚴重，一部份居民遷到現在的番仔寮。[27]

　　大水沖走人群也帶來人群，與田中四塊厝相鄰的十五庄田頭仔（第九、十鄰），因地勢較高，當洪水淹沒四塊厝、三安、大崙漫流到北斗，當地的住民紛紛遷到十五庄（包括現在的十五村、復興村）。例如祖籍福建南安的張姓[28]、福建金浦林姓[29]、福建漳州錦湖陳姓[30]，使今天復興村和十五村與田中接鄰的地區形成雜姓村。今天過圳村堤防以至濁水溪的河川地，也是戊戌水災的淹沒區，原先在這個地區的居民，失去祖先辛苦開墾的土地，並造成現在業主地少於河川地的狀況。[31]

　　至於八卦山麓地帶，戊戌年水急山崩，將龍仔頭一帶的公墓沖毀，

---

23. 水利局，《濁水溪河道治理計劃研究報告》，（1971）。這條水道在文獻中名稱不一，水利局稱舊濁水溪（東螺溪）；陳正祥，《台灣地誌》，（1949），稱「東螺溪」；大矢雅彥，《濁水溪》，（1964），稱「麥嶼厝溪」；詳見張瑞津，〈濁水溪沖積扇河道變遷之探討〉，師大地理系《地理學研究》1983：7。彰化縣五萬分之一公路分區路線圖上標為舊濁水溪。
24. 修仁村洪萬芳報導（民國10年生），2000.2.11採訪。
25. 修仁村陳乾彰（民國元年生）、陳賜祥（民國14年生）報導，2000.2.11採訪。
26. 修仁村洪萬芳（民國10年生）、陳東育（民國12年生）報導，2000.2.11採訪。
27. 修仁村陳盼報導（民國19年生），2000.2.11採訪。
28. 十五村張泉源報導（民國23年生），張家在三代之前搬到十五庄，2000.2.23採訪。
29. 復興村林籠報導（民國17年生）林家在其祖父輩來到十五庄水尾（今復興村），2000.1.24採訪。
30. 十五村陳丁煬報導（民國19年生），陳家第八代丹字輩時才搬到十五庄，2000.1.22採訪。
31. 過圳村陳益義報導（民國16年生），2000.6.19採訪。

水勢暫歇，大家紛紛將祖先骨灰移走。[32] 不過龍仔頭處的崩塌形成土堰，擋住水流，附近災情稍減，[33] 鄰近的大園庄水患不若其他地方嚴重。[34] 再往北走的山麓，也因水災造成地理景觀的改變；上豐村的拔仔坑水路就是洪流沖洩所造成，[35] 今日地面比水災之前高出五尺左右，拔仔溪、獅仔頭溪、廟前溪全都因此改道。[36] 昔日十五庄，今天復興村水尾到坑口一帶（六到十一鄰）本來都是田地，戊戌水災的土石流將此地地形改變為山坡地[37]。

　　鄉民眼見田園家園都隨滾滾流水而去，面對空前的大水災束手無策，只有祈求上天保佑平安。竟日大雨洪流之後，隔天雨勢趨緩，洪水逐漸消退。鄉民在二水庄近河堤附近，發現一塊刻有「國聖王」的令牌，大家口耳相傳，認為二水在這次劫難中能化險為夷，應該是開台聖王鄭成功顯靈庇佑，為了感念其恩德，鄉民決定在發現令牌處興建「國聖王」紀念碑，表達感謝之情，並以每年農曆六月三日為紀念日。[38]

　　除了興建「國聖王」紀念碑每年祭拜以外，地方首長或彰化農田水利會長，於中元節都會在二水水利工作站旁的林先生廟，舉行「拜圳頭」祭。二水因與河水為鄰，生計、安全都維繫在這條濁水溪，在濁水溪堤防尚未興築或山溝還沒整治之前，為了祈求河水不再氾濫成災，而逐漸發展出「水崇拜」的風俗。靠河堤的地區，每年七月十五日中元普渡前

---

32. 倡和村鄭源捷報導（民國17年生），鄭家祖墳本在龍仔頭，戊戌水災後遷至倡和村，2000.2.14採訪。

33. 倡和村陳石胎報導（民國9年生），2000.2.14採訪。

34. 大園村陳新拴報導（民國9年生），當時水勢大約竿篙一般高，沒有造成傷亡，2000.2.10採訪。

35. 上豐村藍仁和（民國16年生）、藍宗源報導（民國20年生），2000.6.20採訪。

36. 上豐村陳正男報導（民國29年生），2000.1.25採訪。

37. 復興村謝甲丙（民國8年生）、卓明德（民國15年生）報導，2000.1.24採訪。

38. 參考賴宗寶，《二水的根與枝葉》，頁170。

後，家家戶戶挑著粿、米粉等祭品到堤
岸上拜「護岸」或稱「普外溝仔」、「普
石岸」。(普石岸照片)靠山的地區則在陰
曆六月初三（拔仔坑）或七月初一「拜
坑頭」。[39] 後來日本殖民政府，雖然動用
龐大經費和人力在濁水溪興建堤防，但
是二水的「水崇拜」風俗並沒有因此停
頓，也許逐漸不再挑到堤防上祭拜，但
是鄉民對水的敬畏之心不曾稍減，[40] 企盼
以虔誠之心，讓河水之濱的芸芸眾生，
得水澤之利，而免除洪泛之害。日治時

國聖王紀念碑　賴宗寶攝

期大正年間進行的濁水溪治水工程，對人民的身家性命有了更具體的保
障。

　　台灣總督府於大正元
年（1912）十二月開始進
行護岸工程，隔年三月完
成。工事分第一、第二、
第三護岸，第一護岸三百
九十一間（約603.8公
尺），自濁水溪右岸築到
南投廳濁水庄附近，以防
止洪水沿右岸而下。第二

農曆六月初三 五伯村民在堤防上「普外溝仔」的情形
賴宗寶攝 2001年

---

39. 上豐村陳正男報導（民國29年生），2000.6.20採訪。

40. 過圳村三玄宮的玄天上帝，據說曾指示村民不可停止「拜護岸」，陳益義報導，2000.6.19
　　採訪。

護岸長五百一十間（918公尺），築於鐵道橋（今二水鐵路橋隘口）上游左岸，以防止支流清水溪之破壞鐵路。第三護岸長一千三百四十間（2,412公尺），築於鐵道橋下游左岸，以導溪流之水入濁水溪本流及西螺溪，而新虎尾溪除灌溉用水之外，防堵洪水流入。

水利灌溉工程，使農業利用價值不高的河川浮復地，開始具備初步的生產條件。有了堤防保障，濁水溪的溪埔地展開了另一波的土地拓墾。

二、與河爭地

（一）溪埔地的開墾

農業發展的最大限制便是耕地不足的問題。自從濁水溪堤防築起以後，「與水爭地」便成為二水農業發展的一大特色。

二水境內的河川地在1930年代已有居民零星闢耕，最初在距離堤防二、三百公尺以內的溪埔地，種植蔬菜、雜糧等作物，以養家活口或貼補家用。根據日治時期（1935）的統計，二水庄面積總計1,087甲。每戶人家平均所得耕地，僅5分5厘，為員林郡每戶平均耕地1甲1分的一半而已。[41] 昭和十一年(1936)之前，二水庄受困於耕地不足，不斷要求瞨耕河川地，其時官方共撥借出150餘甲以上的河川地。

第二次世界戰爭爆發之後，物資嚴重缺乏，多項民生必需品實行管制，官府也呼籲民眾利用曠地從事種植生產，以彌補配給物資之不足，實行糧食配給的戰爭時期，溪埔地所產稻米不在徵收之列，於是掀起墾耕溪埔地的熱潮。二水庄役場也正式追認溪埔私墾地的「租賃權」，並開

---

41. 趙水溝編，《員林郡大觀》（台北：台灣新民報社，昭和十二年，1937），頁2、6-7。

始徵收「蕃薯租」，以蕃薯時價來折算成租金繳納而准予開墾。在這樣的激勵下，濁水溪河川地一直擴展到中心地帶的沙洲。[42]　戰後，濁水溪扇頂的河川地開發仍方興未艾。

　　濁水溪河川地的開發方式大約以第二次戰爭為分界：戰前為政府主導的經營建設，戰後以民眾自發性的開墾為主，[43] 開發的地區則以彰化二水鄉佔最高比例。

　　戰後，河川地的開墾有增無減，源源不斷的肥沃河水，使濁水溪河川地的利用價值大增。早期開墾溪埔地要先選定地點，四周圍以石頭，將圍內的沙礫整平，然後引濁水入內。當水乾涸，地上就留下一層沙質土，如此一而再，再而三，土壤愈積愈厚，最後就成為一塊耕地。

　　1980年代，二水鄉面積2,944.90公頃，森林區為1,062.18公頃，占36%，河川地918.78公頃，占31%，農業區只有508.02公頃，占17%，耕地面積僅將近700公頃，約占總面積的23%，是彰化縣轄內耕作面積最小的鄉鎮。1950以後，歷年平均每一農戶的耕地面積，大多集中在0.6～0.7公頃之間，很少有超過0.75公頃情形，1998年時，更下降到0.564公頃。由此可見二水可耕地嚴重不足，「與水爭地」成為二水農業發展的一大特色。

　　在現代化機械的廣泛使用下，開墾溪埔地不再是汗水、淚水交織的過程，要將「滄海化為桑田」在短短一兩年就可達成。能引水耕種的河川地，早已被農民開墾，因此在1980年代，濁水溪支流河床也成為鄉民開墾的地區。這些支流河床平常水量不大，一旦下雨或山洪爆發時，則

---

42. 台灣省政府農林廳水土保持局編，《坡地農村綜合發展綱要性規劃報告――彰化縣二水鄉》，（1993），頁30。

43. 戰後國民政府於彰化溪州鄉濁水溪下游的河川地規劃「大同農場」，輔導大陸來台官兵從事農作，但是成效不彰影響有限，本文暫不討論。

波濤洶湧；像倡和村八堡圳入水口附近，要到南投縣竹山鎮下坪里的香圓腳，原本有一條濁水溪的主要支流橫亙，民眾渡河必須坐在一種稱為「流籠」的鐵籃子裡，依賴滑輪和鋼索渡河。除了使用流籠，有些諳於水性的鄉民，抱著竹製浮筒就可以在波浪中浮沈，泅渡過溪。但是這些渡河工具，已悄悄失去作用。因為新的墾荒者，雇用怪手或推土機，先從上游將河流的入水口堵住，截斷流水之後，用推土機在河床上開墾，現

鄉民渡溪常用的「浮筒」，浮筒由兩年生的麻竹製成，當水流較平靜時，雙腳踢水，一手抱浮筒一手划水。 張素玢 攝 2000.11.11

舊時以「流籠」渡河 鄭錫隆 攝

代化機械驚人的效率，短短幾年之間，整個二水鄉的濁水溪流域，除南邊主流以外，大都已經阡陌相連，面目全非了。[44] 在開發溪埔地的過程中，民眾與政府為了下列問題，爭執不斷，至今未能解決。

---

44. 參考《中國時報》，1985.8.18，陳文獻報導。

　　根據民國八十八年（1999）鄉公所的統計，二水提出申請核准承租河川公地的農民多達2,435人次，總面積超過600公頃以上，是一般業主地的1.67倍，[45]再加上未提出申請手續的河川地，及合法到名間、竹山、林內、莿桐、溪州、田中等鄉鎮耕種溪埔地者，面積更超過800公頃以上，業主地的農耕面積則約保持在350～370公頃之間。鄉民不斷圍田，河川地工作面積已經遠遠超過業主地。為了這些公地，鄉民與政府的摩擦不斷，同時也是民意代表在議會著力之處。

1.香圓腳河川地開發問題

　　二水農民在河川地的拓墾，已經不斷往濁水溪出山口處移動，但是這一帶的河川地，缺乏堤防保護，洪水一來作物全部淹沒。農民透過民意代表，屢次在省議會中提案「建議政府迅速實施濁水溪香圓腳地區河川地開發計畫」，[46]「濁水溪北岸堤防延長至竹山鎮香圓腳段」。[47]以增加耕地並確保農民生命財產安全。政府雖然於民國五十五年（1966）曾由農復會補助水利局，辦理開發規劃調查及研究工作，卻由於各種因素影響，未能按照計畫進行。經過十載，社會經濟結構大幅變動，以及配合濁水溪流域之治理，民國六十六年（1977）再度由水利局重新研議「濁水溪香圓腳地區河川地開發計劃」，但是至今仍未實施。

　　水利局的考量則是，香圓腳地區河川地大部分已被民眾開發利用為農田，開發純效益並非甚高，加上築堤束流影響八堡圳取水，而且需同時考量興建對岸竹山地區之防洪設施，因此在八堡圳取水未能確實把握

---

45. 水利處第四河川局管理課提供。

46. 《台灣省議會公報》第49卷第3期，頁287。柯明謀議員提案（第七屆第一次大會，建字第3208號）。

47. 《台灣省議會公報》第50卷第18期，頁2638。陳啟吉議員提案（第七屆第二次大會，建字第3158號）。

之前，水利局認為不宜興建堤防或開發香圓腳河川地。[48] 政府為了整體的河川整治與水圳取水問題，不能將濁水溪北岸堤防向上游延伸，民眾則以缺乏保障為由，長久以來拒繳河川公地使用費。

2.河川公地使用費問題

　　1981年下期二水鄉2,645件催徵案件中，繳納的不超過200件，負責其事的鄉公所和縣政府無不頭痛萬分。[49] 但是有關單位儘管頭痛，農民自從1967年集體拒絕繳稅以來，十六年來問題一直沒有解決。雖然河川公地使用費繳納聯單上面註明：使用費積欠一年者可酌情撤銷許可，縣政府卻不敢按照規定執行，為了這件事，縣政府的公權力被縣民置之不理，而縣民應有的納稅平等權也被縣政府忽視。

　　政府對河川地的開徵租稅始於1937年左右，日治時期由二水庄役場徵收「蕃薯租」，戰後則繳河川公地使用費，其使用費依十三等則地計算，一公頃全年徵收8,666元。與河川地土質相當的五等則業主地，一公頃年繳實物（稻穀）以市價折合現金6,728元。此外，繳田賦的業主田每公頃享有每公斤18.8元保障價格，隨賦收購穀量820.3公斤，同一年的市價每公斤只有13.33元，因此820.3公斤價差為4,487元，河川公地承租戶卻無法享受這些優惠。議員在質詢中提出，二水鄉河川公地使用費應該廢除，若是只為了保持縣政府與農民的租佃關係，也只能象徵性課稅。[50]

　　一般河川地大都土質惡劣耕種不易，作物以雜糧旱作為主，但是二水人善用濁水溪之「土膏」，竟能將貧瘠的河床化為良田，生產品質優良

48. 《台灣省議會公報》第50卷第18期，頁2638。「省府72.3.19（72）府建水字第145203號函」。

49. 《中國時報》，1982.5.1，陳文獻報導。

50. 彰化縣議會第10屆第4次大會，鄭英男議員書面質詢，1984.3.31。

的「濁水米」，對農民收益大有幫助。二水的一、二期稻作面積合計，在民國五十二年（1963）到六十六年（1977）突破二千公頃，每公頃生產量更高達五千到六千公斤。

就在農業生產日趨密集，收穫量顯著成長時，台灣從1968到1980年整體農業卻走上衰退；農產品價格不穩，農民所得偏低，國外農產品開放進口，農民無利可圖，以農立鄉的二水衝擊尤其嚴重。政府曾在1973年設置「糧食平準基金實施保證價格計畫收購稻穀辦法」，這項辦法雖然讓從事稻作的農民不致血本無歸，但是享受不到這項待遇的河川公地農戶，心生不平。

縣政府針對議員與民眾的質疑提出幾點說明：

1. 徵收河川公地使用，乃做為河川防洪有關措施，以維護河川安全，確保人民生命財產。

2. 承租人繳納業主佃租37.5％，高於河川地之25％。

3. 河川地要求與田賦同樣標準徵收於情於法均不當。

4. 河川公地使用費屬省府財源，縣府對降低使用費無法全權決定。

5. 縣政府為體恤農民，不斷然撤銷使用許可。[51]

儘管縣政府提出解釋，二水農民降低或停止徵收河川費的呼聲不曾停止，不斷透過議員向政府建議，甚至要求放領河川公地給民眾，讓農民享有所有權，得自由轉移買賣並依法課徵田賦，遇有天災造成的作物損失時減免使用費，公地遭水沖失時免繳使用費，並予以適當補助。[52]

51.「72.12.4彰府建水字第161225號函復」（鄭英男議員於彰化縣議會第10屆第4次大會之書面質詢）。

52.「彰化縣議會臨時會議員動議案」，臨字第19號，動議人董文雅議員，1986.6.1《彰化縣議會公報》；又，第八屆第一次建設類議員提案，提案人：謝許英、張朝權議員，1986.9.2，《台灣省議會公報》第57卷第24期，頁2497。

目前本鄉河川地農地面積超過業主地，圖中所見之阡陌良田皆為河川地。　張素玢 攝　2000.2.12

　　政府礙於各種規定，對於民眾、議員多年來之請求並不能給予滿意的回應。到了1987年，台灣農民因國外農產品傾銷，農村幾乎面臨破產，開始「自力救濟」，當年十二月底，成立「農民權力促進會」，進行一連串的示威抗議運動，在農民運動的刺激下，二水鄉農民也決定以行動表達多年的不平。二水農民二十五年來爭取河川公地使用費合理減免，一直沒有回應，1988年6月8日在農會召開農事小組長會議，決議將發動農民向立法院、行政院持白布條請願抗議。[53]

　　農民的行動抗議，經過縣政府重新評估，1989年省政府擬降低河川地「旱」地目徵收等則，其中二水鄉轄內原訂13-15等則各降低四等則，原訂16-18等則各降低三等則。[54]

53. 《中國時報》，1988.6.9。
54. 「省府78.1.25（78）府建水字第143513號函」，第八屆第五次會議，建設類議員提案辦理
　　情形。《台灣省議會公報》第62卷第19期，頁2352。

對政府而言，墾耕河川地，以整體考量，對濁水溪的生態確實有負面影響。河川地為特定使用目的之土地，其他使用行為應以不影響河防安全為前提，做低度的開發。

坡坎以上為業主地，以下為河川地，拍攝地點裕民村
張素玢攝　2000.2.12

1989年彰化縣政府通知二水鄉農民，至五月三十一日為止，應完成河川公地使用換約手續，否則喪失承租權，縣府將收回公地，另行公告招租。要換約就需繳清自1978年以來的舊欠，二水如期繳納使用費的農民不到二成，若一次繳清需十多萬，二水鄉公所曾建議把換約與催徵舊欠分開處理，卻被縣府以一紙否決了。如此一來，換約與舊債混為一談，官民對立死結更難打開。[55]

人們除了向濁水溪索求土地，開發河川地以外，連砂石都不放過。過往水沖刷下來的「螺溪石」，鄉民捲起袖子用雙手到溪邊撿拾，以巧思將之雕為藝術品。現在用怪手粗暴地一車車挖，送進輸送帶，日以繼夜的攪為碎石，作為興建高樓大廈的材料。濫採砂石，是「母親之河」另一個痛。

（二）砂石的濫採

濁水溪含沙量極大，從鼻仔頭出山後因坡度驟減，造成泥沙淤積嚴重，因此水利局除了枯水期在水門定期疏濬以外，也容許經過許可的砂石業者採沙，政府向砂石業者收取生產額百分之五的費用。由於採砂所

55.「追討河川地使用費 官民硬碰硬」，《中國時報》，1990.4.21。

用人力少、風險低，在房地產熱絡，營造、建築業十分景氣的時期，採砂可說一本萬利，誘使未經政府許可的業者爭相投入。依據台灣省河川管理規則及土石採取規則規定，河川內砂石採取之實際管理業務，由縣市政府主辦，水利局居於督導及協助立場。

由於濁水溪河床遼闊，業者盜採砂石的行為，縣政府建設局鞭長莫及，地方政府也睜一眼閉一眼。政府未嚴格取締不法，業者一旦遭到查緝，又結合地方民意代表說項或黑道勢力撐腰，在緊要關頭避避風聲，始終沒有銷聲匿跡。縱容不法的積弊一久，砂石被盜採的情況日益嚴重，不但影響到河川安全，砂石車數十噸的載重量猶如戰車，車行速度又快，出入鄉道往往發生事故。此外，噪音、空氣污染都讓民眾到了忍無可忍的地步。從1980年代，濁水溪砂石盜採就成為民意代表關切的問題。[56] 1983年，濁水溪流直沖田頭堤防，嚴重危及堤防安全，議員提出臨時動議案，要求制止採砂場採砂，縣政府以公函令砂石場自動停止作業。[57] 砂石的開採與建築業有密切關係，當建築業景氣下跌，砂石盜採情況較輕微，相反的，營造建築業興旺，盜採情形上昇。二水鄉境的業者，往往在河岸附近開挖，使溪流一再北移，改道的幅度愈來愈大，農民在河川地耕種更加沒有保障。田中分局在二水鄉公所舉行「砂石業者座談會」，宣布自1989年3月16日起，將嚴格取締超載及違規砂石車，但是部分業者似乎不把警察的宣示當一回事，只要有警方人員路檢，便在路旁暫時「休息」，加高車板，砂石堆成錐狀的砂石車仍到處可見。[58]

---

56. 台灣省議會第六屆第五次大會建設類提案，提案人謝許英，案由「請政府廢除以設立之濁水溪採砂場，以免損壞濁水溪下游之堤防，嚴重威脅居民生民財產之安全案」，《台灣省議會公報》第44卷第3期，頁246。

57. 彰化縣議會第10屆第3次大會決議案，動議人謝玉盏議員，1982.6.30。

58. 「超載砂石車觸目可見」，《中國時報》，1989.3.17。

自強大橋橋墩嚴重外露　鄧坤海 攝

　　1990年代，濁水溪的盜採砂石影響河川堤防、橋樑、油管等公共設施，取水也造成傷害，這些嚴重的問題已經不能等閒視之。濁水溪中下游溪段，為彰化、雲林兩縣共管河川，當北岸雷厲風行查緝不法業者，就往南岸載運，南岸取締，便往北岸走，如果沒有共同圍堵行動，事實上很難遏止盜採。於是省府建設廳、水利局除督促兩縣政府各自成立取締小組，加強取締盜採砂石行為以外，並由水利局召集兩縣政府、縣警察局、礦物局等有關單位成立聯合取締小組，執行多次南北兩岸同時取締任務，並由水利局第四工程處將違規越堤道路封閉，禁止卡車進入載運沙石。[59]

---

59. 台灣省議會第9屆第6次大會建設類質詢書面答覆，建設廳書面答覆游月霞、謝言信議員，1993.3.30。《台灣省議會公報》第72卷第1期，頁28。

河川地的砂石場
張素玢 攝 2000.2.12

砂石車嚴重危害交通安全，鄉民拒絕砂石車
進入　張素玢 攝　2001.6.12

由於國內砂石來源百分之九十皆取自河川，大量開採結果，河川砂石已日益耗竭，最明顯的結果為橫跨濁水溪的橋樑橋墩、電塔幾乎都嚴重外露，民眾與民意代表抨擊不息，水利局因而要求彰化縣、雲林縣政府嚴格取締，而砂石業者則全省串連至省政府抗爭。水利局有意成立河川警察，奈何於法無據，而促請省議員支持設置河川警察所需的法源依據，[60] 卻未能實現。1996年省政府由「縣市各項稅捐繳省統籌分配專戶」，撥款1,500萬元給彰化縣政府，加強濁水溪砂石採取管理工作。為了補救橋墩外露問題，台灣省水利局規定橋樑上下游一公里部分，是禁採的區域，河流中間有一公里範圍，配合疏濬及許可採砂的方式來處理。[61]

60. 台灣省議會第10屆第2次大會建設類書面質詢答覆，建設廳書面答覆周清玉議員，
　　1986.3.19。《台灣省議會公報》第78卷第25期，頁4118。
61. 彰化縣議會第13屆第11次臨時大會縣府提案，1996.6.1；又，台灣省議會第10屆第4次大會
　　建設類質詢及答覆，1997.2.11；《台灣省議會公報》第80卷第19期，頁3050。

濁水溪自強大橋下的眾多砂石廠招牌　　張素玢 攝 2001.6.12

　　水利局更成立濁水溪聯管公司，統一開採砂石的作業，實行「濁水溪砂石採取整體管理改善計畫」，以水利整治為主，砂石採取為輔，規劃適當砂石採取區域，並結合砂石業者，以共同開發管理方式辦理，亦即不針對某特定廠商簽約，而是包給他們自己組成的集團互相監督。但是所謂「道高一尺，魔高一丈」，政府有濁水溪聯管公司，砂石業就請來黑道，造成劣幣驅良幣的現象，甚至以合法掩護非法的情形。政府不得已，商請警政廳刑警大隊，協助巡邏取締濁水溪盜採濫採砂石的工作，自1996年8月31日起，三月間查獲14次，計33人，及挖土機19部、推土機5部、砂石車19輛，均以違反水利法及竊盜罪嫌移送法辦。[62] 一時之間，盜採之風稍歇，不過市場需求殷切，只要警方沒有持續嚴加取締，盜採情形隨之復燃。

---

62. 台灣省議會第10屆第4次大會省政總質詢書面答覆，1997.5.20；《台灣省議會公報》第81卷第8期，頁999。

三、大地反撲

當政府與民眾為了河川公地、開採砂石的問題長年僵持不下時，濁水溪卻表達它的看法，以河水伸張自身的權益。1989年7月27日豪雨成災，二水倡和村山邊水側災情嚴重，溪水沖垮水門附近的水泥橋三座橋墩，四名在對岸河川公地工作的農民被困水中。[63] 八月二十八日民眾在濁水溪泛舟，急流亂石中，橡皮舟翻覆，三人做波臣。[64] 九月的「莎拉颱風」，對二水地區的損害，甚於「八七水災」及任何一次颱風，奔騰的山洪，使主流北移，二水鄉民耕種卻遭流失掩埋的的河川地面積，估計超過二百甲，其中大部分位於南投縣境，彰化縣政府或鄉公所，即使有意給予補助也有困難，加上不少農民在縣府前幾年清查河川公地並公告招租時，未與縣府訂立租約，農民落得血本無歸，卻有苦說不出，這時才體會到過去鄉民耕種河川地較保守是有原因的。河川地之所以流失那麼多，固然和山洪太大有關，更因河川地過份開發，圍築農田或採掘砂石，以致於造成河川降低、水流改道。有人說，「濁水溪收回了本來屬於他的土地」。[65]

長期開發河川地，使二水源泉地區（濁水溪扇頂）的水流變化極大，1990年的一期稻作，溪水阻斷通往河川地的道路，農民因無法過河收割，只有任稻子過熟。八月份二期稻作插秧時，源泉地區的河川地農田約一百多甲，也面臨厄運。[66] 當年的幾次大雨中，濁水溪河道變換甚大，以往幾十年很少受災的河川農田也遭沖失。農民表示，在河川地的

63.《中國時報》，1989.7.28、29。

64.《中國時報》，1989.8.28。

65.《中國時報》，1989.9.16、17。

66.「溪水阻斷稻田通路 耕作望水興嘆」，《中國時報》，1990.8.5。

香圓腳附近，在1990年七月的一次水患，一大片農田不見了，變成石礫遍佈的河床，過去幾十年來濁水溪溪洪暴漲無數，那片農田都安然無恙，1990年竟也受患。

從1920年濁水溪護岸竣工以後，農民就一步一步與河川爭地，河川地不斷由東向西擴張，由南向北推進；從舊濁水溪河道崁坡騎機車往濁水溪走，將近二十分鐘才抵達河邊，一路上皆是翠綠的稻田果園，土壤肥厚，不經鄉人指點不知其為河川地。濁水溪寬廣的河床，以及河川浮復地，在「怪手」與堆土機的威力下，一塊塊農田出現了，不管河川地不能種高莖作物的規定，種稻、種蔗、樹苗，「茖花」的面積也一天比一天多，甚至距離遙遠的其他縣市民眾，也聞風而來，濁水溪河床被認為是取得土地的捷徑。然而大量的開發，使原本起伏不平，大小石頭處處的河床變得低平，原本寬闊必須搭乘「流籠」才能渡過的河道幾乎不見。挖土機改變了濁水溪的原貌，也埋下氾濫的原因；從名竹大橋往下看，濁水溪本來較高的北岸變低了，水往低處流，最後濁水溪終於發威，將被人墾耕的土地收回去。

耕地面積日漸稀少、取得土地代價越來越高的現代，農民開發河川地，辛苦耕種無可厚非，但是對河川漫無節制的開發，就難免遭到河水反撲。[67]

二水是一個面積非常小的鄉鎮，土地資源少，濁水溪河川地、堤防、沙石盜採、任意在河床傾倒垃圾等問題，又一直困擾鄉民。濁水溪河口一帶比河床兩旁地面高了三公尺，所以年年淤積。八堡圳各取水口取不到水，分水協議或放水時間不一定能配合農民的需要，農家戶戶以馬達抽取地下水，長年大量超收地下水導致地盤下陷。為了供給足夠的地表水源，規劃很久的「集集共同引水工程」終於在1991年開工。

67.《中國時報》，1989.9.16。

四、集集共同引水工程

　　「集集共同引水計畫」相關工程於民國90年年底完成，是為全省最大之引水供水系統，系統之複雜與龐大為國內僅有。這項計畫將設南、北岸兩個聯絡渠道，分別從集集攔河堰下游之兩岸沈沙池起，沿濁水溪兩岸新建聯絡渠道，分別銜接彰化農田水利會之八堡圳進水口，和雲林農田水利會之斗六大圳進水口，接著各自利用該水利會既有的圳路擴建，銜接沿岸進水口以共同引水為目的。為了往後管理維護兩岸聯絡渠道之需，沿岸均設四公尺寬的管理道路，交會當地道路系統，也可做為地方的聯絡交通。

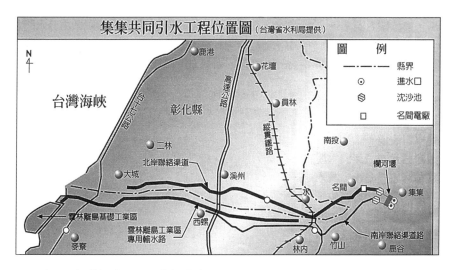

集集共同引水工程位置圖（台灣省水利局提供）

　　為興建「集集共同引水計畫」的北岸聯絡渠道，施工單位計畫把二水八堡二圳移轉到二水段河川公地上，如此一來，將損失幾百甲已開發之耕地，影響到原本在河川地耕作農民的生計。農民人心惶惶苦思對策，最後本鄉裕民村之許銀傳向縣政府陳情：

> 我們是一群世代居住於二水鄉的農民，於日據時代因日本政府
> 整治濁水溪完成後，開始耕作原有的濁水溪河床，由原來的河
> 床，一鋤頭一鋤頭開墾為今天的良田。據聞，政府有意於我們
> 耕作的農地上開鑿一條新的圳溝以取代舊有圳溝（二水八堡二
> 圳），此舉將嚴重影響農民之耕作權。更由於農民耕作的田地已
> 有六、七十年之久，至今仍無法擁有一張所有權狀，對政府所
> 言耕者有其田之主旨完全違背，祈盼政府相關機構體恤先民開
> 墾之艱辛，及農民以維生之耕地，早日實施公地放領。[68]

　　彰化縣政府的回函說明，許銀傳所陳之二水八堡二圳改道計畫案，
屬集集共同引水計畫北岸聯絡渠道工程，為台灣省水利局主辦之工作，
並非彰化縣府執掌的業務，所以陳情書將轉省水利局第四工程處研辦。[69]
　　由於鄉民要求的渠道路線更改，確實能將農民在河川地耕作的損失
減到最低，而且鄉民建議之改道路線，屬河川公地，沒有私人產權問
題，也少有耕地，大部分與北岸堤防平行，所以水利局從善如流，同意
改變渠道路線。
　　當集集引水工程進行期間，鄉民傳聞工程完工後，有可能放領堤防
以東之河川公地。過去鄉民二十年多來對繳交河川公地使用費一直有意
見，抗繳人數相當多，未來如果放領公地，抗繳使用費或未登記私墾
者，將喪失放領的權力。儘管政府會不會放領引水渠道以東的河川公地
仍是未知數，但是這份期待，竟使紛擾多年的河川地使用費問題迎刃而
解。

---

68. 「陳情書」函彰化縣政府工務局、姚嘉文、翁金珠立委，民國81年12月29日，許銀傳提
供。
69. 彰化縣政府82年3月3日82彰府工水字第103950號函，及台灣省水利局第四工程處，82年3
月9日。

第三節 與山為鄰

　　八卦台地位於彰化縣域的東側，台地由北往南縱貫延伸，有數條東西走向的活斷層穿越其間，形成斷層崖，若干小溪切割其間，使山麓地帶充滿湧泉，地下水位也相當高，水資源豐富。[70] 二水位於八卦台地南端起點，全境東側與山為鄰，所以在歷史發展的過程中，和「山」的關係非常密切。根據民國八十一年（1992）土地使用分區統計，二水山坡地保育區有160.38公頃，占全鄉面積5.45％；森林區1,062.18

宛如錄色隧道的山腳路 拍攝地點惠民村
柯鴻基 攝 2001.9.2

公頃，占36.06％；山坡地合計1,222.57公頃，占41.51％，[71] 超過其他各項使用分區。這片山林是與鄉民的關係十分密切，不但過去是庇護之所，現在是休閒的好去處，更一直都是生計的寄託。

一、庇護之所

　　在水圳未興築的年代，八卦山腳下取水容易，防禦力強，生活資源

70. 賴志彰，《彰化八卦山腳路的民居生活》（彰化：彰化縣立文化中心，1997），頁2。
71. 台灣省政府農林廳水土保持局，《彰化縣二水鄉坡地農村綜合發展計畫報告》（南投：1992），頁5。

比靠近河川的平原地區豐富，又可免於水災之苦，因此漢人最早在二水的定居地靠近山麓地帶。其實在漢人未入墾二水以前，平埔族東螺社人的聚落，便在山腳路旁坑口一帶，東螺社的生活動線，也可能在八卦山麓沿線。漢人到二水以後，向東螺社人租贌土地耕種，於是逐漸形成漢番交替村的現象，二水舊日的五大庄當中，十五庄有「番仔口」的舊地名，過圳庄有「番仔田」、大坵園庄有「番仔寮、番仔厝」，這些地名都是原住民土地轉移到漢人的具體說明。二水早期的村莊，從最東邊的倡和、源泉、大園、惠民、上豐、合和以至於復興等村，都從山麓地帶先發展，等到水圳興築完成，才逐漸拓墾到平原地區，因此山腳地區的家族到二水落腳的年代，普遍早於平原地區。但是二水的許多家族都不是直接到今天居住的地方，例如大園陳家、上豐村藍家，分別來自南投名間鄉、弓鞋等處，合和村陳家則來自田中。

從山上流下的大小溪流，將二水境內的山腳地帶切割為坑谷，坑谷與坑谷之間狹小的坡地，就是鄉民最好的庇護之所，不過也因此聚落規模甚小。開發坡地必須先闢出通路才能進行開墾，因此，都是由低處往上一步一步築路。他們使用「尖頭掘仔」(又稱作「山耙仔」)，挖取路徑附近的大小石頭做材料，平坦處用以鋪墊路基，陡坡處用來砌造階級，石間罅隙須細緻搗實，才能完成一條堅固耐用的石頭路。通路開到之處，即可在兩旁坡地從事開發，以開山刀砍除雜草樹木，搬走地面石頭、挖出地下石塊，堆砌於四周，疊成石垣，以防水土流失兼作便道。再將剷下的乾草雜木，堆置園內，焚燒成灰，充當基肥，這才開始種植果樹苗或鳳梨等山產，循級而上，形如梯田。[72]

---

72. 蔡炎城，〈漫談二水鄉之山坡地與保安林〉，收入《二水軼聞》(台北：編者發行，1983)。

圖 4-1 二水鄉的水流系統圖

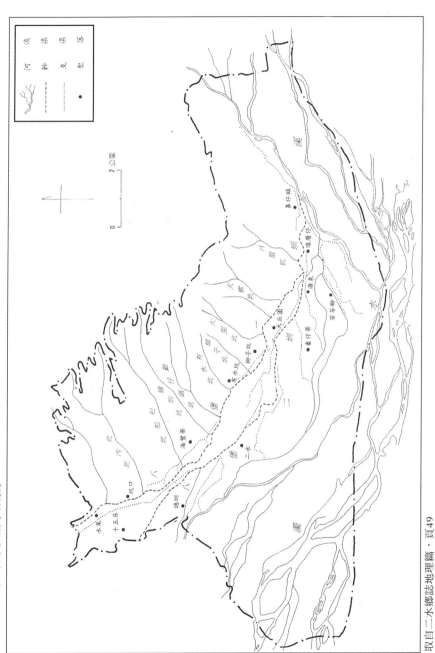

取自二水鄉誌地理篇，頁49

說明：由八卦台地流下的短小河川，切割了二水的山坡地帶。

在山腳路還沒開闢之前，由東西向山溝、坑谷高低落差造成的區隔，加上南北圳溝與等高線落差，使每一山坑各自為獨立的生活空間。居民並在屋宅四周種植莿竹，重重莿竹林的圈圍，配合家族凝聚的眾多人口，都能達到庇護與防衛性的需求。先民在空間有限的山坡地建造居所，並發展為村落，背後有其深刻的原因與意義。[73]

二水因漳州同籍人口比率很高，較少分類械鬥或爭水爭地的衝突，過去治安不佳的原因，主要是常有土匪搶劫，例如上豐村第十一代祖先，兩兄弟從名間遷到二水，以種蕃薯雜糧為生，蕃薯成熟時，土匪來偷挖，兄弟前去阻止，老大卻被土匪殺死。[74]官方無法維護民眾安全，人們必須自組壯丁、自備武器，保障身家性命。住民居住在山腳地帶居高臨下，視野很好，可以一眼看到西螺海邊，一有風吹草動馬上警戒。舊日土匪大多窩藏在溪州大庄的濁水溪畔，要搶劫哪一村莊，就在那一村附近撒灰，天一黑開始行搶，不過當時倒是沒有帶槍，器械多為木棍、竹棒等。土匪出沒不定，尤其到收成季節，更是他們最猖狂的時候。所以農民在農作收成之後，又將作物挑到屬於自己的山陵儲存，稻穀也在自家的土礱間碾米。[75]不過搶糧偷米所得有限，土匪往往以富有之家為對象，擄人勒索，俗話稱為「槓番頭」。[76]

日治時期，在殖民政府的強力控制下，治安相當好，但是山腳地帶卻因局勢的變化，產生不同的防衛庇護功能。1941年12月8日，日軍偷襲珍珠港而爆發第二次世界大戰，1943年美軍開始空襲台灣，二水除了橫跨濁水溪的縱貫鐵路鐵橋上，裝有幾座高射機關砲和一小隊日軍駐守以

73. 賴志彰，《彰化八卦山腳路的民居生活》，頁31。
74. 上豐村藍仁和（民國16年生）報導，2000.6.20採訪。
75. 張瑞卿（民國20年生）報導，1999.6.13採訪。
76. 蔡炎城報導，2001.5.2採訪。

外，並無其他軍事設施，故並非美軍轟炸的目標，因此向來平安無事，鄉民對空襲警報也不放在心上。

不料在1945年初夏，美軍兩架飛機被駐守在濁水溪鐵橋上的日軍擊落，幾天之後美軍對二水施以報復性的轟炸。飛機投下的炸彈除了三、四顆以外，相當數目沒有爆炸；隔天飛機又以機關槍掃射二水火車站，火車站南邊米糖倉庫約四、五間起火燃燒，鐵軌炸毀了約一百公尺，二水國民學校校舍損毀多間，二水戲院的磚牆被子彈波及。二水損失雖然輕微，但街上居民大為恐慌，紛紛往山邊疏散。[77]

除了二水鄉民，官方更是早有準備。殖民政府為了保障官職人員家屬的安全，將他們由街市的宿舍疏散到郊區，疏散地點通常經過謹慎的評估，附近沒有重要橋樑、倉庫、醒目房舍等。二水山麓地帶林木茂盛，又因腹地有限，很少發展成顯眼的大型民居，安全無虞，因此日本政府將官職人員家眷疏散到今天的上豐村，村民稱之為「疏開寮」（閩南語發音）。

「疏開寮」的確切地點在今天上豐村活動中心，以及其後竹林至神豐宮前，共約一公頃地。這塊地方並非公有而是林文柄家的私有地，無償提供給殖民政府使用。當時以竹為材，搭蓋縱橫交錯的連棟「竹篙厝」，周圍的竹林則為天然的掩護以防美軍空襲。住在「疏開寮」的日本人為鐵路部職員的婦孺家眷，男性戶主平常仍在上班地點，假日才來此。當戰況非常緊張時，連二水庄第七屆日籍庄長秋山豬太郎也疏散到此。

第二次大戰結束後，疏開寮的日本人也全數被遣送回國。由於每一名日本人只能帶一千日幣回國，臨行前，許多鄉人到疏開寮向日本人購買他們帶不走的家具、生活物品、衣物等。日本人離開後，疏開寮由國

77. 蔡炎城，《二水軼聞》，頁138-140。

軍接收，並做為臨時營房，半年後才搬走，林家便捐出這塊原屬私人的土地，成為今日的活動中心。[78]

日本在第二次世界大戰戰敗後，將台灣歸還給中國，台灣人民滿心歡喜的回到「祖國」懷抱。可惜這種喜悅沒有維持多久，就因國民政府接收人員的腐敗貪污，經濟蕭條、失業嚴重，社會陷入更紛亂的局面。1947年二月，爆發了「二二八事件」，全台震動。二水這個純樸的村莊，情勢並不如大城市般混亂，當局在二水控制的重點在鳳梨會社和火車站，前者為二水最重要的生產點，後者因二水為鐵路交通要道，二水人能駕駛火車的人又多，隨時可開火車支援起事的民眾。事實上，二水在二二八事件中仍屬平靜，鳳梨會社和火車站都沒有被佔領或破壞。[79] 軍民衝突告一段落後，清鄉的行動和白色恐怖的氣氛，卻使純樸的鄉間籠罩著蕭殺之氣，八卦山腳下暗潮洶湧。

一名二水出身的醫師陳篡地，在太平洋戰爭時接到召集令，被派到越南當軍醫，他曾和一些台籍軍屬脫離日軍，投入胡志明的「越盟」，幫助越南解放運動。二二八事件發生後，鍾逸人在中部地區成立「二七部隊」，找出過去日軍掩埋的武器，分發給各地編組的民軍，陳篡地和竹山人劉占顯牙醫師也找出他們由越南返台時隱藏的武器，與二七部隊保持聯絡。陳篡地成立的警備隊在雲林、梅山一帶，曾與國軍衝突。

陳篡地部眾在國軍大軍壓境後，不得不退守樟湖，移陣故鄉二水的山區頑強抵抗。當時各地民軍大多無法抵擋政府軍隊，紛紛被勸降或鎮壓，陳篡地在清鄉圍捕四面楚歌下，躲藏到他父親陳土牛的山園。陳土牛是二水的一位拳頭師傅，曾當保正，為人「土直」，他在二水坑口（今

---

78. 上豐村林文炳（民國12年生）報導，2000.6.20採訪。
79. 當時才初中一年級的賴宗寶被派看守鳳梨會社辦公室，賴宗寶口述，1999.8.12採訪。

復興村）與南投縣接壤處有一大片山園，陳篡地就躲在種有鳳梨與龍眼山坡地的地窖。陳篡地躲在地窖時，其姪女陳碧草接濟他食物，地窖在一棵龍眼樹之後，其上有棵鳳梨，拿開上面的鳳梨株就是洞口，食物送完再蓋上鳳梨株，如果鳳梨呈現凋萎，馬上換一棵。

地窖頂面裝反射鏡以觀測四周，出口為茂密雜草，出入時將茅草輕輕一撥即可進入，一挺重機槍的槍口也對準洞口，另外一面有自動步槍、手槍和手榴彈，還有兩小瓶氰酸鉀和一加侖汽油。曾任日本陸軍少尉，並參加過胡志明「越盟」的陳篡地野戰經驗相當豐富，即使如此，他對身後事也有妥善安排，陳篡地就在這樣隱密地方躲藏。

到了第四年，1950年秋收前的一個下午，曾經為陳篡地建造地窖的林姓水泥匠（陳父徒弟）的妻子，因與鄰婦發生口角，不小心漏了口風，追捕多年的特務，推斷陳篡地與林姓一夥人在不遠處藏匿。隔日，林婦被帶走，政府當局在今天復興國小後面的山園開始一波一波的搜索行動，卻依然無所獲。二水被問訊拘留的人一天多過一天，陳篡地的姪女陳碧草也被盯住，不久被帶走，在一個秘密的地方受盡凌辱和折磨；四個月後陳碧草終於被釋放出來，特務改採欲擒故縱的策略，果然不到兩個月，陳女又被帶走，儘管受到極不人道的對待，她始終守口如瓶，未曾透露陳篡地隱匿的地方；陳女在小學當老師的哥哥陳振興也被帶走，還有更多人受牽連，最後，當局確定陳篡地躲藏在八卦山麓坑口東北側的山坡。

1951年，台灣省警務處刑警大隊長劉戈青的兒子用擴聲機向陳篡地喊話，並透過當時的鄉長陳慶全、王白冬等人出面勸降，陳篡地提出三個條件：1.必須完全保證他及家人的生命安全。2.對他財產及行醫的保證。3.因他被捕的人要全部釋放。警方同意後，陳篡地走出地窖，解除武裝被俘，這才結束幾乎僵持四年的局面。後來陳篡地在台北太原路開

設「建安醫院」，終身
受監視。[80]

八卦台地靜臥在二
水東側，儘管政權更
替，時代變遷，它不但
庇護著屬於他的子民，
也提供無窮的資源，維
持山腳下人群的生計，
可是人們為了經濟利益

龍仔頭村附近的土石流　鄭錫隆 攝　2000.

過度伐木，破壞森林，直到日治時期才開始以具體措施保林護林。

舊日農民勤儉開墾的精神受到鼓勵重視，現在環保意識抬頭，認為
山林不應過度開發，以保持水土。二水的龍仔頭附近在民國八十九年
（2000）夏季，爆發前所未有的土石流，滾滾泥沙夾帶大量土石狂洩而
下，讓山下的倡和村多戶民宅陷入泥沼中，從二水到集集的交通受阻。
近年來山林砍伐過度，土石流頻頻發生，政府開不開放保安林，在安全
的考量下，可能會趨於保守。

二、靠山吃山

二水在山坡地種植果樹由來已久，而且出產的水果品質優異，早期
的龍眼、荔枝、柿子、鳳梨，近年的柚子品質直逼麻豆文旦，另外白
柚、錫蘭橄欖，也是另一特產。

---

80. 相關資料參考鍾逸人，《辛酸六十年》、茆明福「二二八風雲」編劇資料，又賴宗寶、茆
　　文傳報導，1999.8.12採訪。由茆明福主持之「明世界」掌中戲劇團，曾將陳篡地的故事改
　　編為布袋戲「二二八風雲」，並受邀在二二八紀念公園演出。

　　八卦山麓盛產鳳梨，二水山坡地早有在來種鳳梨的生產，在來種鳳梨水分比較少，多做成醬料自家食用，不作為市場商品。大正二年（1913）到昭和二年（1926）之間為台灣鳳梨事業發展的年代，鳳梨栽培原先集中在南部高雄一帶，昭和八年（1933），鳳梨凋萎病蔓延南部產區，中部轉而取代為鳳梨產業中心，其中以員林最為重要，二水種植面積也大增。[81]

　　除了農業，罐頭食品加工業也在昭和六年（1931）左右逐漸發達，與製糖業鼎足而立。罐頭食品以鳳梨為大宗，而員林是鳳梨罐頭製造最盛的地方，除了鳳梨罐頭、蜜餞加工業在全台也居領導地位。日治時期的員林郡已是最重要的鳳梨罐頭製造地，昭和七年（1932）二水民間集資在二水戲院後面，設立了一所鳳梨罐頭製造工廠，產品外銷日本，這是二水最早設立的半自動化農產品加工廠。昭和九年（1934）年底，員林郡內共有二十四家鳳梨製罐工廠（場），約占全台灣廠數的一半，此時二水也增加到三家，官方當局為了提高生產效率與品質，以利拓展外銷，於是計畫設立「合同鳳梨株式會社」，以統合、管制全台各鳳梨工廠的產銷事宜。[82]

　　昭和十年（1935），台灣合同鳳梨株式會社第十八工場設立於二水火車站西南邊（今民族路以南），占地近二十甲，廠內除有數棟大廠房外，又陸續蓋了十餘棟女工宿舍。工廠作業最旺盛的時期，曾創下十三條生產線的記錄，鳳梨的盛產期間（每年五月至九月），彰化縣境內半數以上的鄉鎮，都有人前來打工。原料運送，勞工出出入入，交通量大增，二水一片興盛景象。

---

81. 彰化縣政府，《彰化縣綜合發展計畫》，頁33-36。
82. 趙水溝編，《員林郡誌》，頁20。

　　戰後，工廠由台灣鳳梨公司接收，仍能維持三百多名工作人員，生產旺季時，除了本地生鳳梨外，每天有十幾輛卡車自南投地區運來加工。直到民國四十年（1951）以後，鳳梨罐頭出口量減退，工廠生產業務萎縮。民國四十六年（1957），總公司決定裁撤部份工廠以精減營運成本，乃關閉二水工廠，結束本地鳳梨工廠熱鬧繁榮的一頁歷史。[83] 鳳梨公司成立到結束的這段時間（1932-1957），可說是二水發展史上最興盛的時期。

　　山坡地除了果樹種植，鄉民也利用豐富的竹林，以其手藝製作多樣的生活用具，從清末開始，山腳地帶就有竹製品的手工業，多為家族事業，例如上豐村頂庄仔的藍家已經有五代傳承，製品有竹椅、竹床、竹梯等。竹床的材料為二水山麓的孟宗竹，竹梯、竹椅要用產在竹山的桂竹。採料時，天沒亮就得出發，從源泉過火車鐵橋，到產地自己伐竹帶回來製作加工。在台灣香蕉大量銷到日本時，竹簍的需求量很大，藍家為竹簍最重要的供應者，上豐村3、10、11鄰的蔡家則以做畚箕為主。到了日治時期昭和年間，也就是1930年代，木製品逐漸取代竹製家具，上豐村的竹製手工藝便漸趨沒落，到1950年代塑膠產品廣泛被使用，竹製品遂走向值高量少的竹藝品路線了。[84]

　　至於鄰村合和村又是另一種狀況。合和村的山坡地佔全村三分之二的面積，村民往往到離家甚遠的河川地工作，在二水算是經濟力較差的一村。過去村民就近取材，以做掃帚為副業，竹製掃帚沒落後，村民又以巧思製作一些生活用品像牙籤、竹筷、竹製杯墊、烤肉竹籤、壽司

83. 蔡炎城，《二水軼聞》，第五章「車水馬龍」，〈創奇蹟的鳳梨工廠〉，頁113-116；另又採訪耆老及老農友謝坤輝、洪芙蓉、許溪河、張啟周、陳賜澤、卓明德等人。參考《二水鄉志》〈經濟篇〉第三章「工業」。
84. 上豐村藍仁和、藍宗源（民國20年生）報導，2000.6.20採訪。

捲、竹簾等用品，以適應工商社會的需求。這些製品受到歡迎，需求日增，竟成為合和村最重要的生計，產品更銷到海內外。1973年政府加強社區發展建設，合和村因手工業發達，相關業者的戶數為全村的

本鄉沿山地帶的上豐村早期竹器製造業十分發達　陳文卿 攝

一半，被當時的鄉長陳鍾山指定為示範社區，輔導村民生產建設，堪稱為前謝東閔副總統提倡之「客廳即工場」的最佳代表。現在合和村的手工業已經轉型為小型工業，村民收入普遍提高。[85]　靠山吃山，但是還得靠動動腦，利用創造，否則坐山吃空，前景有限。

　　山麓地區鄉民的絕活還有「砌石」。二水山坡地有野溪流貫，取水方便，但是山洪爆發時，山溝常被沖毀，山腳地帶的居民因而擅長於砌石築壩，亦即做「石壩」，尤其是住在茄苳坑（12坑）的住民。二水的諸多山溝之中，以茄苳坑的石頭最多，山溝長約兩公里，礫石累累，生於斯長於斯的人們，砌石築屋，搬石填土種鳳梨，堆疊石頭的功夫十分純熟。[86]　上豐村的蔡天開，在水利工程業極負盛譽，承包不少中南部河川堤防工程，便因為背後有一群技術了得的築堤工人。山腳下的居民因山耕收入有限，河堤工程又需技術熟練的工人，於是上豐村坑內的居民有一展身手的機會，這些工作也大大改善居民的生活。[87]

85. 賴宗寶，《二水的根與枝葉》（彰化：編者發行，1993），頁88-89。

86. 蔡炎城報導，2001.5.2採訪。

87. 蔡炎城，《二水軼聞》，頁32。

茄苳坑的居民就地取材，以石為牆為堤，練成一身的砌石好工夫 張素玢 攝 2001.6.9

　　近年來堤防工程以水泥灌漿，機械取代了大部分的人力，坑內村民的手藝逐漸失傳，上豐村湖仔內和合和村的竹器用品業也不復當年盛況，倒是果樹經濟利益逐年提高。待國民生活水準發展到一定程度，大家愈來愈重視飲食平衡，瞭解水果對身體的益處，所以山坡地的果樹種植面積不斷增加。

　　到了中秋前後，載滿文旦、柚子的車子穿梭在山腳路，山腳路連貫了隔閡的山坑，帶來交通、人口與貨物的流動，當初為了軍用目的而建的山腳路，衍生了社會與經濟的效益。從山間的小徑、輕便車、鐵路到山腳路，這些交通線有其不同功能，也給二水帶來不同的影響。串過時空，走過歷史，二水的興衰在在與交通有密切的關係。

三、山區交通

　　過去二水到名間有多條山徑，山路在清代是移民之路；二水山腳地帶的許多家族，都由南投鄰近的山區翻過山頭來到二水，一鏟一鋤開墾山林，繁衍子孫，終於成為開發二水的無名英雄。這些由平原通往山區的道路，也是商業之路，鄉民從鹿港買入民生用品，天沒亮就出發，赤著雙足，以肩挑擔，汗流浹背地翻上山到南投，再由南投收購山產茶葉挑回平地。二水因地處彰化平原通往水沙連地方（竹山一帶）的交通要衝，清中葉以後，二八水因而逐漸發展成聚落，二八水橋（其位置在今天二水員集路四段67號住宅左邊）附近成為商賈買賣的中心。

　　日治初期，為了運輸集集、水裡一帶的竹子、木材及其他山產，興築「輕便車路」以連結集集、二水兩地，輕便台車既可載貨也可載人。如此一來，商人就不必辛辛苦苦挑著糧食貨物，來往於山區之間。到了二十世紀，交通運輸進入一個新的紀元，明治三十八年（1905）二八水與葫蘆墩（豐原）之間的鐵路舉行開通儀式[88]，不過初期出入本地的乘客稀少，還沒有車站，也無站務員，只有一座月台供旅客上下車而已。

　　大正七年（1918），台灣鐵道部從台灣電力公司接收了集集線鐵路，二水成為縱貫、集集兩線鐵路的交會點，客、貨運輸量急遽增加。1920年代第一次世界大戰後，日本國力提升，拓殖台灣更加積極，各地的糖、茶、鳳梨等類的農產加工廠，有如雨後春筍般相繼設立，台灣經濟蓬勃發展，鐵路運輸日見頻繁。當時木材是各種建築的主要材料，而在水裡一帶的內山原始森林（即巒大山、郡大山），林材豐富，盛產珍貴的檜木、楠木，又便於採伐，使得集集、水裡坑成為木材的集散地，集集

---

88. 台灣總督府鐵道部編，《台灣鐵道史》中卷（1910），頁55-57。

線鐵路也成為運送木材的貨運黃金路線。在兩線交會點上的二水，更形成了木材等林木山產的轉運樞紐。大正年間，南投集集地區的明治製糖會社鋪設雙線道的產業鐵道延伸至二水與

五十年代左右的「茄苳坑」，道路上石頭纍纍。　鄭罕 提供

縱貫線合併，二水街為縱貫線、集集線和製糖會社火車交集之處，因而一躍成為彰化東南邊的轉運樞紐要地，市況日趨繁盛。

　　鐵路交通的匯集，鳳梨罐頭加工業的發達，使二水從1920年代到1950年代有一段相當繁榮的時期。民國四十二年（1953）元月二十八日，西螺大橋完工通車，克服了濁水溪南北交通的障礙。在這之前濁水溪在由於濁水溪對西部公路交通影響甚大，民國四十二年（1953）以前，濁水溪在集集以下，全無公路橋樑，南北公路交通，必須繞道草屯、集集與斗南三地，頗為不便，是以西螺大橋完工縮短了彰化至雲林間的路程。[89] 民國四十三年（1954）九月又完成桃園至台南之間300公里石子路面改鋪柏油工程，縱貫道路沿線地區交通因而大獲改善，但是二水並不在縱貫公路的路線上，民國六十七年（1978）國道一號全線通車，更使南北交通一日千里，二水距離最近的員林交流道甚遠，聯絡全台的公路系統網建立之後，地處彰化縣東南隅的二水卻是此一重要交通

---

89. 陳正祥，《台灣地誌》，中冊，頁693。

網絡的邊陲，大約在民國五十年（1961）左右，二水市況日漸走下坡，車站前的旅館一家家結束營業，只剩亞洲旅社，旅社業的興衰正也反映了二水的發展史。

除了上述交通路線以外，山麓地帶的還有一條具有特殊目的交通道路。從二水至彰化之間沿著八卦台地山麓的道路，稱為「山腳路」，清代北斗通員林、彰化，就是以這條山腳下的小路為主要交通道，日治時期動用民工加以興築整修，作為防空疏散之道路，稱之為「陸軍路」。

陸軍路在昭和十七年（1942），以「公工」（國民義務勞動）方式修建。當時日本台灣陸軍司令部，有鑑於太平洋戰爭局勢危急，為使敵軍來襲時，能安全疏散軍需物資及車輛，便在台灣各地區開闢防空疏散之道路。

興築道路勘測及藍圖之繪製，都由軍司令部負責完成，然後交由各街庄按設計藍圖完成其境內之道路工程。徵調的工人按照戶籍簿資料，每一住戶各派一人，無法出人力者出錢請人代替，每日工資一元二角到二元不等，（當時公務員每日薪資約一元），每日工作八小時，自上午八時起到下午五時為止，中午休息一小時。

每日上、下工都由各甲甲長（如今之鄰長）帶隊，到達工作地點時要向保正（今之村長）報告，由保正點名，如有曠工不到者即送警究辦，科以罰金或拘留三天。當時實際參加義務勞動者，大多是婦女或十二、三歲的孩童，開山挖土及搬運泥土石塊所用的鐵耙、畚箕等工作都要自備，茶水也要自己帶來。

庄民在炎熱的夏季工作，曬紅臉，起繭破皮，天天疲累不堪，這樣辛苦勞動了兩個多月才完成道路工程。這條陸軍路的修築，使第二次世界大戰末期台灣遭到美軍攻擊時，確實發揮了防空疏散的功效，也方便山腳路一帶居民的出入。

四、保林護林

　　清初施厝圳與十五庄圳的水利設施，改變了二水的原始地貌與生產方式。談到二水就想到濁水溪與水圳，事實上，清初二水山腳地區的拓墾先於平原地區，作物的生產也以林產、果樹生產為重心。先民砍伐林木作為薪材，燒炭是重要經濟來源，清代木炭的來源為龍眼木（可能就是山龍眼，Helicia formosana Hemsl.）；九芎木或其他品質不高的闊葉木，二十世紀用來燒製木炭的相思木，當時還不普遍。這些低海拔樹種，對森林損耗影響不大。山坡地的竹子為民居重要的材料，竹子就生長在聚落附近，不需深入山中砍伐，常被用來製造家具、編牆，對森林損害有限。[90] 大約清末，淺山區的天然林逐漸成為果樹栽植區，桃、李、鳳梨的栽種都相當早，像合和村的桃仔宅便是附近有桃林而得名，推測這些桃樹並非原始林。

　　到底二水早期的林相經過怎樣變遷，並沒有詳細文字記載，不過在日治時期，山林因人為不當砍伐，受到相當程度的破壞。早年果物有鳳梨、龍眼、荔枝、柚子、柑橘、芒果、釋迦等，推測對森林較大的破壞還是矮莖水果類作物，尤其是鳳梨。於是1912年開始，總督府劃定社頭石頭公以南至二水的八卦山山麓地帶為保安林區，以保護山地林野。1913年，總督府殖產局設置「八卦山作業所」，負責造林防沙及保安林地的管理事宜，由國庫全額支助所需的經費，並配置有「山林警察」（俗稱巡山）。造林以後，二水庄常見的林相是相思樹、台灣赤松、龍眼木、楠木等。[91]

---

90. 陳國棟，〈台灣的分拓墾性伐林（約1600-1976）〉，《積漸所至——中國環境史論文集》（下）（南港：中央研究院經濟所，1990），頁1040。
91. 趙水溝編，《員林郡大觀》，頁16-17。

除了官方的保林造林措施，政府也灌輸民眾維護森林的觀念，1937年起，二水人在二水庄役場成立「台中州二水愛林組合」。戰後初期，台灣剛掙脫殖民政府的控制，國民政府還沒上軌道，保安林的林木大量被砍伐，許多製材所（木材行），紛紛到山麓地帶收購極為便宜的楠木、松木，[92]對多年維護的山林乃為一大浩劫，這時官方對濫砍林木的民眾便做出懲處，鄉民觸法之後深感恐慌，向鄉民代表會請願，請求代表會向台中地方法院檢察處陳情，准予寬大處理。[93]此後未經許可砍伐林木的情況較少，但是二水行政區域內的森林已被盜伐成禿山，以致每年一遇暴雨坑水增漲，附近田園受害。鄉民要求鄉公所建議有關機關，重新組織二水鄉護林協會，以期加強造林護林，保護鄉土維護水源。[94]

鄉民雖有護林的認識，濫砍山林的惡果，短時間內還無法彌補過來。鄉內山麓地帶的獅仔頭坑、拔仔坑、廟前坑等野溪，每逢雨期洪水流竄，住民甚為不安，要求鄉公所在這幾個坑進行防沙堤計畫，[95]並向上級申請補助，擴建簡易自來水或公井，以利民生。[96]

二水平地可供耕作的土地極其有限，成為經濟發展上極難突破的瓶頸。為了增進農、林業產值，「護林協會」從日治時期起，便積極向林地主管機關申請承租，研究栽種適宜的果樹林木。戰後，鄉民則不斷向政府提出開放保安林的要求，曾多次向省議會訴願，建請省政府解除八

---

92. 溪湖花繼滋（1920年生，為東平木材行老店東）報導，2001.4.2採訪。

93. 第三屆二水鄉鄉民代表會記錄，有關民意機關案卷，保安類，1951.1.12。

94. 第四屆二水鄉鄉民代表會記錄，有關民意機關案卷，建設類林業，1952。1949年「台中州二水愛林組合」改為「台中州二水鄉護林協會」，次年因行政區劃調整，又改名「彰化縣二水鄉護林協會」，但是這時成效似乎有限。見范清水，《彰化縣二水鄉護林協會史略》，1987，頁3。

95. 二水鄉鄉民代表會記錄，第六屆第一次定期大會，建設類第三號提案，1958.6。

96. 二水鄉鄉民代表會記錄，第六屆第一次定期大會，建設類第四號提案，1958.6。

卦山脈二水鄉轄區的保安林地。[97] 1991年12月1日，為使二水地盡其利，並達成增加農民收益的目的，以鄉護林協會理事長范清水為代表人的「促進會」，改向行政院農業發展委員會提出陳情書，要求解除並放領轄區內外保安林600餘公頃，經林務局會同農林廳等單位相關人員實地勘查後，曾於民國八十二年（1993）十月六日完成〈彰化、南投等縣境內地1704號保安林檢訂成果簡報〉。內文同意解除已無土沙崩壞流失之虞，且適宜提高土地利用的保安林面積約149公頃，呈報中央政府，[98] 然本案迄今尚未有最後裁定。

隨著工商業的發展，社會的腳步愈來愈快，人們的生活愈來愈緊張，努力工作之餘，大家開始重視休閒生活，近山靠水的二水也吸引了政府在二水從事觀光建設。1981年省政府觀光局為了提供民眾更多的休閒資源，由二水上豐村至南投名間鄉的松柏嶺，規劃了一條豐柏觀光健行道，為長1.8公里，寬二公尺的柏油路面。[99] 豐柏健行道原本是山區的洩洪道，在清朝是條貿易之路，平地的日常生活用品與南投山區的茶葉、山產在此流通往來。明治四十一年（1908）鐵路開通以後，商業往來更加活絡，直到大正十五年（1926）公路通車，這條商業之路遂逐漸衰落。1960年代由於政府財源有限，許多公共工程都是以「國民義務勞動」方式完成的，豐柏路產業道也以這種方式完成。[100]

---

97. 如鄉民代表會在民國52年9月份的提案中指出，二水與保安林地發生關連的戶口，即多達947戶、5,700餘口，佔同年度全鄉人口總數20,883口的四分之一以上，足見二水居民生活與保安林關係之密切。見二水鄉代表會記錄，第七屆第十次鄉民代表會定期大會〈議決案〉，1963.9。
98. 林務局集水區治理組，〈彰化、南投等縣境內地1704號保安臨檢訂成果簡報〉（1993.10.6）。
99. 參考賴宗寶，《二水鄉的根與枝葉》，頁76。
100. 陳弼毅（二水前鄉長）報導，2000.2.17採訪。

五十年代本鄉利用義務勞動開闢二水到名間的「豐柏」產業道路　陳弼毅 提供

　　近年來國人逐漸重視生態保育，二水龍仔頭地區之山坡地較為陡峭，峻削如峰，土地利用以保安林為多數，1980年代登山的風氣興盛之後，農委會林務局在二水鼻子頭段，海拔250-400公尺的山坡地，規劃「台灣獼猴自然生態保護區」，占地94.02公頃，目的在保育低海拔的台灣獼猴。[101] 根據農林保育人員的研究，台灣獼猴目前所面臨的情況與大部分野生動物一樣，因為山坡地濫墾、森林砍伐、道路不斷侵入山地等因素，棲息的環境日趨惡化。整體而言，台灣低海拔林相破壞嚴重，林務

101. 彰化縣二水鄉公所委託，大磊工程顧問公司規劃，《彰化縣二水鄉彌猴保護自然中心規劃案》（1997），頁2-15至2-20。
102. 《彰化縣二水鄉彌猴保護自然中心規劃案》，頁2-21至2-25。
103. 例如倡和村的陳石胎（1920年生），並不在意獼猴採食他所種植的水果，反而歡迎這些不速之客，2000.2.14採訪。

局以二水龍仔頭山一帶，作為生態環境的對照區，並以獼猴的存活率，當作人類生存的指標，因此保護區具有特別的意義。[102]

越界遊蕩的獼猴來去自如，破壞力極大，果農為之痛心疾首（飛躍的猴子在照片中央）
柯鴻基 攝　2001.9

保護區內果樹雖然極少，外圍地帶園藝作物卻相當發達，鳳梨、釋迦、蓮霧、龍眼、荔枝、橄欖、木瓜、楊桃等，都是十分吸引獼猴的果物。獼猴四處覓食，不管是野生或是農戶種植的水果，獼猴皆任意採摘。農家辛苦種植的水果遭到破壞，少數農民願意與獼猴和平共處，分享果物，[103]大多數則對收成受到影響極表不滿，獼猴的行動範圍卻又無法嚴格限制，地方民眾與政府，都還在尋求解決的辦法。

舊日農民勤儉開墾的精神受到鼓勵重視，現在環保意識抬頭，認為山林不應過度開發，以保持水土。二水的龍仔頭附近在民國八十九年（2000）夏季，爆發前所未有的土石流，滾滾泥沙夾帶大量土石狂洩而下，讓山下的倡和村多戶民宅陷入泥沼中，從二水到集集的交通受阻。近年來山林砍伐過度，土石流頻頻發生，政府開不開放保安林，在安全的考量下，可能會趨於保守。

二水這塊偏促一隅的彰化縣小鄉，鄉民在有限的土地資源限制下，與河爭地，靠山吃山，開創出良田千頃與滿山坡的果林。但是屬於江河的還是要還諸江河，屬於山林的也終將要歸還山林，人類對自然的開發利用已經到達極限，大地不斷對人類提出警訊，甚至開始反撲。濁水溪堤防一再潰決，河床淘空，先民智慧結晶的八堡圳已經無法順利取水。

娜莉颱風造成的土石流將豐柏健行道覆蓋　柯鴻基 攝　2001.9.23

巍峨立於濁水溪出山處的龍仔頭山、鼻仔頭,曾是鄉民安身立命的靠
山,卻也不留情的傾洩它一再被侵犯的憤怒。

　　整體而言,二水近山靠水,有限的土地當中,保安林與河川地面積
所佔甚廣,加入WTO以後,農業面臨更嚴苛競爭,以農立鄉的二水勢必
遭到更嚴重的威脅,未來朝旅遊、休憩、觀光,應是較有前景的走向。
台灣省農業委員會認為二水的保安林若能規劃一森林遊樂區,與松柏嶺
連成一氣,將使遊憩業更具潛力。[104] 權衡未來發展,鄉民若能珍惜上天
賦與的天然資源,不必執著於河川地的墾殖,讓土地恢復自然景觀,再
配合環境評估與總體營造,鄉民便能與山、與河共存共榮。[105]

---

104. 台灣省政府農林廳水土保持局編印,坡地農村綜合發展計畫報告——《彰化縣二水鄉》
　　(1993),頁5。
105. 從2002以後,二水出現不少休閒農場、傳統三合院改為民宿、農田改為花田,以吸引更
　　多的遊客前來,環境保護、生態保育的觀念已逐漸落實。

小結

二水地理區屬濁水溪沖積扇的扇頂，是彰化縣最南端的小鄉鎮，前臨濁水溪，後倚八卦台地，因位於濁水溪出山進入平原之處，河川陡降，利於水圳引水灌溉。歷史上便以三條水圳，尤其八堡圳的取水口工程聞名。但是二水被夾制在濁水溪和八卦台地之中，生存空間非常窄隘，住民除了順應自然、利用自然，也在挑戰自然，以求得最大的生存利益。

二水的住民最先錯落在山麓定居，水圳完成之後的十八世紀初，更多漢人入墾，沿著水渠開發土地，卻也擠壓了東螺社先住民的生活空間；十九世紀初，漢人成為二水的主要住民。在「山」與「水」的制約下，二水人與自然展開長期的生存奮鬥。

本章透過史料與長期的實地調查，呈現住民的生活智慧，以及對自然資源過度使用的事實。二水地方社會的發展與變遷，不啻為人類由服從、抗爭到控制自然的過程；當自然資源長期過度使用，潛在的危機終於浮出檯面，人類再度警覺到自然力量的不可抗拒，於是開始思考如何在經濟開發與生態保護之間，保持平衡。

進入二十一世紀以後的二水，住民環境保護的意識逐漸抬頭，調整「人」與「自然」的關係，將是未來的重要課題。

陳敏川 提供

北斗舊稱「東螺街」，原為平埔族東螺社、眉裡社活動的區域，後因洪水、兵燹之禍而移居寶斗，並改稱「北斗街」，在清代便是商業發達、文風鼎盛的街肆。北斗的地理環境十分特殊，位於濁水溪沖積扇平原，溪水前後環抱。北斗在東螺溪河道的包圍下，深得河運之便，乃台灣中部南北交通、海陸轉運的重要據點，這種地理上的優越位置，使其成為盛極一時的商業街肆。由於清代舊濁水溪河道變動頻仍，洪水時而威脅，北斗的農業生態並不理想，自然也影響農業的發展。清中葉的北斗是一個以商業機能為主的沿河港街肆，清末其津渡、商品轉運功能已失，到了日治時期，北斗由於成為北斗郡郡役所所在地，因此都市型態也從商業機能，轉為行政機能。做為北斗郡行政中心的北斗街，在地方建設、教育、衛生等方面，都有長足的進步。

戰後北斗鎮曾是北斗區署所在，1950年廢區署制以後，遂成為彰化縣的小鎮。在先天條件上，由於行政區過小，空間有限，工商業發展遲緩，不但無法吸引外來人口，人口也嚴重外流。清代曾經號稱「一府、二鹿、三艋舺、四北斗」的繁華市況，已淡入歷史中。耆宿對北斗的衰微難以釋懷又不知其因，舊日風華已留不住年輕一代；北斗為何稱為「寶斗」，人們已不復記憶；日治時期縱貫鐵路為何不經北斗？街談巷議莫衷一是。

因此，本章基本上先要解決長久以來一直未能釐清的幾個問題：北斗為何舊稱「東螺街」？與先住民東螺社有何關係？悅興街分街、奠安宮分廟的真相為何？西海岸縱貫鐵路為何不經過北斗？濁水溪如何影響北斗的興衰？日治時期，北斗社會經濟如何變遷？政府如何改善北斗不利的農業客觀環境，進行另一波的拓墾？北斗民眾如何在殖民政權下進行政治社會運動？戰後的北斗如何因大時代環境的改變而變遷？這些問題都是本章要加以討論的。

　　本章指涉的地區大致為今日彰化縣北斗鎮，但是地域超過北斗鎮的行政範圍，而兼及北斗與田尾、埤頭、溪州交界處。

第一節　地理位置與環境

一、位置與面積

　　北斗位於彰化平原東南部、舊濁水溪北，即東經120度31分、北緯23度52分，面積19.2547平方公里，約佔彰化縣全部面積的百分之1.8，僅大於線西鄉，形狀如一片樹葉，呈西北向東南延伸。

　　北斗鎮與相鄰各鄉鎮主要以明顯的地貌為界，東以大新排水溝及拓農路與田中鎮交接，西以舊濁水溪與埤頭鄉相鄰，北隔清水溪和田尾鄉相鄰，南以移民路、下水埔排水線及縣道107號和溪州鄉為界。

　　北斗地處彰化平原與雲嘉平原，兩地區交通必經位置，自清代以來的聯外關係便相當活絡，早期有水路與鄉間道路和四周聚落聯絡，日治時期製糖會社鐵道聯結田尾及溪州，近年主要道路為省道台一線貫穿南北。[1]

二、自然環境

　　北斗位於濁水溪主流北面約五公里處，有其分流舊濁水溪貫穿，北有支流清水溪與田尾鄉為鄰，全境為濁水溪沖積扇所構成，河川除灌溉土地外，過去亦是重要的交通網。

---

1. 參考陳鴻圖，《北斗鎮志》〈地理篇〉（北斗：北斗鎮公所，1997），頁52-53。

　　北斗鎮的地勢平坦，約略自東向西傾斜，介於海拔28到26公尺之間，最低點在位於西北的北勢寮（約27.3公尺），最高點則在東南的東北斗（約38.5公尺），於沖積平原中略成一橄欖形的高亢地帶，屬於濁水溪沖積扇中的北斗三角形地帶。[2] 濁水溪沖積扇是台灣最大的河流沖積扇，北部包括整個彰化平原，南岸則包括雲林縣的西北部，[3] 大致的範圍北起大肚溪之南的洋仔厝溪，南迄舊虎尾溪。[4] 北斗地域位於濁水溪沖積扇靠南的位置，北斗鎮就在北斗三角形地帶的頂點部分，由濁水溪網流間的河中洲所發展而成。[5] 在濁水溪堤防尚未興築前，本區處於濁水溪泛濫的變動範圍內，除少數海拔較高的地點之外，其餘部分多曾是濁水溪的河床，直到濁水溪堤防興建之後，本區的地形才趨於穩定。

　　濁水溪沖積平原高度均在100公尺以下，由東西呈扇狀緩降，40公尺以上地區不及1％，集中在東邊的扇頂附近。20公尺以下的地區占65％，廣布於員林、埤頭、二崙一線之西。[6] 北斗處於濱海平原地質區，本區底部主要的岩層是在新第三紀沖積的砂岩和頁岩交互出現，總厚度在八千公尺以上；[7] 上層是近一萬年來濁水溪常出現的沖積物質。由於北斗均在濁水溪沖積平原內，濁水溪曾經屢次改變流路，在平原形成若干支流小溪，流經的舊濁水溪曾一度成為主流之一，經年的河水沖積，使北斗全部為濁水溪沖積物沈積而成。[8]

2. 北斗位於濁水溪扇狀地域中的北斗三角形地域，以鹿港與花壇的連結線為北界，南則與北港溪流域為鄰，因範圍含蓋了日治時期北斗郡的管轄範圍，因此將其稱之為「北斗三角形地域」。詳見杉目妙光《台中州鄉土地誌》（台中：棚邊久太郎1934），頁96-96。

3. 陳正祥，《台灣地誌》（台北：南天書局有限公司，1993），頁831。

4. 張瑞津，〈濁水溪平原的地勢分析與地形變遷〉，頁201。

5. 張瑞津，〈濁水溪平原的地勢分析與地形變遷〉，頁211。

6. 張瑞津，〈濁水溪平原的地勢分析與地形變遷〉，頁204。

7. 王仲孚主編，《沙鹿鎮志》（沙鹿：沙鹿鎮公所，1994），頁47。

8. 陳鴻圖，《北斗鎮志》〈地理篇〉，頁57-61。

第二節　漢人的移入與拓墾

一、早期移墾

（一）聚落的形成

　　濁水溪沿岸地區，在漢人尚未大量移入以前，原為平埔族生活的天地。到鄭成功來台之後，漢人才開始進入此一區域，永曆三十年（清康熙十五年，1676）以降，鄭成功部隊曾經在今天的雲林縣、彰化縣地區設屯開墾。[9] 清初嚴格限制人民渡台，公佈〈台灣編查流寓則例〉[10] 使移民拓墾行動受限制，直到康熙中葉以後，禁令稍弛，漢人移民來台人數增多。

　　北斗地區原為「東螺社」、「眉裡社」社域，社民以捕鹿、種植、捕魚為生。康熙五十四年（1715），客籍墾首黃利英招募同籍佃戶，開拓東螺溪南岸「舊眉庄」（今彰化縣溪州鄉）一帶，這是史書記載最早入墾的漢人。其後又有羅英相繼而來；雍正

東螺社土目印 喝汝宇士長行戳記
陳慶芳提供

---

9. 曹永和，〈鄭氏時代台灣之墾殖〉，《台灣早期歷史研究》（台北，聯經出版公司，1981），頁28。

10. 見《六部處分別例》，卷二六。

11. 彰化縣文化委員會，《彰化縣志稿》（一）（彰化縣文獻委員會，1960），成文出版社影印，1984，頁190-191。

年間到乾隆初年，大批漳州、泉州人移入，與客家移民爭地。由於閩籍移民人多勢眾，客家人不敵，將所墾田業賣給閩籍移民，並遷往揀東上堡（今台中縣東勢鎮），到嘉慶初年，東螺西堡已經少有客家人。[11] 大致已成為閩籍漢人與平埔族雜處的情形。

　　早期漢人拓墾的「舊眉庄」，原為平埔族眉裡社棲息之地。漢人移入以後或向先住民贌耕；或出價承墾，有時則是先住民主動招墾典讓，由以下契字可見：

　　　　立典契眉裡社番巴難魯黎，有承父鬮分應份熟園一坵，坐落舊眉庄南勢，東至打留大怡園界，西至圳仔為界，南至大打留抵屬園界，北至大箸魯黎園界；東西四至界址明白。今因乏銀費用，將園托中引就典與賴猛觀上，三面言議時典出契面銀一百五十大員。銀即日同中收訖；其園隨付銀主掌管耕種，歷年帶租粟七斗滿。
　　　　其園約自嘉慶二十年乙亥春耕起，限三十年乙酉春止，共十年為滿。……[12]

　　在這份契約中透露眉裡社民因缺乏費用，將已經開墾好的熟園出典十年，契面銀押金一百五十大員。另外，每年繳交番租七斗，十年後將園收回，退回押金，如果到期無法贖回，熟園就繼續由對方掌管。

　　漢人除了向眉裡社租贌土地外，和東螺社也有密切的土地關係，由以下契字可見一斑：

　　　　同立開墾溪埔契字東螺社番通事貓劉秀，有承祖父應例管額東螺溪底荒埔一所，址在北斗街崁腳溪底，東至董涵車路及自己

12.《清代台灣大租調查書》，頁716-717。

荒埔田園為界，西至眉裡社番通事余色漢及陳、林現佃為界，
南至圳寮庄北溪底熟田園及楊盞舍熟園為界，北至北斗街崁及
溪崁腳溪水為界，四至界址明白，內有溪水及水圳四渠等一切
在內。<u>自前年被水沖崩，現暫浮復，社內番親人等無力開築，</u>
<u>通事累賠供餉</u>。時通事貓劉秀再邀眾社番等，亦皆無力開築，
時托中引就與北斗街漢人陳齊卿、林文學官同出首承墾，時同
中三面公佃開墾契面銀六十大員，庫平四十二兩正。即日同中
交收足訖；其溪埔立即指明四至界址，同中教付銀主陳齊卿、
林文學官去催工開築，永為已業。一墾千休，任從其便，聽栽
種樹木、果子，起蓋居住，剪裁器具，每年配納番稅、粟一石
滿正。開築成田，承耕管納，租粟同中三面議定後，如再被水
崩壞，如再浮復，依舊付陳齊卿、林文學官掌管耕作，……[13]
光緒八年十月　日。

　　從上面內容可觀察到，此一契約為永耕契，也就是漢佃享有永遠的
耕作權，通事貓劉秀出讓永耕權的原因是，社民無力開築水圳，身為通
事的他又不堪稅餉負擔。出瞨的土地為溪底荒埔，承自祖父之應例管
額，很可能是朝廷撥給東螺社的養贍埔地。乾隆五十六年（1791）開始
施行屯番制，到光緒八年（1882）已有九十一年，這塊地方仍屬未開墾
的荒埔。未開墾的原因可能是土地狀況極差，開墾成本甚高，社民難以
負擔；也可能是東螺社在道光初年遷入埔里盆地，到光緒初年，留在北
斗地區的東螺社民越來越少，勞動力嚴重不足。於是，貓劉秀放棄這塊
常被大水沖壞的溪底荒埔，讓漢人瞨耕。從歷史觀察，先住民出瞨的土

13. 《清代台灣大租調查書》，頁433-435。

地通常都無法贖回而流入漢人手中。

　　漢人入墾之初大都居住在平埔族荒棄的聚落，先住民因不使用犁耕和施肥，地力容易衰竭，於是在土地耕種一段時間後，便放棄另闢新地。易地數次之後，農田離聚落越來越遠，便棄屋另築新屋。如此一來，反而提供新移入尚無立錐之地的漢人極大的方便，因此呈現漢人聚落和先住民聚落有交替的現象。[14] 一方面漢人以較先進的農耕技術，使其經濟力越來越強，得以向先住民購買和租贌土地。另一方面北斗的先住民不斷以土地換取漢人財物的結果，不得不離開這塊原屬於他們的土地，遷居噶瑪蘭和埔里。

　　雍正年間，北斗地區行政區劃上屬彰化縣東螺堡，到乾隆年間，東螺堡分為東、西二堡，北斗屬東螺西堡。如前所述，客籍黃利英最早入墾東螺西堡，後來由於閩籍移民大增，客家人遂遷出。閩籍移民李、謝、林三姓，在嘉慶初年開墾北斗周圍荒埔。嘉慶年間為閩籍漢人與平埔族共處的局面，道光五年（1825）以後，平埔族又大量移居埔里，從此閩籍漢人在北斗地區佔絕對優勢。

　　由北斗地區廟宇創建年代推知[15]，北斗形成的時間，大約在康熙末年左右。範圍相當於今天的東北斗（又稱寶斗庄，包括今東光里和文昌里的一部份）、北勢寮（又稱北勢寮庄，包括今西德里、西安里、大道里的一部份），以及西北斗。

　　劉良璧的《重修台灣府志》，眉裡已有庄的名稱，至於演變為「舊眉」，可能是從「舊社樣仔庄」及「新社眉裡庄」演變而來。[16] 康熙五十

---

14. 彰化縣政府，《彰化縣綜合發展計畫》（彰化：彰化縣政府，1988），頁23。

15. 寶斗庄信仰中心天師公壇，創立於康熙57年（1718），北勢寮西德里（大松腳）的寶興宮和大眾爺廟，都創立於康熙57年；西北斗的福安宮創立於康熙58年。

16. 洪敏麟，《台灣舊地名之沿革》第二冊下，頁418。

七年（1718）五月，舊眉庄居民就在舊社創立天后宮，為北斗奠安宮前身。舊社後來發展為「東螺街」，時間應不晚於乾隆九年（1744）。[17] 另外嘉慶初年，有李、謝、林三姓建悅興街（今台灣省畜產試驗所彰化繁殖場偏東附近），與東螺街並存，一時成為東螺西堡的市集中心。

（二）北斗的建街

　　乾隆初年，閩籍移民在舊眉庄建立一街肆，即《續修台灣府志》所稱的「東螺街」（今溪州鄉舊眉村舊社樣仔腳一帶）。陳四芳開鑿埤圳（莿仔埤圳），從濁水溪引水灌溉，此時耕地開墾日廣，居民生活逐漸安定下來。然而嘉慶十一年（1806），不幸發生漳、泉械鬥，繼而東螺溪氾濫成災，房舍田園均遭沖毀，民眾流離失所。於是武舉人陳聯登、舉人楊啟元、監生陳宣捷，與街耆高倍紅、吳士切、謝嘜等人勘察北斗附近地形，選定東螺溪及清水溪之間，一處叫做「寶斗」的高亢河洲地，有計畫的建立市街。

　　此地買自東螺社，土地上原有佃戶耕種，以李、謝、林三姓居多，在業佃關係定稅明白以後，開始規畫營造。市街以奠安宮為中心，街道縱橫各兩條呈井字型，劃分東西南北中五個街區。東、西、北方設柵門以防盜匪，這是清代第一個有都市計畫的街肆。範圍大致相當於今天北到農會、電信局附近，東到南星醫院附近，西到大榕樹附近，南到五權橋附近，這四點連起來的區域，比今天的北斗街要小得多。現在的奠安宮就是當時建立的，取名「奠安宮」就是希望從此能奠定安居之意。

　　一般認為此街肆因街道縱橫交錯整齊，看起來很像骰子，也就是「寶斗仁」，所以命名為「寶斗」。事實上，這種說法未必真確；因為建立

17. 溫振華，〈清代台灣中部的開發與社會變遷〉，《國立台灣師範大學歷史學報》11（1983.6），頁73。

街肆之前，此地便叫做「寶斗」，當時只是田園一片，並無寶斗仁一般的景象。這塊地方原屬東螺社社域，東螺社社名（Dabale Baoata），「寶斗」這兩個字的閩南語發音和東螺社（Baoata）的平埔族語音相近，「寶斗」之名可能由此而來。[18] 日後改名為「北斗街」，是因為當時地方仕紳依天象地理，以寶斗南方一里多有文昌祠（後遷至今文昌里之地，現已倒塌），因此符合「北斗魁前六星」的象徵；另外在南邊二十餘里，又有斗六作為朝山，又應了「南斗六、北斗七」的的象徵，於是改名為「北斗」。但是大家叫慣「寶斗」，因此雖然改名「北斗」，但是叫的還是「寶斗」的音。

建街完成之後，領導的六名仕紳鑴碑為記，由舉人楊啟元撰文。嘉慶十三年（1808）的「東螺西保北斗街碑記」，是北斗開發史上非常重要的一手史料。

北斗街的信仰中心奠安宮，也由建街諸士紳倡始，而建廟的最大功臣是貢生胡元章、儒學胡克修[19]。嘉慶十三年奠安宮才剛落成，胡元章、胡克修又考慮到寺僧香資、齋糧不足，便將北斗街西南柵門外25間店面的稅銀60多大員，充作奠安宮費用，並將歷年租銀交給住持，以供齋費。兩位胡氏助成廟宇和施捨齋糧的義舉，北斗街民同感敬佩，於是眾人相議，立碑於廟側以誌不朽。「奠安宮香資齋糧碑記」立於道光十四年（1836），部份碑文如下：

> ……我東螺之有奠安宮，以崇祀天上聖母者也。先在舊社，因
> 嘉慶丙寅燹於兵、圮於水，後迺遷建於北斗。其買宮地以充建
> 基址者，則建街董事陳聯登、楊啟元、陳宣捷、高倍紅、吳士

---

18. 洪敏麟在《台灣舊地名之沿革》一書中，亦表達了相同的看法。

19. 胡克修，廩貢，捐署汀州府學，順昌縣學訓導，以保守地方功，蒙賞八品，以縣丞歸部銓用。今天胡克修的後代仍住在北斗。

切、謝嘜等諸人倡始之初；其出為建廟總理，不惜捐己貲以助
成完竣者，則貢生胡君元章、儒學胡君克修，貴喬梓之力也。
……

　　道光二年（1822），彰化知縣吳性誠到此巡視，見民風純樸、街容興
振，知道地方主事管理有方。當地父老為知縣詳述建街由來，吳性誠聽
完，對地方士紳的熱心和卓越的規畫讚嘆曰：

　　……余適蒞彰，觀風問俗，見夫黎民淳厚、街里振興者，莫如
　　北斗，知由總董等之約束有方，因即手書匾額以示褒嘉，而諸
　　父老且為余詳述建街之由。余不禁喟然興曰：「有是哉！前之
　　日擇地鼎新，既有以善其始；今之時留心整理，復有以善其
　　終：洵撫綏之翊佐、治化之贊襄也。豈得以利在一鄉，遂毋庸
　　表述其功哉！爾眾等盍為立祿位於奠安宮，以誌不朽」[20]

　　於是吳性誠寫成「建北斗街碑記」，並建議民眾，將這六位士紳的祿
位立於奠安宮，地方父老欣然相從。今天陳聯登、楊啟元等人的祿位仍
安放在奠安宮後殿受民眾膜拜。

　　道光二年（1822），北斗士紳鑑於北斗街從舊社遷居新街以來，各事
皆備，獨缺義塚，原有的十張犁墓地墳塚累累，新眉墓地則接近溪水，
墳塋崩壞，骸骨漂流，令人覺得相當不忍。所以眾紳發動成立義塚，在
街民熱心輸捐下，終於得以設立。義塚共有兩塊，一塊買自東螺社番沙
衣未脫，在奠安宮後東勢（即大丘園，今新政里第一公墓）；一塊向東
螺社白番（沒有任何職務的番民）眉巴連等買入，地點在大三角（今中

20.《台灣中部碑文集成》，頁28-29。「東螺西保北斗碑記」、「建北斗街碑記」今仍保存於北
　　斗奠安宮。

圳的第二公墓）。

於是北斗街民死後已有安葬之處，主其事者將捐款人和義塚各禁約條規，勒石引以為記。這塊「北斗街義塚碑記」今天存放在北斗鎮文昌里有應公祠（現英靈堂）左側。

由北斗建街、設義塚這兩件事來看，北斗的社會領導階層對地方建設能起倡導作用，對新街市的規畫相當有見地，建設了清代台灣第一個有都市計畫的街肆；街民亦能群策群力，促其完成。清代文人陳書曾為詩兩首，盛讚北斗街淳樸敦禮之風，題為「答友人東問螺陽風土」[21] 詩云：

> 問俗竟何如，家家結茅廬。
> 有村皆種竹，無地不通車。
> 秉穗虞多稼，雞豚樂比閭。
> 但令安作息，海宇即園居。

題為「北斗街」詩云：

> 地勢青龍轉，溪流黑水通。
> 街新為斗北，社舊是螺東。
> 俗少嚚陵習，人敦禮讓風。
> 文明看漸啟，士多氣如虹。

從陳書的詩文中可看出，舊社東螺一片和樂的農村景象：村落有莿竹圍繞，人們結廬為舍，往來以牛車。北斗街過去為東螺社，有黑濁的溪水流經，人們好禮敦厚，士風極盛。

---

21. 《彰化縣志》，頁490。

　　清中葉的北斗，在台灣中部的街庄極具重要性，設有舖司站[22]　，南十五里與鹿場交接，北二十里與員林站交接。先是康熙三十六年（1697）郁永河渡東螺溪時描述云：

> 至東螺溪，與西螺溪廣正等，而水深湍急過之，
> 轅中牛懼溺，臥而浮，番兒十餘，扶輪以濟，不溺者幾矣。[23]

　　到嘉慶年間，路況因交通往來頻繁而逐漸改善，渡河也有了排筏。北斗在南北交通，河陸轉運的重要性，造就了盛極一時的商業街肆。繁榮的商機，帶來財富，也提昇了文風。

　　遠在嘉慶八年（1803）舊社東螺街時期，已建有螺青書院，奉祀文昌帝君，後來螺青書院坍塌荒廢，接著有械鬥、水災之禍，居民遷居寶斗。嘉慶二十二年（1817），在舉人楊啟元及其弟楊調元，生員楊贊元、周大觀，和候選訓導胡克修、羅桂芳等人倡議下重新修建。眾紳籌聚千餘金修復螺青書院之事，同知鄧傳安曾為文「修建螺青書院碑記」讚揚[24]。螺青書院在北斗街文昌祠內，也是社學所在。在私塾尚未普遍設立以前，螺青書院一直是北斗教育的搖籃，培育了眾多士子，使這個商業街肆融入一股文化氣息。後經道光、咸豐、同治三朝，書院又逐漸老舊傾圮，光緒十一年（1885）北斗眾士紳才將書院和文昌祠遷於昔日通往彰化城的大道旁（今文昌里，百姓公廟東南側），樓高三層，座西朝東，北有泮池，頗為壯觀。[25]

---

22. 相當於驛站，但是台灣少馬，都以人力傳遞。彰化縣一共社六站半，每站設書一名，遞夫六名。　見《彰化縣志》，頁59-60。
23. 郁永河，《裨海紀遊》，頁18。
24. 《彰化縣志》，頁462。
25. 文昌祠至民國40年左右倒塌，今已不存。

二、械鬥與民變

　　清代台灣漢人居民大多來自福建、廣東省,並且把家鄉的語言、風俗帶到台灣,由清初到中葉,移民大都以祖籍的地緣關係而聚居。按照祖籍的不同,語言腔調的差別,台灣漢人大致分為漳、泉、客三個族群。彰化平原以泉州人入墾最早,人數最多,分佈在沿海交通便利和平原地帶,漳州人分佈於近山平原,客家人數最少。大體上今天彰化市、員林鎮、埔心鄉一線以西的平原,為泉州人分佈區。漳州人在彰化市以東近山平原一帶,客家人則集中在永靖、埔心兩鄉,及員林、田尾的一部份。[26]

　　最早入墾東螺西堡的是客家人,雍正年間到乾隆初年大批閩籍移民湧入,客家人始遷離。施振民在〈祭祀圈與社會組織〉一文中,提出北斗首當嘉南平原漢人北移要衝,應該是族群雜居地,[27] 清中葉可能為漳州人散居北斗的情形。[28]

　　台灣漢人社會是一個移民社會,入墾台灣初期,各族群之間爭水爭地,等各籍移民分別形成聚落以後,彼此有摩擦,進而發生分類械鬥。乾隆四十七年(1782),彰化縣第一次漳泉分類械鬥,北斗就捲入其中。

　　清代的台灣有許多治安上大患,橫行於地方的盜賊、民變、械鬥等,其中械鬥就像社會的不定時炸彈。清代台灣墾民的三大勢力為:粵

---

26. 許嘉明,〈彰化平原福佬客的地域組織〉,《中央研究院民族研究所集刊》36(1973),頁169。
27. 見施振民,〈祭祀圈與社會組織〉,《中央研究院民族研究所集刊》36,頁203。
28. 根據現今北斗蒐集到的族譜資料,居民祖籍以泉州為主,但並不能因此斷定北斗在清中葉便以泉州人為主,因為嘉慶年間,漳泉分庄,漳州人搬離北斗,所以族譜資料極少祖籍為漳州者。

籍的客家人、閩籍的泉州、漳州人,這三個族群因為開墾過程的利害關係及地域觀念,常常起衝突,發生規模大小不一的械鬥。這些械鬥主要以地緣分類,閩粵籍的械鬥和漳州、泉州之間的衝突最頻繁,也有少部分為姓氏和職業之間的械鬥。台灣漢人社會是一個移民社會,因為語言、風俗、習慣等差異,入墾台灣初期,各族群之間爭水爭地,等各籍移民分別形成聚落以後,彼此時有摩擦,進而發生分類械鬥。

彰化縣第一次大規模械鬥在乾隆四十七年(1782)八月二十三日,彰化城西門外四里處,莿桐腳三塊厝(今彰化市莿桐、南安里)漳州人演戲謝神,有人設賭場聚賭。漳、泉人同賭,因換呆錢(不再流通使用的舊錢)起口角衝突,兩類聚眾互相毆打鬥殺,事情越演越烈,終於引發全面性的械鬥,北斗也受波及。[29] 清代彰化縣的三次大型械鬥,北斗每一次都捲入其中,嘉慶以至道光末年,漳泉的不斷械鬥,更造成人群分佈的重新洗牌,使北斗成為以泉州人為主的街肆。

(一) 械鬥與漳泉分庄

嘉慶十年(1804)海盜蔡牽起事滬尾(淡水),並與山賊吳淮泗、洪四老勾結謀逆。當時彰化縣南部一帶都受盜賊侵擾,人心惶惶。嘉慶十一年(1805)正月,參將英琳什格領兵千人,在鹿港登岸。另外淡防同知胡應魁,也率鄉勇數百人同往彰化城救援。十六日暮,抵達東螺附近時遇賊,參將英琳什格、同知胡應魁合兵駐紮溪底。黃昏時,匪賊四面環攻而來,雙方在東螺溪底展開激戰。參將命令放大砲攻擊,匪賊挖沙避砲,並逐漸逼近。官兵以火炬一照,匍匐在地的匪賊清楚可見,於是對準匪眾發砲攻擊,炸死無數。雖然匪類死傷慘重,卻抵死圍攻,不肯

---

29. 台灣省文獻委員會,《台灣史》(台中市:台灣省文獻委員會,1977),頁422。

退去。等到天色微明，彰化義首林邦基率領鄉勇數百名，到東螺溪底助戰，始擊退匪賊。

　　縣官翟儔恐仍有亂事，命令義首楊應選、王松招募鄉勇保衛地方。王松帶領的鄉勇都是漳州人，一進入鹿港安平街時，就與轎夫惡言相對，一言不合，漳州鄉勇以鳥槍殺傷、擊斃轎夫數人。一時群情憤怒，鄉勇見狀奔回土城，將門緊閉。當晚，鄉勇結隊衝出，途中遇有泉人就殺，鄉勇死傷也非常慘重。各地奸徒紛起，漳、泉互相殺戮，數月不休。東螺街為泉莊，漳、泉數次在此互鬥，放火焚燒，導致東螺街受創過重，加上洪水為患，不得不遷街寶斗。[30]

　　自從漳、泉分類械鬥以後，東螺街的漳州人和泉州人已經無法共存，在遷街時，兩族分莊，漳州人一部份到偏東的沙仔崙（即田中鎮舊街）建街；另一部份北遷目宜庄（今田尾睦宜村），泉州人則到寶斗建北斗街。兩族群共創的天后宮，則抽籤決議分割前、中、後殿之權益。結果前殿歸遷居沙子崙的漳州人所有，日後重建田中乾德宮；中殿原有法物歸遷居睦宜庄漳人，後來建睦宜村聖德宮；泉州人分得後殿，建奠安宮。[31]　從此漳、泉劃分信仰區，漳州人在北斗偏東北一帶，計72庄；泉人信仰區共53庄，其範圍北至田尾的溪仔頂、三十張犁，西到埤頭的埔尾、番仔埔，西南至溪墘厝、水尾、東州舊眉，南至莿桐、張厝、三條圳、菜公庄、圳寮，東南至下九庄、下水埔等範圍。[32]

---

30. 《彰化縣志》，頁382；又《鄉土調查》，頁8。

31. 一說奠安宮當時只有前、後殿，而不是前、中、後殿；前殿遷到田中，後殿遷在北斗街。

32. 見北斗鎮奠安宮福德祠管理委員會編，《北斗鎮奠安宮概史》（1985）。奠安宮概史記載漳泉兩族在康熙年間共創悅興街，康熙36年（1697）創建天后宮，雍正9年（1731）漳泉分庄遷街。事實上悅興街建於嘉慶初年，和東螺街對峙，東螺街遷後後，由日治初期的軍部測量圖可看到悅興街和北斗街同時存在，因此不可能如奠安宮概史所記：由悅興街遷東螺街。又田中鎮乾德宮重建於嘉慶15年（1810）即遷街後一年，所以時間上則當以嘉慶14年左右漳泉分庄較正確，而非奠安宮概史所記之雍正9年。

嘉慶十四年（1808），彰化縣漳、泉械鬥又起。這此械鬥原發生於淡水廳，彰化奸徒趁機煽動搶劫，北斗地區秩序大亂，居民紛紛搬遷走避。這時為防匪徒夜襲，有十八名青壯者留下來警備和偵伺敵情，直到數月後居民平安返回。為表彰這十八人，街民特於北勢寮建「好漢廟」以祭祀之。[33]

後來漳、泉兩籍講和，相互通商往來，自此住民人數漸增，商業昌隆，農工勃興，居於南北要衝的北斗街，往來商旅數以千計。不料，道光六年（1826）陰曆四月，又因細微小事發生閩、粵械鬥。起因是東螺堡睦宜庄（今田尾饒平厝睦宜村）一個叫李通的人偷了黃文潤的豬而相互打鬥。各處匪徒趁機造謠，說是閩、粵分類械鬥，庄民聞風騷動，到處搬遷，匪徒趁機焚燒搶奪。員林一帶的粵人紛紛搬入大埔心庄（今彰化縣埔心鄉）及關帝廳（今彰化縣永靖鄉）等處，堅守防禦。械鬥從彰化一帶蔓延，北至大甲溪，南至濁水溪。械鬥期間，漳、泉涇渭分明，從北斗街睦宜庄到三塊厝（彰化員林鎮浮圳里一帶）連線以東為漳州人，以西為泉州人，同族串連對抗他族。[34]

一天，漳州人從北斗街大墓陵（日治時期陸軍測量標，今螺東國小附近）進入泉州人境內展開包擊，泉人大驚，不斷敲打銅鑼示警，並集合眾人。雙方於是展開肉搏戰，從早上七、八點到下午兩、三點才暫告一段落。從此漳泉對峙的局面持續約三年，地方官無計可施，猶如無政府狀態。[35]

道光二十四年（1844），漳、泉講和，於西螺宴請泉州人。據說泉人將豬、將羊排上供桌，言談之際，漳州人將豬扔過去，誤以為泉人惡意

33. 《彰化縣志》，頁382-383；又《鄉土調查》，頁9。
34. 《彰化縣志》，頁383；又《鄉土調查》，頁10。
35. 《鄉土調查》，頁10-11。

　　諷刺漳州人為「漳豬」、「漳羊」（閩南語「將」、「漳」同音），於是惡稱泉人為「全豬」、「全羊」（閩南語「全」、「泉」同音），雙方又起嫌隙。泉州人寡不敵眾，倉惶逃回，漳州人在後追擊。附近的泉州人聽到消息紛紛趕來助陣，將漳州人逐出，漳泉又呈互相敵視狀態。

　　雙方對峙期間，北斗街民陳發，在三十張犁附近的農地收成之際，有漳州人被殺。此事導致兩方關係更加惡劣，然而農穫季節互爭互鬥對彼此都不利，所以漳、泉和解，恢復通商往來。漳、泉分類械鬥逐漸平靜下來以後，兩者各安其業，北斗街商業日漸振興。[36]　但是漳泉嫌隙仍深，小事引起的摩擦還不時發生；曾因清明節漳州人、泉州人到市場買菜因故起衝突，為了避免不必要的嫌隙，北斗一帶的漳州人改在三日節（陰曆三月三日）掃墓，這習慣一直仍延續到1945年前後。[37]

　　清領有台灣後，因財政困難，加上猜忌人民而採班兵制度，從福建、廣東調兵來台駐防，三年期滿再調回內地。[38]　班兵在台灣的職責，除了作戰以外，平時還必須兼差役、防汛、和巡防等任務，是維護治安的主力。但是班兵由於先天及後天的弊病，根本難以負起作戰和維持治安的功能。清初在東螺西堡設有東螺塘，安兵五人。[39]　以這樣的兵力根本無法應付突發的亂事，終究要靠鄉勇助官平亂，或鄉民自組壯丁，保衛鄉土。

　　北斗地區的地方騷動，除了分類械鬥，影響鄉里治安最甚者，莫過戴潮春事件。

36. 《鄉土調查》，頁11-12。
37. 黃材源報導，1995.7.26採訪。
38. 許雪姬，《北京的辮子》（台北：自立晚報出版部，1993），頁33。
39. 周鍾瑄，《諸羅縣志》，頁117。

（二）戴潮春事件

相傳濁水溪一旦溪水變清，大概就有事變要發生了。同治元年（1862）初，濁水溪忽然清澈了好幾天，果然不久便發生「戴潮春事件」。

戴潮春，名萬生，原籍漳州府龍溪縣，世居彰化揀東上堡四張犁（今台中市北屯區仁美里附近）。其兄萬桂因為與人爭田，曾集合附近地主富戶組織土地公會和八卦會。咸豐十一年（1861），戴潮春重組八卦會，入會者以紅英兄弟互相稱呼，談話都用暗語。彰化知縣高廷鏡想利用會黨，命令戴潮春自募鄉勇三百人隨官捕盜，不出幾個月，會眾發展到幾萬人，聲勢越來越大，清廷開始鎮壓。同治元年（1862），戴潮春見時機成熟，帶領會眾攻下彰化城，自稱大元帥，後來改稱東王，欲響應太平天國。接著乘勝圍嘉義、攻鹿港，更進窺淡水。全台各地會黨紛紛起兵響應。

同治元年以後，太平天國勢力漸衰，清廷得以增兵到台灣，各路清軍會師攻陷彰化和斗六街，戴潮春攜眷偕數十名會眾逃到北斗北勢寮，與林日成、洪欉等會合。同治二年（1863）十二月四日，署水師提督曾元福進紮北斗，他探知張厝庄（今彰化縣社頭鄉張厝村）有戴潮春黨人，另外北投（在今埔里）洪欉派來的援兵數千，附近村莊被裹脅的民眾約萬餘人，另外小埔心（今埤頭鄉合興村）的陳弄又稱陳啞狗弄，招募嘉義、彰化各路「散匪」為戴聲援。十二月五日到八日，曾元福命兵勇分五路進攻，剿燬睦宜庄（田尾鄉睦宜村）、紅毛社（田尾鄉福田、新興二村）、丙郎庄（社頭鄉張厝庄西南的小聚落，丙郎與閩南語檳榔同音）、社頭崙仔（今社頭仁雅、崙雅、美雅、里仁等村）等數十餘處與清兵相抗的村莊。[40]

---

40. 黃富三，《霧峰林家的興起》（台北：自立晚報出版部，1987），頁290。

　　十二月十八日，戴潮春在北斗街附近的芋藔仔庄（社頭鄉廣興村，以張為主要姓氏）被擒，解押到軍營。由台灣道丁曰健與台灣總兵曾元福會審，隨後處死。

　　戴潮春之被擒，民間的說法是：戴潮春逃往七十二庄投靠張三顯後，張三顯慫恿戴潮春自首，並答應保護他的妻子，戴妻許氏也一起勸他。張三顯以轎子送戴潮春到北斗，戴見了丁曰健，立而不跪，表明他的起事為官所迫，與百姓無關。丁曰健大怒，命令立刻將戴潮春正法。[41]

　　戴潮春事件的整個過程中，也涵蓋著漳泉械鬥。戴為漳州人，漳州人的村落大都舉紅旗（戴以紅旗為幟），泉莊則舉白旗（義民旗）。戴潮春的重要股首之一陳弄，和社頭、田尾、彰化等漳州人為主的區域，皆和清軍對抗。由於位居南北要衝之地，戴案的重要戰役雖然不在此，但是兩軍不論從彰化南下，或由斗六北上，北斗都是必經之地，幾次戰役也都免不了被波及。北斗為泉莊，街耆號召壯丁應戰，當時認為寡不敵眾，勝算可能不大。後來由於北斗街的陳天佑與戴潮春的部將陳弄極為友好，於是戴軍繞過北斗，南下嘉義。當戴軍攻破嘉義後，有人提出攻陷北斗作為根據地，但是陳弄大力反對這個提議，北斗因而暫時免於戰爭的蹂躪。但是「保駕將軍」鄭大柴戰死後，其妻謝秀娘為夫報仇，屢攻北斗，街民終究逃不過亂禍。

　　同治四年（1865），餘波蕩漾的戴潮春事件總算告一段落，朝廷獎賞義民，北斗楊玉聰助清有功，朝廷獎以「功牌」，至今楊氏後代仍妥善保存。「功牌」如下：

> 「欽加道銜特授福建台灣府正堂陳
>
> 　賞給功牌獎勵事，照得彰邑逆匪滋事以來，郡屬各處籌辦防勦善後事

---

41. 吳德功，《戴施兩案紀略》，台灣文獻叢刊第47種，（台北：台灣經濟研究室，1959），頁48。

清廷獎賞楊玉聰之功牌　楊玉聰後代 提供

宜，所有在事之文武員弁、紳商耆董
及兵勇人等，自應擇其尤為出力者，
量加獎賞。茲查有俊秀楊玉聰，著有
功績，特先賞給八品頂戴以使示鼓
勵，除俟事竣造冊詳請

奏咨外合給印信功牌執憑須至功牌者
右功牌給 楊玉聰 准此
同治四年閏五月二十三日給」

（三）　施九緞抗租

　　光緒十二年（1886），台灣巡
撫劉銘傳奏請台灣一律清丈，整
理土地，以便重新課稅。由於派
至各地的辦事員常有清丈不公的
情形，所以官民之間時有衝突發生。彰化知縣李嘉棠派員清丈時，不分
土地肥沃或貧瘠，任意填寫丈單。一年之內，彰化縣的土地全部清丈完
畢，每甲土地清丈費用銀二元，原來彰化縣的賦稅額三萬多，清丈以後
增加到二十多萬。辦事員在縣署分給丈單，領取的人卻寥寥無幾。

　　知縣李嘉棠為了催繳丈費，將在案判處死刑的囚犯林武、林蕃薯帶
到北斗、西螺釘死，以此來威嚇人民。又將未加詳辦的犯人簡燦捏報病
故，帶到鹿港大橋釘死。結果卻誤傳為在押的許貓振，其弟許得龍率眾
搶劫法場，一看不是他兄長，就轉往鹿港搶鹽館。

　　施九緞，住彰化二林上堡浸水庄（今彰化縣埔鹽鄉），耕作為生，家
境頗為富裕，十分信鬼神，常有乩童般的舉動。光緒十二年（1887）九
月初一，施九緞立神轎後，率民眾數百名，裂白布為旗，寫著「官激民

變」，蜂擁至彰化城下的南瑤宮，高喊燒掉丈單。民眾越聚越多，將彰化城團團圍住，知縣要各保紳董各召集鄉勇二百名救援。隔日圍城更急，而且鄉勇也都沒有前來。提督朱煥明聽到消息，連夜從嘉義趕往彰化，到了北斗街時，紳董告訴他群情激憤，途中恐怕有危險，朱煥明仍不顧危險，一意要趕到彰化城，果然到大埔心（彰化縣埔心鄉）遇襲，逃到口庄（花壇口莊）被殺，請願行動變成流血衝突。

　　九月六日，台北方面派林朝棟（統領棟字營記名道）的軍隊，和阿罩霧的鄉勇攻下八卦山，施九緞逃回浸水庄。十一月初，劉銘傳知道彰化因清丈不公，導致施九緞之亂，於是將李嘉棠革職。此外也查辦鹿港方面暗中資助亂民的士紳，罰以三萬兩充軍費，施九緞事件至此告一段落。[42]

　　在這事件的過程中，北斗的楊穆、林金報也曾召眾響應施九緞抗租，但是未成風潮，最後不了了之。[43]

三、北斗的興盛與衰微

（一）繁榮的北斗

　　康熙中葉，渡台禁令鬆弛，大陸赴台移民驟增，彰化平原的出入門戶為鹿港，故移民多由鹿港登陸，然後往內陸平原拓墾，而水利灌溉系統的完成，更促進彰化平原的開發。康熙五十八年（1719）施世榜完成施厝圳，康熙六十年（1721）黃仕卿完成十五庄圳（即八堡二圳），另外康熙五十八到六十年間，二八水圳完成。水利的興築，使彰化平原的聚落發展快速，北斗最初的農業聚落也在康熙末年形成，而後彰化平原南

---

42. 參考吳德功，《戴施兩案紀略》，頁97-110。
43. 《鄉土調查》，頁18-19。

部的開發，就以北斗為中心，逐漸向埤頭、竹塘、田尾、芳苑等週邊發展。

　　雍正元年（1723）設彰化縣，以半線街（今彰化市）為縣治，乾隆四十九年（1784）清廷在鹿港設立正口和福建蚶江對渡，鹿港成為台灣僅次於台南安平的重要港口。以東螺溪和鹿港相連的北斗，也被納入鹿港的經濟圈而日益繁榮起來。

　　北斗鎮的地理環境十分特殊，位於濁水溪沖積扇平原，溪水前後環抱。昔日東螺街的住民飽受水患，大水沖毀家園，士紳不得已只好率眾建街北斗。由東螺街遷移到北斗街以後，北斗在東螺溪河道的包圍下，雖不能免除洪水之苦，卻也深得河運之便。

　　清代的東螺溪上可溯至南投竹山等地區，下可通鹿港。南投的山產，順著舊濁水溪運到北斗，再從北斗轉運到鹿港。當時竹材的買賣也藉由濁水溪河道，其搬運方法是將竹子在產地紮成竹排，從上游順流而下。這種竹材採購運送是一種非常特殊的行業，當地稱之為「放竹仔」，早期從事者有楊木、楊德成（居民皆稱之為「放竹仔諒」）。業者到南投山區採購竹材，再以麻繩將一根根竹子紮成竹排，從名間集集一帶將竹排放流而下。這些身懷絕技的放竹工來自竹山一帶，每張竹排前、後各一人控制方向，在湍流中疾駛而下。由於多在夏季溪水豐盈時放流，溪中有漩渦、暗流、巨石，一不小心即翻覆沒頂，操控非常困難，沒有特殊技術根本無法勝任。順流而下的竹排在張厝（由宮前街直下圳寮的濁水溪岸）靠岸，然後再用牛車運至北斗。竹販在普渡公壇前的廣場販賣，台灣中部以北斗為最重要的竹材集散地。[44]

　　由鹿港輸入的民生用品，則從北斗走陸路運至山區，其路線通常是

---

44. 顏亦聖、柯楊清雲（放竹仔諒之女，民前1年生）報導，1996.2.23、4.2採訪。

由北斗經赤水到坑口（今南投名間一帶）。鹿港、芳苑一帶的海產批發到北斗，西螺、莿桐、員林等地商人都來北斗採購。北斗商人則到西螺購買豬肉、豆鼓、醬油。因此，北斗成為內陸山區和海港之間的交通樞紐，肩負起彰化平原南部各街庄聚落、南投山區及濁水溪南北岸的貨旅運輸任務，成為彰化平原最重要的內陸水運中心，也是四周農業地帶的貨物集散地和中繼站。民間遂有「一府、二鹿、三艋舺、四北斗」的說法。[45]

　　北斗除了作為鹿港的內陸河港以外，也是濁水溪兩岸最重要的渡津，稱為「三條圳渡」。[46]一方面河水較淺，一方面北斗商機較多，因此，清代不論由彰化平原到濁水溪以南，或由南到北，莫不以北斗為渡口，渡溪之前先補充糧食用品，越過溪來停駐幾天，採買商品後再上路。若逢溪水高漲，往往也要在北斗滯留幾天，這又促進了商業繁榮和旅館業的發達。

　　商業的繁榮，富庶的街肆，不免引起宵小的覬覦。今天的溪州舊眉和東州尾厝兩村一帶，原是土匪窩，[47]這一段東螺溪河床為北斗渡河必經之路，溪岸高過人頭的芒草，就是土匪最好的藏匿處。土匪有兩類：一類是公然到家戶門前，以墨為記，要當家的準備一筆錢換取平安，通常土匪來襲之前，先吹水螺示警，民眾紛紛走避或深掩門扉；另一類是沿路搶劫的土匪，有時出沒在渡口，有時在農穫季節強取豪奪。[48]人們

---

45. 「一府、二鹿、三艋舺、四北斗」的說法為林衡道教授提出，但是在史料尚未得到證實。而南投人說「一府、二鹿、三艋舺、四北投」（草屯往彰化路上的北投庄），北港人說「四笨港」，鹽水人則說「四月津」。到底那一種說法才正確，至今尚無定論。

46. 《彰化縣志》記載三條圳渡，東西螺往來通津，距邑治（彰化城）45里，見頁52。

47. 洪長源，《溪州鄉情》（彰化：溪州鄉公所，1995），頁73。今天溪州鄉的長一輩對強橫的人會說：搶人，不會到北斗溪底去！便是因以前這裡土匪多。

48. 東北斗耆老座談，1995.7.25；又張來枝先生報導，1995.7.27採訪。

為了自保，幾乎每家都備有槍枝。

　　除了土匪，筏夫的勒索也讓行旅頭痛不已。北斗的三條圳渡、寶斗、大溪等處，是南北交通要津，往來就靠筏夫擺渡。當時沒有清楚規定船資，以致於時常發生擺渡的筏夫向商旅敲詐的情形。由於勒索欺詐的事情層出不窮，民眾屢向官府申訴，官府乃議定渡資，並刻於石碑，好讓商旅知道「公定價格」，筏夫無法任意勒索。這塊「嚴禁筏夫勒索示碑」立於咸豐七年（1857），正是北斗逐漸興盛的時期。彰化縣正堂（相當於今天的縣長）秋曰覲[49]決定掃除積弊，要北斗聯安局紳士總理，召集筏夫討論船資，並將各項收費標準，刻於石上，昭告眾人。

　　除了土匪的侵擾、筏夫的勒索，胥吏的苛派買補倉糧，更使商民困擾。彰化平原在清中葉以後，由於水利興築普遍，土地大量開發，濁水灌溉的農田又特別肥沃，故成為台灣中部重要糧倉。稻米是台灣對中國大陸的大宗輸出品，每年官方都會派令各屬買補倉糧。本來照例應在買賣穀物的地方，按照當時市價公平採購，一手交錢，一手交貨。但是台灣各縣負責買補倉糧的胥吏，把這個工作苛派業戶承辦，卻沒有交付購買米糧的經費，每年農戶按照農田大小分攤，有時收成不足還得減折列抵，使百姓深以為苦。

　　福建巡撫丁日昌明查暗訪，知道台灣府屬各縣藉買補為名，苛派業戶承辦之後，除了追查責任以外，下令以後買補倉糧由官員自行採辦，不准苛派民間分攤倉穀。但恐廳縣陽奉陰違，並將告示勒石，分立各處，[50]使百姓周知，不受官府勒索。如果差役再敢擾民，將嚴格查辦。

49.「秋曰覲」為咸豐八年(1858)署淡水同知。參考慶豐，〈嚴禁筏夫勒索示碑〉，《彰化人》7(1991.9)，頁19-21。

50. 鹿港鎮中山路148號後院，近年亦出土一塊「買補糧倉示禁碑」，見葉大沛，《路嘐探源》（台北：華欣文化事業中心，1990）。

光緒三年（1877）丁日昌將貪酷出名的彰化知縣、嘉義知縣撤職查辦。[51] 儘管土匪搶劫、筏夫勒索、胥吏苛派買補倉糧等事發生，一時雖造成北斗居民的困擾，卻都無損於北斗的興盛商業。反而是昔日造就北斗繁榮的東螺溪，卻成為北斗的致命傷，使北斗逐漸衰微。

（二）北斗的衰微

雍正九年（1731），鹿港成為島內貿易之港；乾隆初年，為中部米穀集散中心；乾隆四十九年（1784），官方正式開放鹿港和福建泉州蚶江對渡，其貿易交通的重要性直逼安平港。為鹿港經濟圈的北斗，在乾隆年間極盛一時。

隨著大量移民湧入，濁水溪沿岸全面開墾，表土流失嚴重，而且濁水溪原本含沙量就高於其他河川，使得淤積情形日甚一日。咸豐初年，鹿港已經無法停泊船隻，往來商船都要停靠在三林港、番仔挖（今芳苑、王功），再以竹筏接駁，導致港口、貿易功能逐漸喪失。

咸豐十年（1860），北京條約開放淡水、基隆、安平、打狗四港與外國通商，如此一來，鹿港的商港機能被上述四港取代，市況由盛而衰。北斗與鹿港唇齒相依的關係，使北斗也因鹿港的衰微而走下坡。屋漏偏逢連夜雨，河流淤淺，火災、水災又接連而來，使得北斗每下愈況。

同治二年（1863）三月十二日正午，大街突然起火，在風勢助長之下，全街陷入一片火海，房舍頓時化為灰燼，死傷達數十名。光緒八年（1882）十一月一日又發生大火，燒毀住家商店80戶，所幸無人傷亡。[52] 無情的大火，燒毀了北斗大街，重創其經濟力。居民強忍傷痛，在灰燼中重建。

---

51. 許雪姬，《北京的辮子》，頁102-103。
52. 《鄉土調查》，頁18-19。

　　禍不單行，連番大火之後，光緒十年（1884）發生水災，北斗的文教中心文昌祠被水沖毀，不得不遷移到本街東北角（即今日東北斗文昌里一帶，文昌里因而得名）。

　　對東螺溪畔的北斗而言，衝擊最大的是水災。東螺溪的無常，史籍早有記載，康熙五十六年（1717）《諸羅縣志》曾提到：

> 虎尾東西二螺，水濁而迅急，泥沙滾滾；
>
> 人馬牛車渡此需疾行，稍緩 則有沒腹埋輪之患。
>
> 夏秋水漲，有竟月不能渡者；被溺最多。[53]

藍鼎元「紀虎尾溪」：

> ……虎尾純濁，阿拔泉（清水溪）純清。
>
> 惟東螺清濁不定；且沙土壅決，盈涸無常。[54]

阮蔡文「虎尾溪」：

> ……去年虎尾寬，今年虎尾隘；去年東螺乾，今年東螺澮。[55]

　　光緒十九年（1893），濁水溪溪水潰堤，街北地區田園流失。清水溪由大新庄（今大新里）及悅興街中間流過，成為濁水溪的另一支流。於是北斗街南北皆為河流環抱，南面的東螺溪又稱頭前溪，北面的清水溪又稱後壁溪，每逢夏秋兩季，河水氾濫，東螺溪不但失去貨品轉運功能，由於水患頻仍交通因而受阻，繁榮一時的街肆遂逐漸蕭條。

　　對北斗而言，更大的致命傷還在後頭。明治三十一年（1898）歲次戊戌。八月二十四日，濁水溪沿岸發生「戊戌大水災」，因濁水溪支流清

53, 《諸羅縣志》，頁286。
54. 《彰化縣志》，頁444。
55. 《諸羅縣志》，頁265。

水溪上游草嶺潭潰決，流路北移，洪水回歸舊濁水溪故道，使舊濁水溪
（東螺溪）成為濁水溪下游的主流。北斗街全街浸水，溪水漲勢如奔馬，
[56] 沙仔崙（田中舊街）、曾厝崙（田尾鄉）、北勢寮土地大量流失。[57] 據
說當時洪水淹到奠安宮前，苦苓腳的崎腳和北斗南邊災情較嚴重，大水
沖走二十四棟大厝（三合院）。相傳水災前一天，神明托夢陳作舟：大水
淹至三角湧（今重慶里普渡公壇前廣場一帶）。隔天果然洪水湧至，陳作
舟（秀才）不知道三角湧在何處，眼見洪水越漲越高，陳拿香順手在地
上一插說：這裡就是三角湧，滾滾洪水果然只淹到那裡。[58] 此後，每逢
陰曆八月十二日，濁水溪沿岸都會做水醮，拜溪王，以求平安。[59] 戊戌
大水災使今天大新里、新生里、七星里、北勢寮一部份成為濁水溪河
道，時而涓涓細流，時而巨洪奔瀉。

　　滾滾東螺溪，曾帶來多少財富與希望，使北斗極盛一時，卻也沖毀
家園田莊，帶走繁華與光榮。這塊土地上的子民，不斷以他們的毅力決
心，和大自然搏鬥。但是戊戌大水災隔年，明治三十二年（1899）陰曆
六月二十九，大火起自街南，延燒約兩百戶，[60] 這場大火毀去當年苦心
經營的街肆，繁華熱鬧消失於灰燼中。

第三節 日治時期的北斗

　　日本領有台灣之後，行政區域重新調整，北斗街改屬台中縣。大正

---

56. 《台灣日日新報》，明治三十一年（1898）八月二十七日，第97號。
57. 《台灣日日新報》，明治三十一年（1898）八月三十一日，第100號。
58. 莊存仁報導（民國4年生），1995.7.21採訪。
59. 陳亮居報導，1995.7.12採訪。
60. 《鄉土調查》，頁25。

圖 5-1 台灣堡圖中的北斗街

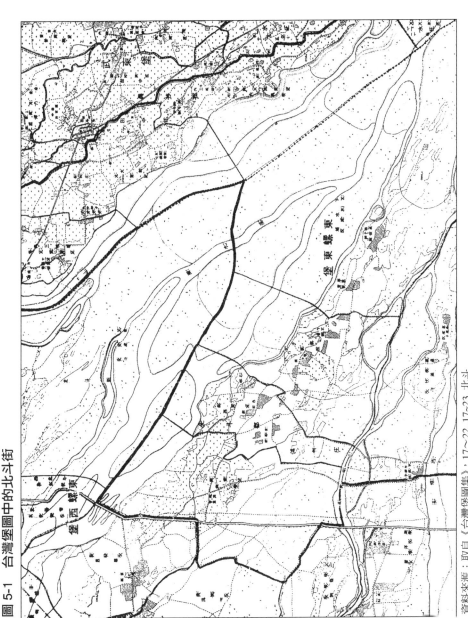

資料來源：取自《台灣堡圖集》，17～22, 17~23, 北斗

九年（1920），設北斗郡，管轄一街七庄。清中葉的北斗是一個以商業機能為主的河港街肆，清末其津渡、商品轉運功能已失，到了日治時期，北斗由於成為北斗郡郡役所所在地，因此都市型態也從商業機能轉為行政機能。做為北斗郡行政中心的北斗，在地方建設、教育、衛生、土地開發等方面，都有長足的進步。日治時期的規畫和建設，使北斗逐漸呈現現代化都市的風貌。

　　日本在台灣的種種規畫和建設，約在領有台灣近二十年，抗日活動逐漸平息以後才得以陸續施行。北斗地區在日治初期，對日本異民族的統治亦充滿抗拒和疑慮，遂有武裝抗日行動。

一、武裝抗日

　　光緒二十一年（明治二十八年，1895），清廷因甲午戰爭失利，簽訂中日馬關條約，將台灣、澎湖割讓給日本，從明治二十八年到昭和二十年（1945），台、澎受日本統治五十一年。

　　明治二十八年六月六日[61]，日本近衛師團從北路澳底登陸，進攻基隆，台北方面棄城失守，六月十七日行始政紀念日，開始日本對台灣的統治。六月十九日日軍開始南下，沿途遭到台灣人的游擊抵抗。八月底到九月初，日軍攻至濁水溪流域一帶。

　　中部地區的抗日活動，主要基地在雲林縣治斗六街東南二十餘里的鐵國山（原名大坪頂），領導人為柯鐵，人稱「柯鐵虎」。鐵國山義軍用「天運」為年號，製「鐵國旗」，誓師抗日。附近的義軍紛紛起來響應，

---

61. 日治以後年代為西曆，清代則為陰曆。

到處襲擊日軍。明治二十九年（1896）六、七月相繼攻陷集集街、包圍南投、襲擊台中。七月四日義軍約五百名，攻打日方在北斗的守衛部隊。義軍從北方攻入，交戰於東門，並佔領東門，射殺守備隊隊長宮永計太，日軍退回彰化，員林、永靖都為抗日義軍所控制。[62] 日軍聽到北斗街被攻破的消息以後，大為震驚，駐在彰化的日軍也開始焚毀火藥，準備撤退。彰化以南到大莆林（嘉義大林），完全是抗日軍的天下。

明治二十八年（1895）七月九日，日軍開至北斗。十一月六日，近衛師團司令部由永靖庄陳汝甘宅（永靖餘三館），進駐北斗文秀才許從龍的書齋「梅亭」。許秀才為當時北斗的文人雅士，其宅地清潔雅緻，庭園花木扶疏，北白川宮能久親王，住榻在右廂房，隨行武官住在左廂，當時大家並不知道右廂房那位就是能久親王。

明治二十九年一月，日軍在北斗設置軍司令部，二月開始，有守備隊和憲兵隊進駐，六月設「土匪捕虜所」（抗日軍拘捕所），屬彰化縣警察署管轄，係因為被捕的抗日份子所設，但兵力過少，沒能發揮作用。[63]

北斗的土匪頭子陳明（矮嘓仔明，閩南語矮子之意），也加入抗日行動，另外陳憨番（北斗一漢學老師），曾響應義軍。柯鐵虎攻破北斗後，轉戰鹿港，北斗街民亦有附從者。[64] 除了北斗人零星的抗日，柯鐵虎的部將張呂赤、張呂良、張呂莉等百餘名，曾襲擊北斗辨務署沙河崙警察支署，但因缺乏後援而退到山區。

明治二十九年七月二十七日，「土匪捕虜所」改為彰化警察署北斗

---

62. 陳春厚，《北斗調查資料》，（未刊稿）。
63. 《鄉土調查》，頁21-22。
64. 例如北斗的謝豆粒隨柯鐵虎到鹿港，在戰鬥中，謝豆粒脖子被砍了好幾刀，倒地詐死，後來有好心人幫他治傷。謝豆粒大難不死，回到北斗，還活到六十幾歲。陳亮居報導，1995.7.10採訪。

臨時派出所，八月再改成「北斗派出所」。[65]

　　日軍在強力鎮壓的軍事行動之餘，逐漸瞭解對付武裝抗日行動，不徒以武力征服。明治三十五年（1902），台灣總督府鑑於各地抗日行動不斷，便驅使士紳，招撫抗日領袖。但是抗日份子卻在所謂「歸順式」典禮中，全被屠殺。北斗附近斬殺抗日份子之處，在今日卓綜合醫院一帶，故得名「刣人崎」。

　　經過日方一再討伐、掃蕩，中部抗日活動逐漸被鎮壓下去。

二、殖民體制下的北斗

　　清代的北斗街屬彰化縣，日本領台後，改屬台中縣。明治三十年（1897）六月，於北斗、二林各設辨務署；隔年六月，合併兩辨務署為北斗辨務署。廢縣改廳以後，於明治四十二年（1909）十月，改屬台中廳，北斗、二林改設兩支廳。大正九年（1920），實施地方自治，兩支廳合併改稱為北斗郡，管轄北斗街、田尾庄、埤頭庄、二林庄、沙山庄、大城庄、竹塘庄、溪州庄，北斗街為北斗郡的行政中心。[66]

　　日治初期，因為台灣抗日活動而頻頻調整地方行政區域，大正九年以後，行政區劃才固定下來，政治措施和社會建設也有長足的發展。

（一）社會控制和教化

　　為了安定民心，維持社會秩序，日本領台初期，設保良局，請地方紳商出面主持，以保護良民。首任北斗保良局長為林慶賢。林慶賢出身邑庠生，為北斗街望族。保良局本為因應過渡時期的機構，在地方治安

65.《鄉土調查》，頁22。
66. 北斗郡，《北斗郡管內概況》，昭和十二年（1937），頁1。

恢復以後，即予裁撤。為了消滅抗日武力，日本政府除嚴厲鎮壓外，也極力建立其殖民體制。

日人以為中國的保甲制度，能有效地鞏固統治權，於是參照中國舊制度，以及劉銘傳設聯庄保甲總局、團防局的作法，施行保甲制度。以十戶為一甲，十甲為一保，甲有甲長，保有保正。保甲的作用在維護保甲內部安寧，整理戶口、掌握居民動態等。若是保甲外部的安全警戒、風災、水災的處理、應變，則由壯丁團擔任。

壯丁團由一保或數保的壯丁所組成，選自區內17歲到50歲的男子，互選團長一名，副團長若干名，有事變發生時，受警察官吏指揮，平常則要召集訓練。

台灣既然是日本殖民地，日本要從事殖民地的掠奪，必先掌握台灣的人口與土地狀況。台灣總督府在明治三十八年（1905），實施第一次戶口調查，確立戶籍基礎。在此之前，先於明治三十一年（1898），公佈「地籍規則」和「土地調查規則」，開始土地調查工作，到明治三十八年完成，並消除大租權。

明治四十三年（1910）到大正三年（1914），則從事台灣林野調查工作，頒佈「林野取締規則」，規定沒有任何文件證明所有權的林野，都屬官有地。調查結果台灣林野官有地計916,775甲，民有地56,961甲，於是台灣大片的林野，都歸官方所有。

除了加強社會控制，掌握地籍、戶籍資料以外，日治時期在教育普及上，也有相當成效。

日治初期，日人為推行殖民教育，先設立國語（日語）學校、「國語傳習所」，以實施日語訓練。明治三十一年（1898），設公學校。北斗當時即有北斗公學校（今北斗國小），同時期的彰化境內，只有彰化、鹿港、員林、北斗四所。北斗公學校後來又有舊眉（今溪州國小）、小埔心

分校和東北斗分教場（螺青國小），大正十一年（1922），增設高等科，這也是北斗郡當時的最高學府，造就了一些師資。北斗街既為警察課所在，又是唯一設高等科的地方，所以北斗的教師、警察特別多，而有「北斗有三員，警員、教員、肉圓」之說。

儘管教育普及，但是在殖民體制下，日方對台灣人採取差別待遇和隔離政策，日人就讀小學校，其師資、設備、課程等方面，都比台灣人就讀的公學校優良。台灣人在公學校高等科畢業後，能升學的中等學校少，機會也不多。直到昭和十六年（1941），日方才取消小學校和公學校的區別。

在學校教育以外，日本殖民政府也積極從事社會教化，其中最重要的是「斷髮」、「放足」；一方面由民間進行斷髮放足，一方面也由官方宣導。明治四十二年（1909），北斗官方宣導婦女放足，到大正三年（1914）十一月調查，放足的人數有1,770多名，纏足的只剩74人。明治四十四年（1911）八月，斷髮人數200多名，隔年眾紳發起斷髮運動，組織斷髮會。大正三年，半數居民斷髮，到大正四年（1915），已經沒有男子留髮。[67] 當時男子斷髮並非完全出於自願，有時民眾被召至保正家，坐成兩、三排，在警察強制下把辮子剪除。[68]

（二）衛生醫療的改進

日治初期，台灣最被日人詬病的，莫過環境衛生不佳和醫療設施缺

---

67. 《鄉土調查》，頁27。
68. 民眾蓄留多年的髮辮一旦被剪掉，許多人非常難過，雙手拿著自己的辮子，忍不住掉淚哀鳴：「嗚……我的辮子呀……。」張協銘（民前3年生）報導，張父為保正，土名「流離」，意思是沒留頭髮的。張協銘國小時，親眼看到許多人到家中，被強迫剪髮。1995.8.19採訪。
69. 張協銘報導，張在北斗開設協和醫院，曾任台中縣醫師公會北斗區理事。1995.8.19採訪。

乏。日本剛領有台灣時，近衛師團與抗日軍在彰化有一場激戰，日軍攻下彰化以後，即因瘧疾流行，暫停南侵。日人初到台灣，幾乎都難逃風土病的侵擾，所以事後對衛生醫療格外注重。

為了改善衛生條件，日本政府在各地方官廳都編列衛生經費，設立公醫、防治傳染病、消毒水溝、水井，檢查屠獸，裝設自來水等。大正四、五年左右，霍亂病源自芳苑一帶蔓延，北斗中寮里附近霍亂大流行，疫情非常嚴重，死者都集中在媽祖園火葬。[69] 大正十年（1921）二月到九月，天花和霍亂再度流行，染病而死的達三十人。[70] 為了預防傳染病，強制民眾種痘。在官方多方努力下，衛生環境大有改進。但是昭和二十年夏天（1945），北斗流行登革熱（俗稱天狗熱），由於症狀與瘧疾非常類似，當時都誤診為瘧疾。患者服用奎寧不見起色，日本公醫也束手無策。後來有一位來自屏東的醫生，去過南洋，斷定是登革熱。公醫原本不相信，仔細查證後，才確認是登革熱，方予以有效治療。[71]

至於清代以來，民眾吸食鴉片的問題，日方採漸禁政策，將鴉片專賣。再由政府發行販賣特許狀給地方人士零售。由於鴉片販賣的利潤非常好，販賣權的給予，多少有籠絡地方士紳的意味。北斗的鴉片販賣商為許丁綿（台灣總督府曾授與紳章，北白川宮能久親王曾借宿其宅「梅亭」）、陳章琪（北斗街街長）、陳子授（武秀才陳作舟之子）。當時鴉片煙膏一筒40圓，月利潤約120圓，而教員月薪50圓，警員30圓，街役場（公所）職員30圓，鴉片販賣的高利潤由此可見。[72] 吸食鴉片必須領有執

70.《鄉土調查》，頁28。

71. 張協銘報導，登革熱流行時，張開設的醫院，六名護士全部感染，張本身也有輕微症狀。1995.8.19採訪。

72. 許榮聰（民前1年生）報導，許丁綿為其祖父，許丁綿本身為中醫，曾任保甲聯合會長、協議員、保正，也是藥種商（中藥商），其鴉片煙癮以登記量劑來看，可能是吸食量最重的。1994.7.28採訪。

照，其上登記吸食量，死後執照收回，所以吸食人數越來越少。昭和五年（1930），日本政府再度許可並發給新的執照，此舉引起台灣民眾黨向國際聯盟控訴，杜聰明教授並投入戒除煙癮工作，但是吸食鴉片問題真正告一段落要到太平洋戰爭以後。[73]

（三）災禍與救濟

清代的東螺街曾毀於兵燹，而遷移至北斗，日治時期的北斗街仍屢遭祝融之禍。

明治三十二年（1899）八月五日，街南火災燒毀約200戶；隔年，臨時市場失火。大正五年（1916）陰曆十二月二十九日的火災燒毀17戶，火災一發生，壯丁團立刻趕到，以幫浦汲水灌救，但是天乾物燥，火勢不易控制。[74]

大正六年（1917）十二月二十九日下午一時三十分，北斗街市場南方林槐梧家突然起火，在風勢助虐下，一發不可收拾，一共延燒130戶，到下午三點三十分才平息。估計損失約在20,000餘圓之譜，災後有待救助者達613名。[75] 北斗大火災情慘重，各方慷慨捐助，鹿港辜顯榮捐出500圓，林本源樂捐300圓，[76] 總督府撥款1,885圓救助金，交由庶務課長小田，親自到北斗一一送給罹難者。[77]

大正十四年（1925）夏，北斗又發生大火，街民苦於籌措資金從事災後重建，便由北斗街總代[78] 出面，請街長向台中州申請災害救助金，

---

73. 參考劉明修，《台灣統治と阿片問題》（東京：山川出版社，1983）。
74. 《鄉土調查》，頁24。
75. 《台灣日日新報》，（大正七年一月一日），第6293號。
76. 《台灣日日新報》，（大正七年一月十日），第6302號。
77. 《台灣日日新報》，（大正七年一月十四日），第6306號。
78. 北斗街總代共16名，都是街民耆老，最有人望。大都自日本領有台灣後不久就擔任保正。

表 5-1　北斗街歷次火災一覽表

1863.3.12	地點	大街《鄉土調查》
	災情	全街陷入火海，死傷數十名。
1882.11.1	地點	大街《鄉土調查》
	災情	燒毀住家商店八十戶。
1899.8.5	地點	街南《鄉土調查》
	災情	燒毀約二百戶
1900	地點	謝水堀草創之臨時市場（四〇四番地）
1916	災情	火災燒毀十七戶。《鄉土調查》
1917.12.29	地點	北斗街市場南方林槐梧家
	善後事宜	鹿港辜顯榮捐五百圓，林本源捐三百圓，總督府撥款一千八百八十五圓救助金。
1924	地點	北斗大火《台灣日日新報》
	善後事宜	北斗街總代請街長向台中州申請災害救助金，街長回絕，於是十六名街總代總辭。災民暫時由役場（公所）收容救護。
1928.10.7 下午四點半	地點	西北斗李王焦家《台灣日日新報》
	災情	燒毀住家三十五間，商家五間，損失約一萬二千圓，受災人數一百六十名。
1929.2.14	地點	媽祖廟後某家豬舍《台灣民報》
	災情	數十餘戶燒毀
	善後事宜	起火點鄰家之許氏夫妻及其七十餘老母，被警察召去拷問，後來因街民不滿，遂予釋放

說明：《》內為資料來源

不料街長一口回絕，宣稱非他職務。街長大堀自大正十二年（1923）就任以來，北斗街總代每有公務與他交涉，總是不予採納。這次火災申請救助，以及北斗街溪底出贌之事，都沒有誠意解決，於是16名街總代總辭，郡守石渡榮吉出面挽留仍無法改變街總代的決定。[79]

昭和三年（1928）十月七日下午四點半左右，西北斗李王焦家廚房突然失火，大火迅速蔓延，附近居民和壯丁團一共出動450名救火，到晚上七點半才澆滅。這次火災一共燒毀住家35間，商家5間，損失約12,000圓。受災人數160名，暫時由役場（公所）收容救護。[80]

火災的頻頻發生，不但使受災戶人身受害、財產受損，也使北斗街經濟力大受打擊，有些商家因祝融之災，不得不從北斗遷出。[81]

三、溪底的開發

日本統治台灣以後，台灣成為日本產品輸出和原料供應地，因此台灣總督府的經濟政策中最重要的便是發展台灣的農業。日治初期，對土地調查和林野整理的工作，先後完成，接著大規模興修水利灌溉工程，大正十二年四月，合併永基圳、深耕圳、莿仔埤圳成立北斗水利組合，但是北斗街的水資源利用，以天然湧泉開鑿的「天井」和私設埤圳為

79.《台灣日日新報》，（大正十五年五月十二日），第9346號。

80.《台灣日日新報》，（昭和三年時十月九日），第10229號。

81. 像今日彰化縣二林鎮的永鎰油行就是例子。楊家世代做油坊生意，在中國大陸泉州同安縣碧溪鄉，即開設了很大的油坊。清末楊家帶著兩輛沈重的油車，和所有的壓艙貨，乘風破浪到台灣。油坊原開在北斗宮前街，因大正末年的一場大火，使油坊付之一炬。大火以後，老闆楊二四決心把油車搬到二林，重新開店。於是，他親自率人從灰爐中搬動兩輛唐山油車，先用火車載運，再轉糖廠小火車，到今天二林油行所在地。見《漢聲雜誌》〈老油坊〉一文，中文版第16期，1984.6。文章中並將老油坊詳加採訪、攝影和製圖，資料十分珍貴。

主。私設埤圳有慶源圳、東北斗圳、大埔圳、益豐圳、林生財圳等，並沒有公共埤圳流經。[82]

對北斗街而言，土地利用和農業發展的最大障礙是，前後包夾的濁水溪氾濫。為了解決長期以來濁水溪氾濫的問題，從大正十年（1921）濁水溪護岸堤防完成後，溪底成為北斗最重要的拓墾地區。

濁水溪護岸堤防在大正十年完成，堤防築起溪底於焉浮現，計得浮復地3,591甲多。[83] 過去時而細流，時而巨洪的景象不再，附近農民胼手胝足，開始在荒埔開墾。

（一）官有地瞨耕問題

依照台灣舊慣，原來在溪埔、沙洲耕作者，應有土地所有權，不應屬國有地或濫墾地，但總督府在土地調查時，一概視之為「濫墾地」而強制徵收，後來發放給日籍退職官員，引起農民激烈抗爭。[84] 因此，總督府對濁水溪浮復地以三年預約貸款租與農民開發，並取締偷墾，一方面增加台中州財務收入，一方面可經營土地。經營成績相當可觀，大正十五年（1926）三年期滿，一共開墾1,723甲餘，之後仍以三年為期，招佃耕作。到昭和五年（1930）一共收入67,597.70圓，扣掉支出47,590.48圓，仍有2,007.22圓的收益。[85]

北斗街林伯廉，早在大正七年（1918），就計畫在北斗支廳內的東螺東堡和西堡，申請官有地千餘甲，募集資本一百萬圓，倡設土地開拓會社，並廣向全島有志者募集股份。據聞當時台北林本源大房林熊徵已經

82. 《鄉土調查》，頁111-112。
83. 台中州役所，《台中州管內概況及事務概況》（昭和五年，1930），頁17。
84. 劉淑玲，《台灣總督府的土地放領政策——以日籍退職官員事件為例》，成大歷史語言研究所碩士論文（1989），頁52-55。
85. 台中州役所，《台中州管內概況及事務概況》，頁147-148。

答應加入，其他中部林、蔡、辜、施、張各姓富戶則在觀望形勢。林伯廉東奔西走，竭力招募，[86] 但是這件申請案，並沒有獲得官方許可，遂告流產。

濁水溪沿岸的浮復地，因為是附近農民協力築成堤防後浮復的土地，和農民淵源很深，所以從大正十二年（1923）起，官方就贌給農民。這些俗稱「溪底」的浮復地，土層很淺，石頭纍纍，土質相當貧瘠。有句俗語「北斗溪底十三甲」，意即土地雖然很多，但都是沒有價值的不毛之地。有些贌耕的農民，因為貧苦難以完納官租，甚至還有典物、賣子來交租的。到昭和五年（1930），忽然被台中州當局將所有土地關係者，無論是租期內完納者或未完納者，通通廢約，另贌給幾個有力人士，如台灣新聞社支配人、巡查胞弟、北斗郵便局（郵局）局長今村彌一等。

今村彌一贌了數十甲地後，陸續向舊贌耕者提出文件證明，要求三日內清除地上物然後移交。受害農民十分氣憤，認為州當局毫不體念農民的辛苦經營，竟把土地轉貸給和該地毫無關係，而且大部份是中間榨取者，因此極力反對。

昭和五年八月，埤頭地方的相關農民許獻等70多名，遞陳情書，由地方課向台中州知事陳情，但是沒有得到回音。於是農民再進一步，向社會運動團體及各報社爭取聲援。因此台灣民眾黨派政治部主任許胡，工友總聯盟派李友三兩人實地調查。此舉驚動北斗郡警察課，派兩輛車載滿巡警、特務在埤頭庄大力搜查。做為農民代表提出陳情書的許獻，被北斗郡警察課召去加以恐嚇威脅。

可是農民仍不畏懼，同年九月九日，由許胡、廖進平帶同當地農民五、六人直往州廳辦公室，向州知事水越幸一陳情。

86.《台灣日日新報》，大正七年五月二十三日，第6435號。

對於代表的陳情，水越知事答道：

> 關於這個問題，你們今天的陳述和地方課的報告有些不同。如果農民在期限內納完官租，還被廢除契約，這樣的處置，當然是當局太過殘酷的作法，對於此點我自有相當打算。至於農民的苦況，我自小出身農家，很曉得農民納稅的艱難，當然十二萬分的同情。

知事這樣的回答，農民代表滿意而歸 。[87]

後來事實證明，州知事並沒有善意回應農民的要求。昭和七年（1932）州當局仍舊計畫將北斗郡的「無斷墾地」（擅自開墾之地），出瞨給「有力者」。消息一傳出，農民十分恐慌，街庄長代表農民聯袂拜訪北斗郡守松尾繁治，繼而赴台中向知事提出訴願。[88] 北斗濁水溪浮復地的問題，延宕至昭和九年（1934），台中州當局總算允許關係人千餘名繼續瞨耕。[89]

從大正年間以來，台灣的農民抗爭運動和政治運動就不斷展開。昭和元年（1926），發生了所謂的「反對土地拂下（發配出售）運動」，反對當局將台灣農民開墾的土地，出售給退職官員。[90] 民眾人們普遍受到這些抗議活動的啟發，加上震驚全島的「二林蔗農事件」便發生在北斗郡，於是北斗地區的農民，對日本當局的不公，十分勇於抗爭。

（二）日人的拓墾

日方在台灣完成土地調查和林野整理以後，賦稅收入大量增加，未

87.《台灣新民報》，昭和五年九月二十日，第331號。
88.《台灣日日新報》，昭和七年七月十一日，第11586號。
89.《台灣日日新報》，昭和九年十二月四日，第12455號。

入冊的私墾隱田和大部份山林原野，成為所謂的「官有地」。為了發展農業，台灣總督府積極保護日本資本家和台灣本土資本家，從事土地開墾和水利興築。而前來北斗地區拓墾的日人，以私營農場和官營移民的型態為主。

1.私營農場

北斗日人經營的農場一共有三處，有源成農場、榊原農場、山田農場。

（1）源成農場

北斗郡境內最早從事墾殖的日方資本家為愛久澤直哉，愛久澤直哉為退休內閣大臣，與台灣總督兒玉源太郎關係良好，[91] 在總督府協助下，取得經營農場所需土地。[92]

愛久澤直哉在於明治三十五年（1902）成立三五公司，以公司成立於明治三十五年，故名。明治四十一年（1908）開始收買土地達2,025甲，[93] 隔年開始招募移民開墾，台灣中部的私營移民以三五公司的源成農場為最早。

源成農場在北斗一帶的開墾許可地，在東螺西堡北斗庄三六六、三八五、四一四、四八九、四九〇、四九四等地號，共約187甲，大約在今天新生里大埔路以北一帶。開墾完成的期限為明治四十三年底（1910）。

90. 連溫卿，《台灣政治運動史》（台北：稻鄉出版社，1988），頁139。

91. 中村孝志，《日本の南方關与と台灣》，〈台灣と「南支‧南洋」〉，頁11-13。

92. 有關源成農場強徵土地的種種問題，見《台灣民報》，「源成農場の罪惡史」條，昭和三年七月八日，第216號。

93. 依台灣總督府，《台灣總督府官營移民事業報告書》（大正八年，1919），頁8。農場許可地約457甲，買收的民有地1,569甲。但是《台灣民報》（昭和三年七月八日）指出，農場買收的土地達3,700餘甲，可能在大正八年以後，源成農場仍繼續買入土地。

總督府給預約許可地的條件是必須收容日本移民。[94]　事實上，到明治四十三年底，土地仍在開墾狀態中，而農場在北斗街所屬的旱田，也沒有引進日本移民，移民都集中在二林碼磋一帶。農場所需的人力，則引自桃、竹、苗的客家人，經營作物以甘蔗為主，兼輪作其他雜糧。

　　日人經營的農場中，以源成成立時間最早，土地面積最大，土質也較好。昭和八年（1933）統計，其蔗作面積200.92甲，收穫量502,217千斤，價格115,935圓。每甲平均產量96千斤，每千斤平均6圓。同一年鹽水港製糖溪州製糖所，每甲平均產量139千斤，明治製糖溪湖工場133千斤，每斤價格都是6圓。[95]　由這個數字可看出，源成農場的平均生產量殿後，這與東北斗溪底（今北斗新生里）一帶的土質不佳有關。

（2）榊原農場

　　榊原農場由日人榊原四三生創設。榊原氏從陸軍退役後，在台灣從事土地拓墾。在台中州大屯郡西屯庄、南屯庄，北斗郡北斗街、溪州庄、二林庄，新高郡集集，以及台南州曾文郡官田庄等區域經營農場。[96]

　　榊原農場在北斗郡內有田園260餘甲，其中北斗街部份為160甲，在東北斗今畜產試驗所一帶（新生里、大新里），[97]　亦即昔日的「溪底」，農場橫跨北斗、溪州（今西畔村），地號為三六三。北斗富紳林生財則在相鄰之地籌設下壩農場，地號四二八。由於榊原、下壩農場幅員廣大，所以四二八和三六三，日後都被用來形容土地廣大。[98]

---

94. 台灣總督府，《台灣總督府官營移民事業報告書》，頁4。

95. 《鄉土調查》，頁165，黏貼資料。

96. 台灣新聞社，《台中市史》（台北：昭和九年，1934），頁450-451。

97. 台灣新聞社，《台中市史》，頁450。又洪寶昆，《北斗郡大觀》（北斗街：北斗郡大觀刊行會，昭和十二年，1937），頁128。

98. 洪長源，《溪州鄉情》，頁96。

榊原氏藉著台中州豐原人羅池幫忙，招募工人開墾極為荒蕪的濁水溪浮復地，由於入墾者漸多，日治後期，此地增設為北斗第十七保。[99]

農場作物以原料甘蔗為大宗，勞動力也是北部客家人為主。

(3) 山田農場

創設最晚，約在大正年間，農場位置在今天七星里、五權里一帶，土地面積才十幾甲，是日人經營農場中最小的，以蔗作為主，可能因規模不大，日治時期留存下來的資料並未加以記載。

源成和榊原這兩個私營農場有下列共同特點：

第一，勞動力都引自桃、竹、苗一帶的客家人，大部份作為農場的雇工，少部份瞨耕。日治中期，男性勞動力一天工資約一圓左右。除了男工，女工也不少，工資大概是男工的六、七成。農場各區都有監督，督導農場工人工作。[100]

第二，農場的經營者都是日籍退職官員，源成的愛久澤直哉為內閣大臣，榊原四三生為軍職。日本積極鼓勵與扶植退職官員來台開墾，一方面希望由日籍資本家掌控農業經濟，一方面也藉此吸引更多的「內地人」留住台灣，達到同化台灣人的目的。

事實上，愛久澤大部份時間住在日本，即所謂「不在地資本家」，農場事務由主事小林正之介來負責。大多數的日本資本家都是這一類。榊原四三生軍職退休後，明治三十六年（1903）先在台中地方發展，後來長住北斗，昭和十一年（1936）曾經被任命為北斗街官選協議會員。[101]

---

99. 陳春厚，《北斗調查資料》。
100. 許上土報導（民前6年生），住新生里，1995.9.3採訪。
101. 洪寶昆，《北斗郡大觀》，頁128；又台灣新聞社，《台中市史》，頁451。

　　第三，私營農場以種植經濟作物為主，北斗地區多從事蔗作，提供給林本源製糖會社（後來改為鹽水港製糖會社）。

　　私營農場對農業生態、政治社會和住民等方面，產生顯著的影響。

　　林本源製糖會社在北斗溪底也有會社地，於是日本私營農場與會社攜手合作，透過日本警察的協助，使農民和會社訂立契約，從事原料甘蔗生產，買賣與收購全由會社控制，林本源製糖會社便是屬於這種租佃式的經營。

　　大正初年，由於台灣的農業經濟以米、糖為中心，尤其糖業更受政府獎勵，於是甘蔗種植面積急遽增加，北斗亦然。濁水溪浮復地大大擴展了可耕地，勞動力的需求十分殷切，除了引進客家移民以外，也要本地農民投入蔗作生產。北斗原是稻作區，農民在栽種作物時，常會習慣性選擇稻作。因此，會社和農場需要一批人來招募農人從事蔗作，即「原料委員」。這些「原料委員」的政商關係良好，熟悉地方人士和事務，往往有呼風喚雨的能力。出任鹽糖北斗區原料委員的林生財，以其特殊關係亦取得大片土地，和溪州原料委員鄭四蚶共同經營大拓農場，面積達幾千餘甲，不但成為地方首富，亦當選北斗街協議會員。光復以後，出任台灣省第一屆臨時省議會參議員、北斗水利會長，更是北斗政治上老派（分老、少派）的掌門人。

　　另外，私營農場為了滿足其勞動力的需求，從北部引進大量客家人。客家人主要分佈在今天的大新里、新生里。私營農場中以源成農場待遇最好，提供住宅和耕種所需的種子等。該地區都是濁水溪浮復地，礫石纍纍，土質鬆爛，土層又淺，開墾過程十分艱辛。

　　客家人約在大正年間移來北斗，以桃園地區最多，吳姓、陳姓為主，通常家族部份成員先到北斗拓墾，生活安定以後才舉家遷來。以新生里客籍的吳文通為例，其父吳新鏡原居桃園平鎮，因日人招墾而到北

斗。最初往來於平鎮、北斗。中部收成較早，收成之後，牽著牛走回桃園，為了避開夏日炎陽，常常趁夜間趕路。北部收割以後，又趕回北斗。經過二十年左右才奠立家基，把家族成員遷到移居地。[102] 昭和年間，客籍移民逐漸在河川新生地的新生里、大新里一帶定居，成為北斗的新居民。

昭和年間，除了客家移民，另外就是官方規畫的日本移民入墾北斗。

2. 日本官營移民

台灣總督府為了殖民地的統治，調節日本過剩人口及國防、民族同化等方面的考慮，擬定日本農民移植政策。藉由官方經營，移殖日本農民建立移民村，以做為台灣農村的示範，並加速台灣人的同化，達成內台共存共榮的目標。[103] 加上南進政策也需以台灣做為基地，來發展熱帶作物的栽種技術，所以在明治末年東部官營移民失敗後，昭和初年於台灣西部再度施行官營移民。而台灣西部治水工程的陸續完成，未墾土地面積大增，也提供移民墾殖的空間。

台灣中部的日本官營移民村，都在台中州北斗郡，昭和七年（1932）到十七年（1942）陸續設立。設立於昭和十一年（1936）的豐里村，一共有大橋（イ號）、福住（ロ號）、川上（コ號）、七星（ハ號）、豐平（一 號）、宮北（二 號）等六個聚落，其中大橋、川上、七星屬北斗境內，分別在北勢寮和西北斗。[104]

---

102. 吳文通報導（民國15年生），1995.8.19採訪。
103. 台灣總督府殖產局，《台灣の農業移民》，總說。
104. 有關日本移民村的農業經營與社會狀況詳見，張素玢，《台灣的日本農業移民──以官營移民為中心（1909-1945）》（台北：國史館，2001）。

　　日本移民村每戶分配土地都在四甲以上，比當時台灣農家的兩甲多一倍以上。[105] 移民的農作採多角化經營，耕地有旱作或稻作，宅地空處種果樹、蔬菜、養豬、養雞等，移民的食物以自給自足為原則。值得注意的是昭和十五年以後，在豐里、鹿島、香取（1942），陸續開始種植煙草，豐里村煙作農家有79戶，煙樓49棟，每戶種植面積約5、6分，兩戶共一棟煙樓。

　　私營農場引進的客家人和移民村的日本人，使得以泉州人為主的北斗地區，增加了人群的異質性。儘管族群之間，仍然存在一些偏見和摩擦，[106] 但是殖民政府的國家力量，使清代曾多次發生分類械鬥的北斗，不再因此而動盪。

第四節　社會力量與國家權力的衝突

　　日本領有台灣以來，抗日行動始終沒有間斷，只不過各時期的表現方式不同。日治初年到大正四年（1915）西來庵事件為止，是武裝抗日時期。大正四年以後，則以社會運動，對日本的殖民統治進行抗爭。

　　大正年間以來，留學日本、大陸的學生日多，這些知識份子受到第一次大戰後風起雲湧的民主主義、自由主義和民族自決思想的影響，對日本統治下的台灣之種種不平等的待遇，提出抗議，並開始組織各種團

---

105. 依台灣總督府，農業基本調查報告書，台灣農家每戶平均耕地面積在昭和七年（1922）為2.12公頃，昭和十四年（1939）為1.97公頃。
106. 台灣人和日本移民的摩擦情形，參見張素玢，《台灣的日本農業移民——以官營移民為中心（1909-1945）》，第六章〈移民社會與族群關係〉。

體，希望喚起台灣人的民族覺醒，指導大眾輿論，推展政治社會運動。[107]
北斗的地方菁英，也帶領著彰化南區的民眾，抗議殖民政府對台灣人的
差別待遇，這股由本地菁英帶起的一股社會力量，向國家權力提出挑
戰。

一、本地菁英的崛起：林伯廷與政治社會運動

　　北斗街積極參加政治社會運動的地方菁英，以林伯廷和一批赴廣東
留學的知識份子為主，其中以林伯廷為首。林伯廷生於清光緒十二年
（1886），為北斗林姓望族，自幼研習漢學，與霧峰林獻堂時有往來。林
獻堂是台灣政治社會運動的先驅，大正七年（1918）曾發起「六三法」

林伯廷（右一）與許躍（中）（約1935年）

撤廢運動後來沒有實際通行，大正十年（1921）發起台灣議會設置請願運動，並與蔣渭水組織「台灣文化協會」。林伯廷正式參與政治運動團體，便是「台灣文化協會」，文協成立之初，林伯廷已經是重要成員，大正十三年（1924）成為六十二名幹部之一。

大正十二年（1923）成立的「台灣議會期成同盟會」。當時北斗郡的參與者除了林伯廷以外，還有二林的李應章醫師。大正十二年二月二十一日，蔣渭水、蔡培火、陳逢源、蔡惠如、林呈祿、鄭松筠、蔡式穀、蔡先於等八人，在台灣雜誌社舉行「台灣議會期成同盟會」成立典禮，席上選出主席、專務理事、理事等，當時林伯廷被選為理事。

不料同年十二月十六日，台灣全島在總督府警務局指揮下，對台灣議會運動相關人士，展開一網打盡的大檢舉。北從宜蘭，南到高雄，同日同時進行，規模之大，範圍之廣，可以說是日本領有台灣以後，空前絕後的大事件。[108] 史稱「治警事件」（台灣治安警察法違反事件之簡稱），林伯廷在這次行動中，被逮捕扣押。

第一審公判自大正十三年（1924）七月二十五日到八月七日止，歷時兩週，前後開過九次公判庭。林伯廷被列為被告的身份資料為：

　　台中州北斗郡北斗街西北斗六四一番地
　　地主　林伯廷（三十八歲）

大正十四年（1925）二月二十日宣判，林伯廷罰金100圓。[109]「治警事件」宣判以後，島內外輿論，大力批評官方的壓制措施，台灣民族運

---

107. 參考王詩琅，《台灣社會運動史》（板橋：稻鄉出版社，1988），頁5-10。
108. 蔡培火，《台灣民族運動史》（台北：學海書局，1979），頁202-205。
109. 王詩琅，《台灣政治運動史》，頁97。

動反而更形蓬勃。

　　另外文化協會為了展開宣傳教育活動，發行會報、文化叢書和《台灣民報》，在台灣重要據點設讀報所，北斗在大正二年（1913）初就設立讀報社。[110]　林伯廷曾在《台灣民報》發行一萬份紀念特刊上寫了一篇「祝台灣民報發行壹萬部」，同時也提供一些對台灣民報的意見。[111]

　　林伯廷的熱心參與文化協會活動，影響了部份鄉親。像林家族人林竹頭與林伯廷時有往還，曾參加文化協會的夏季學校（大

老年的林伯廷、林仲節父子　林仲琼 提供

正十四年、1929年左右），林伯廷兒子林仲節，和林竹頭兒子林輝鐘、林伯廷，姻親卓金水則參加台灣民眾黨。[112]

　　北斗街的政治社會運動，除了以林伯廷為主的一股力量在台灣本島活動之外，另一股勢力，就是參與廣東台灣革命青年團的北斗赴大陸留學生。

二、北斗赴中國大陸留學青年與台灣社會運動

---

110. 張正昌，《林獻堂與台灣民族運動》（永和：著者，1981），頁167。

111. 《台灣民報》，大正十四年八月二十六日，第67號。

112. 林輝鐘（民前6年生）報導，1995.8.9採訪。

（一）廣東台灣青年聯合會

中國各地的台籍留學生，受到中國革命運動，以及歐戰後民族自決的風潮影響，對中國民族革命發展寄予厚望，希望打倒台灣的日本帝國主義，於是以昂揚民族革命意識而組織的團體，在中國各處成立。

北斗青年赴中國大陸留學，以廣東一地最多。大正十五年（1926）十二月，「廣東台灣學生聯合會」在廣州市成立。學生代表共二十名，出身北斗的有林文騰（任教公學校後再赴大陸深造，黃埔第三期生）、吳文身、林仲節等三名。成立大會時，由林文騰說明「廣東台灣學生聯合會」的組織經過，並選出洪紹譚、張深切、郭德金、張月澄、林文騰等委員。最初成立台灣學生聯合會時，並不特別以革命為組織目的，後來學生聯合會的領導份子，深受廣東革命氣氛刺激，就把學生聯合會向前推進一步，表明為革命團體，昭和二年（1927）三月十三日，在中山大學舉行例行會議時，林文騰有此提案，經過兩星期的籌備，新團體「廣東台灣革命青年團」於焉成立。[113]

「廣東台灣革命青年團」的機關報「台灣先鋒」，在該團幹部林文騰精心策畫下出版，由創刊號的主要記事，可以看出革命青年團成立主旨：

林文騰（又名林劍騰）

---

113. 王詩琅，《台灣社會運動史》，頁210-215。

台灣先鋒的口號

台灣是台灣人的台灣！

台灣民眾團結起來！

⋯⋯

打倒日本殖民政策！

打倒日本同化政策！

⋯⋯

反對台灣的土地撥給日本人！

反對日本禁止言論、出版、結社的自由！

犯對日本禁止台灣創設學校、報館！

台灣革命先鋒到台灣去！[114]

⋯⋯

（二）　廣東台灣革命青年團的拘捕

　　大正十五年（1926）六月，廣東台灣革命青年團領導人之一的張月澄，於廣東《國民日報》投寄「台灣痛史」一稿，希望倡導台灣獨立運動。這個意圖被日方知悉以後，對張月澄和廣東台灣籍民眾的行動加以監視。到昭和二年（1927）張月澄被日本駐上海總領事館逮捕，並於八月六日檢舉全部相關者，人數達64名，實際逮捕人數23名。其中原居北斗地區者及審判情況如下：

> 林仲節　同日申請預審，昭和三年二月二十一日預審結束，決定
> 　　　　有罪。
> 林如金　同日申請預審，昭和三年二月二十一日予以免訴，檢察
> 　　　　官提出抗告，乃決定有罪。

---

114. 王詩琅，《台灣社會運動史》，頁225-229。

廣東台灣青年團（攝於1928.12.13）（前排左一林仲節，左二古屋律師，右二張月澄，右一林萬振；後排左一簡錦榮，左二溫幸義，中林如金，右二吳拱照，右一盧炳欽）　林國筆、林淑媛 提供

顏全福同日申請預審，昭和三年二月二十一日予以免訴。

吳文身同日申請預審，昭和三年二月二十一日予以免訴，檢察官提出抗告，乃決定有罪。[115]

　　不久之後，在第一次搜捕行動時行蹤不明者，繼續逮捕。結果北斗的林文騰判徒刑四年，[116] 林仲節徒刑一年六個月（四年緩刑），林如金[117]

---

115. 王詩琅，《台灣社會運動史》，頁243-244。

116. 張協銘，台中一中時曾到大陸汕頭、廣東一帶畢業旅行。張協銘找到在黃埔軍校的林文騰，當時林與蔣介石關係相當好，派了幾個福州士兵保護從台灣來的朋友，並且用吉普車載他們去兜風。張協銘看到大陸軍人穿著棉衣，蹲在地上捉蝨子，廣東一帶治安極壞，衛生很差，因此留卜深刻印象。張協銘報導，1995.8.19採訪。又林文騰出獄後赴北平，光復後返台營商，後來雙眼失明。見王詩琅，《台灣社會運動史》，頁214。

徒刑一年，吳文身徒刑一年。[118]

經過這番的搜捕行動，廣東台灣青年革命團的活動為之中斷。北斗赴大陸的熱血青年，大受打擊。

三、民眾黨北斗支部事件

大正十四年（1925），台灣議會設置運動第六次請願後，三月二十八日，林獻堂等一行自東京歸台，四月十八日到北斗演講，同行的有陳虛谷、莊遂性、丁瑞圖、葉榮鐘等人。隔天上午，乘林本源製糖會社的小火車繼續到二林演講。[119] 另外，台灣文化協會主要成員，由於理念不同，舊幹部於昭和二年（1927）另組台灣民眾黨，林伯廷被選為中央常務委員之一，並擔任社會部的工作。台灣民眾黨的外圍組織，有勞工團體、農民團體及各地青年團體，黨內重要幹部常以演講會進行宣傳。[120]

北斗街散播民主思想的場所為「新舞台」，當時民族運動之宣傳、演講都以「新舞台」為場地。昭和五年（1930）四月十二日，「民眾黨北斗支部」的結黨式在「新舞台」戲院舉行。未開會之前，沿街警察有如宣佈戒嚴一般，每兩、三間房屋的距離，就置巡查。會場內外，亦配置公私服巡查六十餘名，要入場的來賓和黨員，都必須檢查。

---

117. 林如金（1904～1996），台中一中畢業，與謝東閔同學。赴大陸打算進黃埔軍校，卻因改赴南京未果，後來就讀外語學校，再至國語師範學校讀書（當時吳稚暉為校長）。師範畢業後分發沒有報到，而參加台灣革命青年黨。一共被被日方拘禁四年，出獄以後，日本勸誘他作間諜，被林如金嚴拒，隻身到日本從事絕緣體（電木）製造，光復後才回台，住日本移民村大橋組前移民指導員宿舍。1995.7.19採訪。

118. 王詩琅，《台灣社會運動史》，頁246-248。

119. 張正昌，《林獻堂與台灣民族運動》，頁155。

120. 蔡培火，《台灣民族運動史》，頁373-379。

　　下午兩點，民眾黨北斗支部結黨式，由林伯廷宣佈開會，對黨旗行禮後，推李應章為議長，以黃梔為書記，正當卓金水（光復後北斗第三屆鎮長）報告成立經過時，一度被日警制止。其次審查黨則，通過下列議案：1. 禁止遊技賭博行為。2. 創設讀書會。第一案的提案者，在說明時被制止，旋即被拘留，接著又拘留5、6名。

　　其次選舉委員，林伯廷、李應章、卓金水、黃拱南等當選。接著本部蔣渭水致詞，來賓廖進平、梁加升、許胡、張晴川，及北斗實業代表楊萬上（曾任北斗街協議員、壯丁團長、光復後一屆官任、三屆民選鎮長），各致祝辭和期望，下午四點閉幕。

　　「民眾黨北斗支部」一閉幕，接著舉行「總工友會」發會式。昭和初年，台灣各地工會在台灣民眾黨領導下，組成「台灣工友總同盟」。北斗街工人在林伯廷指導下，約有200名工人參加工友會。此次總工友會有130多名會員出席，來賓十餘名，在未開會之前，會員就拘留兩名。下午四點，大會正式開始，廖九如宣佈開會，陳成仁被推為議長，以林哉、林長發為書記。

　　首先審查議會則，其次決議加入「台灣工友總聯盟」，並推薦林伯廷、李應章、卓金水三人為顧問。再來選舉委員，陳成仁等23名當選。來賓蔣渭水、廖進平、梁加升、許胡、張晴川等相繼致辭，會議到下午六時閉幕。[121]

　　當晚，在「新舞台」舉行紀念政談演講，並宣傳地方自治改革的要旨。日警對與會者處處刁難，舉凡帶煙、火柴、刀、可疑銳器者都不准進入。逐一搜身後，沒有違禁物者，日警才很不情願地將之推入會場。警民發生衝突時，日警更是任意打人，民眾再被拘留5、6人。戲院內並

121.《台灣新民報》，昭和五年四月十九日，第109號。

請來攝影師，照相存證。這些刁難措施，仍不能阻止民眾參加熱情。[122]

　　昭和五年（1930）四月十二日，可說是北斗社會運動史上一大盛事，遭到拘留的民眾高達十數人，警方對被拘留者加以拷問。這次「民眾黨北斗支部事件」，實為民眾黨建黨以來，官方前所未有的鎮壓。民眾黨除了向總督、警務局長發出抗議書以外，在四月十四、十五兩天，蔣渭水和陳其昌曾向台中州警務部長嚴重抗議，並召集臨時中央執行委員研究對策。到昭和六年（1931）二月十八日，台灣民眾黨還是被迫解散。[123]

四、保甲制度之異議

　　日治時期，殖民政府對台灣的統治和控制，除了警察制度以外，警政工作中，保甲制度也是極為重要的一環。

　　保甲制度於清代即已存在於台灣，清政府有鑑於台灣一地，民變頻仍，因此便以消弭盜賊為由，於雍正十一年（1733）正式於台灣頒行實施保甲制度。保甲制度具有民間自治警察的性質，以防範盜賊、圍捕盜賊、維護治安為職責。[124] 日人治台之初，為了疏通民意、籠絡人心，乃於明治二十八年(1985)先設「保良局」，翌年撤銷，是年九月二十七日將北斗保良局改為東螺西堡保甲事務所，隸屬於彰化民政支廳鹿港出張所。[125] 後先於大目降（今台南新化）試辦保甲制度，稱之為「義勇

---

122. 楊拱北（民國2年生）報導，楊父當時就是在「新舞台」負責照相存證的攝影師。1994.7.26採訪。

123. 《台灣新民報》，昭和五年四月二十九日，第110號。

124. 戴炎輝，《清代台灣之鄉治》，頁237。

125. 《鄉土調查》，頁23。

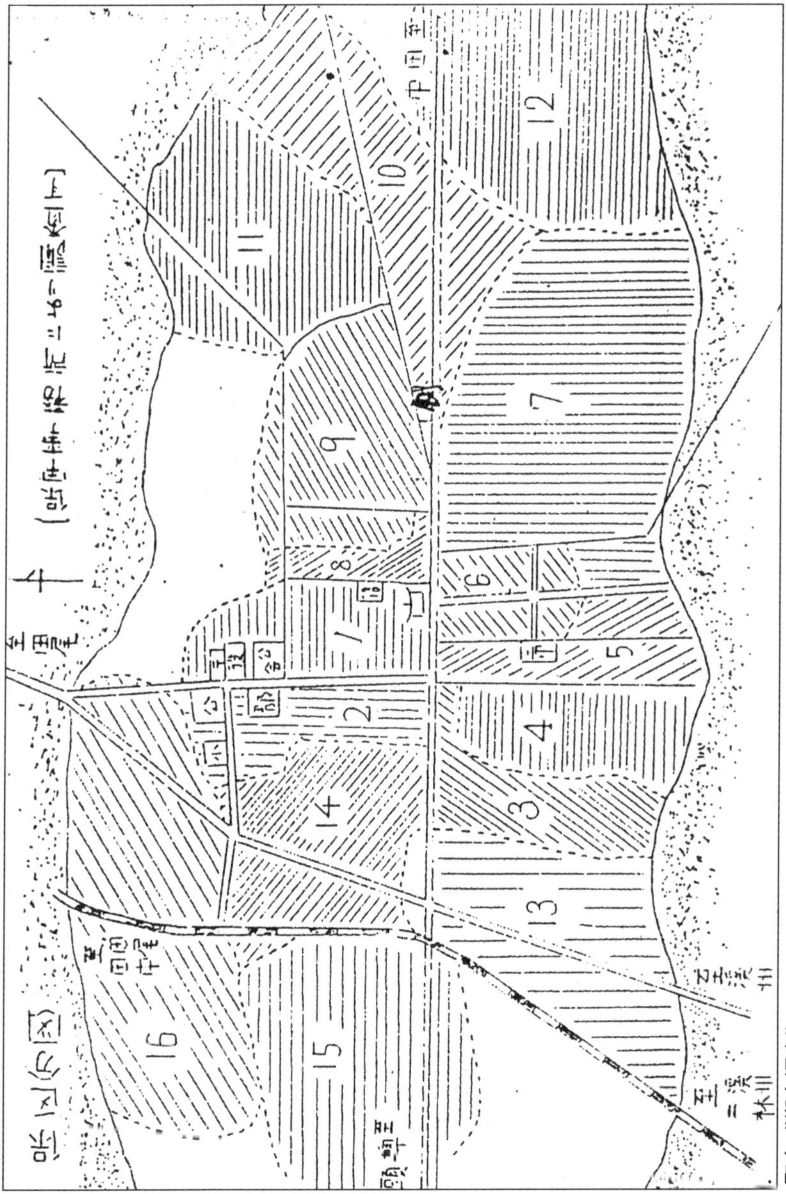

图 5-2　北斗街保甲保區分圖

取自《鄉土調查》

團」;因可能與軍隊混淆,遂令改為「聯庄保甲」或「自衛組合」。[126] 及至明治三十一年(1898)才正式以律令第21號公布「保甲條例」,設保甲作為警察下級行政之輔助機關,實行連保連坐責任。[127] 後又以府令第87號公布「保甲條例施行規則」,對保甲及壯丁團之編成、指揮、監督、解散、經費及董事之選任權限等,有詳盡的規定。隔年,頒訂「保甲條例施行細則」,及設「保甲規約標準」,在此時期,設有保甲局統轄。[128]

明治三十五年(1902)廢保甲局,改選保正甲長,保正與甲長皆為名譽職,是由保與甲內公舉最有名者擔任,保正必須經由州知事(或廳長)認可,而甲長則必須經由郡守認可後才能就任,任期皆為兩年,可以連任,但不可以拒任。至中期以降,即由卸任的保正推薦,經街長同意而任命之。

日治時期的保甲、壯丁團依附在派出所,形成一個組織嚴密的系統,可謂「警察官空間」,既維持社會秩序,也無孔不入地監視人民的日常生活。[129] 台灣民眾黨諸多政治改革要求之一,是要廢除保甲制度。保甲是台灣特有的制度,以保甲的名義可以徵用勞力,收奪土地開闢保甲道路,處罰人民。但是在台灣的日人,不需負保甲義務,因此在保甲制度下,日人全是特權階級。在台灣民眾黨創立大會上,黨員以壓倒性多數贊同「要求保甲制度之廢除」為該黨政策的重要項目。

---

126. 台灣文獻委員會編,《台灣史》,頁582。
127. 明治三十一年八月三十一日,律令第21號,〈保甲條例〉、府令第87號,〈保甲條例施行規則〉,見《台灣總督府報》361號(《台灣日日新報》第100號附錄,明治三十一年八月三十一日),頁66。
128. 有關保甲的相關研究可參考洪秋芬,〈日據初期台灣的保甲制度(1895-1903)〉,《中央研究院近代史所研究所集刊》21(1992),頁439-471;蔡慧玉,〈保正、保甲、街庄役場──口述歷史(一)〉,《史聯雜誌》23(1993),頁23-40;蔡慧玉,〈保正、保甲、街庄役場──口述歷史(二)〉,《台灣風物》44:2(1994),頁69-111。
129. 施添福,〈日治時代台灣地域社會的空間結構及其發展機制──以民雄地方為例〉,《台灣史研究》8:1(2001.10),頁22-23。

　　台灣知識份子對保甲制度無不痛心疾首，但是無論個人或團體的呼籲，日本當局都置之不理，因此就有阻擾保甲內部運作，以促其崩潰的想法。在昭和二年（1927）民眾黨尚未成立之前，林伯廷便挺身參加保正選舉而當選。[130]

　　明治三十一年（1898），台灣開始實行保甲制度。過去台灣人對保甲役員的改選，態度消極，以致民權日益淪喪。台灣民族社會運動興起以後，有志之士就不斷對保甲制度展開抨擊。北斗街的社會運動健將，在昭和二年（1927）開始以行動表達其心志。

　　昭和二年八月十日，保甲會議決定北斗街十六保改選，當時巡查部長綿引與保甲役員協議，此次改選要持公平態度，採取不干涉主義，若是恐怕有不平之事，保甲民也可以在場觀察。巡查部長這番話讓保甲役員大為興奮，決定推林伯廷、卓金水、黃拱南為觀察員。

　　到八月十五日選舉時，林伯廷等要在場觀察，警部補崛江氏認為無此必要，反對在場觀察。林伯廷等前去抗議，因為這是保甲會議決定的事項，他們立刻轉問巡查部長，巡查部長也承認要照決議進行；但警部補仍不死心，回郡役所問課長，課長擔心此例一開，後患無窮，所以絕對禁止。

　　官方原先信誓旦旦的公平選舉假象被揭穿後，原來事前當局已準備好保正、保甲長的空白票（沒有印上保正、甲長的名字），要分給保甲民捺印。在林伯廷通知民眾不要捺印之前，已經有不少人被命令蓋下印章。這次為時四日的選舉，在十六保之中，有林伯廷、林伯餘（林慶賢子，曾任四屆台中州協議會員、光復後北斗區署區長）、黃拱南、許耀、陳傳宗、賴賊、謝同琴、楊萬上等八名新當選，可見民眾已經覺醒，不

---

130. 蔡培火，《台灣民族運動史》，頁389。

再完全依從官方安排。[131]

　　儘管選舉權在人民，但是新當選的保正必須經過官方認可。由於這次新當選者，許多人不合當局之意，有關文件不送達州知事，竟擅自下令改選。昭和二年（1927）八月二十六日，再召集各保的甲長，於乙種巡查的宿舍內，不准他人旁聽，私自勸誘甲長承認原保正重新擔任，各甲長認為這必須尊重保民的意思，不是甲長所能決定的，當時唯獨第二保甲長捺印。其他的第一、三、五、六、七保保正在八月二十七日早上，於青年會俱樂部重選。

　　保甲民不滿當局的干涉，出席的很少，而在場的警察和便衣人員多達十六、七名。選舉之前，警察公然宣稱許耀（一保）、林伯廷、卓金水（三保）、黃拱南（五保）、陳傳宗（六保）等人不得擔任保正，不得圈選以上人士。卓金水當場質問不得被選的理由，卻被拘捕數小時後才放回。

　　重選結果，保民不改初衷，一保許耀、三保林伯廷、五保黃拱南照樣當選。民眾對於這次選舉，日本當局之過渡干涉十分氣憤，打算趁州知事到北斗巡視時當面陳情。[132]

　　八月三十一日，知事到北斗巡視時，民眾打算放鞭炮歡迎。北斗郡當局十分緊張，庶務課長吉滿到主辦人處，勸阻陳情之事，並表示近日郡守會與相關人士當面商議，於是陳情行動暫時打消。

　　九月二日，郡守石渡榮吉果然延請林伯廷、林伯餘兩人，懇談兩小時，主要在說明：保正乃是輔助警官之職，林伯廷和林伯餘是上流階層，不當保正較為理想。至於警官強迫甲長捺印的事，會再細查，請兩

131.《台灣民報》，昭和二年八月二十八日，第171號。
132.《台灣民報》，昭和二年九月四日，第172號。

人諒解。林兩人各自陳述意見後退出。

　　這次北斗街選舉選出的保正中，以第三保的林伯廷最不為當局所喜，以致影響北斗全郡的保正都未獲認可。九月五日上午，召集甲長會議，命令下午一點召集全保保民再改選。保民都表示，已經選舉兩次，沒有再選的必要，所以當天沒有一人出席，民眾的想法已非常清楚。[133]

　　北斗街十六保保正選舉，第三保改選三次都是林伯廷當選[134]，但是當局皆不肯承認，不得已只好以現任甲長代行保正的職權。此後對第三保施以種種報復：如故意以保甲經費不足為由，停訂報紙；又如十六保當中，唯獨第三保編不成保甲預算，要甲長向保民徵收。各甲長認為保民恐怕不服，當時有位甲長蔡林察說話較為強硬，竟然以侮辱警官之名被拘留，直到深夜才放回。當局對第三保的特別待遇，保民心知肚明。[135]

　　由於官方對地方選舉的刻意打擊，北斗街保甲聯合會從昭和二年保正改選以來，每一期的保甲會議，將保甲除外，只召集保正開會，所以人們戲稱「保甲聯合會」為「保正聯合會」。會議中議決的事，十件實行不到一件。昭和三年（1928）四月的定期會議，只有五名出席，五月份居然只有聯合會會長出席。這種有名無實的「保甲聯合會」自然日漸衰微。[136]

---

133. 《台灣民報》，昭和二年九月十八日，第174號。
134. 昭和十一年（1936）選出的保正如下：第一保楊石，第二保楊天齊，第三保林伯餘，第四保傅仲宣，第五保賴水牛，第六保陳子授，第七保鄭鴻圖，第八保吳益，第九保謝同琴，第十保劉約，第十一保李福頭，第十二保林東勝，第十三保葉文軒，第十四保柯凌淵，第十五保顏宙，第十六保林生財，這一年第三保保正已由同宗的林伯餘擔任。保正資料見《北斗鎮志》，頁264。
135. 《台灣民報》，昭和三年三月十一日，第199號。
136. 《台灣民報》，昭和三年五月二十七日，第210號。

第五節 變遷中的北斗

　　日治時期做為北斗郡郡役所所在地的北斗街，為全郡八街庄的行政中心，行政機能帶動了地方繁榮。戰後，重新調整行政區劃，彰化改為省轄市，彰化、員林、北斗三郡設區署，北斗街改屬台中縣北斗區，1950年撤除區署，改為彰化縣北斗鎮。至此，北斗從區域行政中心變成彰化縣的小市鎮。

　　在政權遞嬗的時代，北斗同遭陣痛；當經濟巨輪快速轉動之時，北斗的發展卻緩行慢步，逐漸被比鄰的鄉鎮超越。本節先敘述二二八在北斗的狀況，再而討論地方政治生態的轉變，最後從交通和產業因素，對近代北斗由盛而衰的原因作一分析。

一、社會的傷口── 二二八事件

　　昭和二十年（1945），美國在日本廣島、長崎投下兩顆原子彈以後，日本宣佈無條件投降，台灣、澎湖歸還給中國，為時51年的日本殖民統治，終於告一段落，北斗街民眾歡欣鼓舞，期待另一個光明時代的來臨。

　　戰後台灣民眾歡欣鼓舞地「回到祖國的懷抱」，對政府的期待甚高，但是政府最初的種種行政措施，卻使人民大為反感。1947年，以台北查緝私煙為導火線，引發的本、外省人衝突，迅速蔓延全台，此即「二二八事件」。

　　二二八事件發生後，第二天動亂即蔓延到北斗地區。民眾集結在街上，發現外省籍人士即予以追打，一些被民眾認為有貪贓枉法的公務人員，也成為眾人尋仇對象。

區署辦公廳公務人員、學校老師及派出所員警，沒有人敢上班，北斗區治安呈現真空狀態。北斗派出所所長楊枝秀為外省人，民眾質疑他收受賄賂，四處找尋欲置之於死地，楊枝秀逃到省議員林生財家中躲藏。林生財為當時北斗最有權勢的地方人士，其宅院即今北斗中山路旁加油站現址。

群眾由當時埤頭選出的吳望雄議員率領，數百名群眾手持木棍等兵器，包圍林生財宅院，要求交出楊枝秀，林生財不在家，民眾揚言縱火燒屋，亂事有一觸即發之勢，適陳源順路過，與林柏餘的堂第林伯可出面和群眾溝通。

群眾一口咬定楊枝秀收取賄賂，楊枝秀則表示，確實有人送來賄款，但他未收取，可能負責轉手的人吞沒。林伯可等人認為在真相未明之前，民眾不應該急於動粗，與帶頭者多次溝通後，在嚴密保護下順利將楊枝秀帶往區署辦公廳，即今北斗分局現址，楊枝秀不敢回家，要求留在該地。

區長林伯餘為了解決治安真空問題，指派陳源順臨時代理北斗派出所所長，接掌派出所內所有武器。陳源順則邀約北斗區熟識部隊戰友十人，共同負起北斗區治安工作。[137] 在居民要求下，日治時期曾擔任警察的林仲荃出面維持秩序，組織自衛隊，欲阻止軍隊由南部渡過濁水溪北上。當時北斗警察局只有一挺輕機槍，卻沒有人會用，便請自南洋回來的原日本台籍兵操作。另一位在「二二八事件」中維持秩序的是林仲節（林伯廷之子），他在奠安宮西廂組織自衛隊。[138]

二二八事件第三天，數十名從嘉義地區北上的群眾，特別前往北斗

---

137. 陳源順口述，記者鄭旭凱整理。《自由時報》，1996.2.28。
138. 北斗鎮西北斗地區耆老座談會，1995.5.26舉行。又劉金木報導，1995.8.17採訪。

找楊枝秀算帳，數十人拿番刀欲闖入北斗區署辦公廳砍殺楊枝秀，陳源順不得已，亮出左輪手槍相互對峙，群眾離去時放話，將召募更多人手前來助陣。陳源順四處討不到救兵，只好搬出派出所輕型機關槍架設在門口以利鎮壓，所幸往後幾天北斗地區尚稱平靜，只有幾位老師及刑警遭襲擊、毆打。

一週後國軍開抵台灣，陳源順結束暫代職務，楊枝秀復職，檢舉信函亂飛，不少民眾遭檢舉曾參與暴動，被點名後即不知去向，甚至遭到槍斃，他及當時負責北斗區治安的十位臨時警力也全數遭到檢舉，罪名不外乎參與暴動、竊盜，[139] 所幸陳源順受邀維持治安時，曾請區長林伯餘寫下證明才免於難。

二二八事件中，北斗所幸沒有發生流血衝突，情況不算嚴重。但是接下來的白色恐怖期，許多當事者不免被列為偵察對象，當時維持北斗秩序的林仲荃，必須向當局澄清並無叛亂之情，並領取良民證以示清白，但是也有因地方派系之爭，被羅織罪名而下獄。[140] 北斗的地方勢力，始終存在著兩派力量，有時產生良性競爭，有時不免摩擦衝突。

二、地方「政治集團」的興起

日治初期，殖民政府以絕對的統治，鎮壓台灣可能存在的武力反抗。日治中期社會漸趨穩定，大正九年（1920）開始實行「地方制度」

---

139. 陳源順口述，記者鄭旭凱整理，《自由時報》，1996.2.28。
140. 民國三十九年（1950），林如金（第一屆鎮民代表）因地方黨派的互相傾軋，使疾惡如仇，直言批判的他，引來牢獄之災。當時的判決書寫著：「被告林如金，思想偏頗，不滿現實，處予感訓，時間依命令另定之。」結果一共入獄6年。日治時期，林如金在大陸從事民族運動，被日方逮捕拘禁4年，台灣光復後又身陷囹圄，當年91歲的林老先生感慨，他一生當中好事沒份，壞事卻總找上門，1995.7.28採訪。

改革，頒佈「台灣州制」、「台灣市制」及「台灣街庄制」等辦法，但是
街庄長仍為官派，協議會員全由政府任命。大正年間，台灣的社會政治
運動風起雲湧，北斗的地方菁英，也曾帶領民眾展開試圖從外部的努
力，影響政府當局。隨著台灣人自治意識高漲，昭和十年（1935）台灣
地方制度再做變革，明訂州、市、街、庄各為法人，首長依舊官派，街
庄協議會議員半數由政府指派，半數由人民選出。[141] 1935年11月22日，
北斗街選出第一屆協議會員，含官派共十一位，其中日籍占六位，台籍
五位，分別為許百鑄、林伯楷、林生財、楊萬上、陳彩灼，議長由街長
兼任。[142] 這些少數由人民選出，參與地方自治或進入街庄行政體系者，
也不能有完全自主的行政權。直到戰後的1950年，台灣開始實施全面地
方自治，人民問政空間大增，北斗參與政治的地方菁英，或因背景出
身，或因求學經歷，遂逐漸結合為不同的「政治集團」。

1. 陳、林派

北斗的地方勢力集團最早形成於清末，為陳、林兩派。自清代以
來，北斗便是商業繁榮、文風興盛的街肆，不僅經濟力量雄厚，且舉
人、秀才輩出。由於清代台灣的行政體系僅達於縣，所以地方秩序的維
護便要靠這些舉人、秀才和富戶商紳。清末代北斗最重要的領導者，人
稱林老師、陳老師、胡老師（地方頭人之意）。林老師可能指庠生林慶岐

---

141. 當時對於選舉權與被選舉權限制很多，規定需年滿25歲之男性，年繳市街庄稅額五圓以
上者，才有資格參與選舉或被選舉。
142. 昭和七年（1932）十月任命的北斗街協議員共十二位，其中台籍八位，分別為黃伯勳、
傅仲宣、楊天齊、黃鄂、楊萬尚、林生財、許百鑄、陳以波等。九年（1933）十月任的
台籍街協議會員有，楊萬上、許百鑄、李申儀、陳以波、陳彩灼、陳春榮、賴水牛、黃
鄂等八位，皆為官方所指派。張素玢編注，（日文版）《北斗鄉土調查》，頁121。

陳章琪

（光緒四年任安平縣縣學訓導），或其胞弟林慶賢；陳老師可能指武秀才陳作舟，曾設「育軒」書房兩處，對培育人才十分熱心。林家也設私塾延聘教師，教育子弟。陳、林各有其追隨徒眾，久而久之逐漸形成派系。陳、林雖然各有其追隨者，互別苗頭，但兩家私交尚稱良好，偶有意氣之爭，並無政治衝突。

到日治時期，林、陳兩家在政壇上都佔有一席之地，陳章琪（同為陳姓，但是並非陳作舟之後）能力甚強，和北斗大家族三層樓（北斗第一棟洋樓）陳家、謝家、楊家，結為「陳派」。陳章琪曾任北斗區長、保甲聯合會長、北斗街長，創設北斗信用組合，但信用組合曾一度發生信用危機，傳聞與陳、林派之嫌隙有關。[143]

林慶賢子林伯餘，和林姓宗族、卓金水、林生財結為「林派」。林伯餘學醫出身，曾連任四屆台中州協議員，保甲聯合會長、北斗區署長等。陳、林兩派儼然成為政治上的兩大主要勢力。儘管陳、林派之間，不免有些附會、謠傳，兩者間始終沒有太嚴重的衝突。

2. 老、少派

日治末期，陳、林派演變為老、少派。起因是林伯餘和林生財競選北斗街協議會員時，因故生隙，支持林生財的年紀較大，故稱「老派」；支持林伯餘的年紀較輕，故稱「少派」。[144] 此時北斗的政治生態

---

143. 北斗街民傳聞「陳派」放出信用組合有信用危機的風聲，導致民眾擠兌，後來陳以波接任信用組合長。
144. 第六、七屆鎮長鄭德城報導，1995.7.19 採訪。

開始轉變，因經商致富或任特殊職位者，挾其
雄厚財力，能與傳統家族勢力抗衡，最明顯的
人物便是林生財。林生財因為出任鹽水港製糖
會社的原料委員，逐漸累積人脈和財富，他也
曾與溪州區原料委員鄭四蚶，共同開墾濁水溪
浮復地，由於擔任原料委員，容易取得官有地
開墾，儼然成為北斗的最大地主，並代替過去
陳派力量，在政治上嶄露頭角，曾任保正、北
斗街協議會員、壯丁團團長。

林伯餘（攝於1966年左右）
林仲琮 提供

　　但是日治時期政治主控權操在日人手中，台灣人大多只是執行日人
的意志。既然沒有政治主導權，陳、林兩派和後來的老、少派，沒有足
夠的空間發展為政治集團。

　　林生財在戰後，政治舞台更為寬廣，突破了北斗的區域性，擔任第
一屆彰化縣議員，彰化縣農會理事長，第一、二、三屆臨時省議員。並
因過去開墾土地、興修水利的經歷，出任彰化農田水利會會長。任省議
員時，省主席周至柔相當賞識林生財，要他出面召集台中、彰化、南投
縣市富紳，集資籌備中區合會（今中小企業銀行）。中區合會順利創立，
林出任董事長。林生財的力量在他擔任中區合會董事長時，達到高峰。
於是林生財集政治、農業金融、工商金融權力於一身，為北斗的「老派」
領袖。不過林生財在北斗鎮並非直接參與政治活動，而是扮演贊助者的
角色。[145]

　　當時活躍於北斗政壇或其他重要公職的「老派」人士有楊萬上（三
任鎮長）、卓金水（信用合作社理事、八堡圳水利代表、第三屆鎮長）、

---

145. 林建男（林生財長孫）報導，1995.7.21採訪。

黃簾（第五屆代表會主席）、施水（鎮民代表、第二、三屆代表會主席、四屆縣議員、中區合會理事長）、楊清水（中區合會理事）、陳彩灼（副鎮長、代表會主席、農會總幹事、彰化縣議員）、胡啟祥（四屆代表會主席、一任秘書）、柯福（兩屆農會理事長、五屆鎮民代表），其中卓金水、施水、楊清水號稱「北斗三水」。[146]

　　和「老派」互相抗衡的政治集團是「少派」。「少派」領袖為林伯餘。林伯餘，畢業於台灣總督府醫學專門學校（今台灣大學醫學院），大正十三年（1924）返北斗開設「同春醫院」，兼鹽水港製糖會社醫務室醫生，[147] 由於醫術高明，聲望日隆，社會地位也越來越高。日治時期在政治上已經嶄露頭角，曾任四屆台中州協議員、北斗街實業協長、北斗聯合會長等要職。

　　由於林伯餘和林生財在作為地方頭人的競爭上，兩人因故生隙，加上政治理念不同，於是漸行漸遠，各擁擁其眾，自然而然形成一股集團，林伯餘一派與林生財一派相抗，是謂「少派」（少年派）。

　　活躍於北斗政壇的「少派」人士有林汝直（官派第一任鎮長）、張協銘（第一、二、三屆縣議員，台中縣醫師公會理事）、張廷彬（第四、五屆鎮長）、林如金（第一屆鎮民代表）、許榮聰（鎮長秘書）、陳兆祥（第六屆鎮長）、謝許英（縣議員、省議員、監察委員）、陳廷鐐（第四屆縣議員）、詹石藏（鎮民代表、連任三屆縣議員）。後來「少派」又分出一個次團體，稱「八仙兄弟」。「八仙兄弟」以張廷彬為首，八兄弟為詹石藏、董伯達、楊景榕、許啟俊、黃呈森、張協宏、陳兆祥、李繼樑等。他們都是日本留學回來的知識份子，大家志趣相投，而成為張廷彬鎮長

---

146. 「老派」人士資料，除了當事人胡啟祥報導之外，並綜合當事者後代和鎮公所提供的資料。
147. 台灣新民報社，《台灣人士鑑》，頁226。

的智囊團。[148]

　　就「老派」、和「少派」的組成份子的背景來分析：「老派」主要發跡於土地經營和經商。因土地經營成為鉅富的有林生財、卓金水，經商致富的有柯福（兩岸米穀、蔬菜生意）、施水（油坊、軍用品、錢莊等）、楊萬上（米穀、竹木）。[149]「老派」大致以大地主、富商居多，在日治中期開始累積財富，他們大多沒有傲人的學歷或家世，但能力強，頭腦靈活。

　　「少派」成員大多有良好的身世背景，出身北斗大家族。優渥的環境，使他們有更好的條件接受高等教育或出國留學。在殖民統治下，教育機會不平等，這些北斗的世家子弟，不少人與日本人一樣在小學校讀書，中學到台中一中就讀，畢業後赴日攻讀醫學或法學。即使沒有留學，在台灣的學歷也都高人一等。

　　分析其學歷背景，學醫藥出身的有：林伯餘、張協銘（日本岩手醫專）、謝許英（產婆學校）、詹石藏（韓國京城藥專，今漢城大學）、陳廷鐐（東京醫大）。法學的有：張廷彬（日本中央大學法學士）、陳兆祥（日本早稻田大學法學士）。在台灣或大陸受高等教育的有：林汝直（台灣總督府國語學校）、許榮聰（台中師範學校研究科）、林如金（南京國語師範學校）。

　　就這兩個集團的屬性來講，「老派」相當團結，政治地位是提高其社會階層的的不二法門，所以在競選過程中，表現非常積極。他們一旦選定支持對象，必定盡其所能，給予種種必要的支援。作為「老派」領導者的林生財，政治活動上的開銷十分龐大，其作風海派、豪爽，只要

---

148. 詹石藏報導，1995.7.15採訪；張廷彬報導，1995.7.13採訪。「少派」人士的資料，由當事人或當事人後代提供，並參考北斗鎮公所檔案。

149. 胡啟祥報導，1994.7.27採訪。

「老派」集團中任何人需要幫助，尤其金錢上，往往一揮千金，毫不吝惜。[150]

　　「少派」集團參與政治活動的動機，並不以取得政治地位為最大目的。他們在從政之前，或為醫生，或為教師，通常已有很高的社會地位。他們對經國濟世有一份關懷和理想，雖然出身傳統家族，但是新式教育的背景，使他們較具改革思想。由於「少派」集團成員都是一時俊秀，各有自己的想法，少派領導人和附從者，為平行關係；老派則是上下從屬關係。少派對政治地位也並非勢在必得，所以結構比較鬆散，內部凝聚力不如「老派」集團。

　　「老派」集團和「少派」集團的理念不同，政治上互有競爭，互相激盪，而產生制衡作用。就如最初幾屆鎮長和代表會主席，常分屬不同的集團，對行政措施能充分發揮監督功能。但是兩個集團之間並非完全理性的制衡，也不免有意氣之爭，如果地方首長能利用政治集團的微妙關係，反而可以團結不同陣營，使行政運作更為順暢。[151]

　　「老派」和「少派」在選舉時期，涇渭分明，競爭激烈，但私下交情尚稱良好，並且互有通婚，當彼此意見相持不下時，透過姻親網絡，問題反而能夠迎刃而解。

　　戰後初期的政治生態和今天有很大的不同，從政者的社會地位和聲望固然提高，但是在政治上的金錢支出，遠遠超過薪資所得，其主要原因是，早年政府經濟相當拮据，地方首長或民意代表為了推動行政工作，常常要自掏腰包，幾任公職下來，往往落得兩袖清風。像張廷彬家境原本十分富裕，當完兩任鎮長之後，反而賠盡自己的家產，兩手空空

---

150. 林建男（林生財長孫）報導，1995.7.21採訪。
151. 許榮聰報導，1994.7.28；詹石藏、詹孟士報導，1995.7.15；張廷彬報導，1995.7.13。陳紹勳、陳世偉報導，1995.7.14；林仲荃報導，1995.7.17；鄭德城報導，1995.7.19採訪。

地回圳寮老家，養鵝為生。[152]

「老派」的領袖林生財，除了自己，還要支持集團成員的龐大開銷，過去在土地和商業經營所累積的財富，也因其作為「老派」的掌門人，而日漸耗竭。

直到1970年代，政治集團對地方選舉影響非常大，沒有集團支持幾乎不可能當選。1980年以後，雖然政治集團的色彩還隱約存在，但是選舉成敗與個人形象和政黨運作關係較密切。

三、交通區位的改變與北斗的沒落

日本領台後，基於軍事之需要與南北交通之需求，同時顧及產業運輸與經濟發展等因素，先後敷設聯繫地區間之輕便鐵道以及縱貫鐵道。縱貫鐵道完工通車後不僅加速了南北間交通往來，同時也刺激了地區產業的發展，特別是縱貫鐵道經過之市鎮，由於交通的便利，帶動了市鎮的快速發展。

縱貫鐵路未經過北斗，是北斗發展的最大致命傷。北斗街民認為，當初在規畫鐵路時，由於民眾唯恐鐵路破壞風水而大力反對。民眾的反對聲浪，使鐵路避開北斗，將路線轉向田中、二水、斗六。其實不論就鐵道隊或是總督府鐵道部的原始計畫路線，均未考慮經北斗。從鐵道部台中林內間比較線平面圖來看，濁水溪河道工程困難，鐵道部於明治三十四年（1901）實測嘉義至台中的路線，此一路線的選定主要考慮河川渡涉點、洪水的狀況、工事的難易，與地方的便利與否等諸因素。[153] 而

---

152. 張廷彬報導，1995.7.13採訪。
153. 台灣總督府鐵道部編，《台灣鐵道史》中卷（明治四十三年，1910），頁55-57。

濁水溪於明治三十一年（1898）發生大洪水，主河道回到東螺溪（即今舊濁水溪），河道由北斗南邊而過，鐵道路線若經過北斗，將增加施工之困難。其次，就原測量路線由社頭、田中至二水線較為直接。[154]

明治三十四年（1901）縱貫鐵路通車之後，凡有鐵路經過的地方，因納入全島經濟體系和交通動脈，而逐漸發達起來。明治三十二年（1899）曾調查台灣54處主要街市的戶口，當時台南市有 42,000 餘人，為全台人口最多的城市，依次是大稻埕、艋舺，北斗街排名16，人口5,566人，緊接在滬尾街之後。[155]

北斗為一歷史悠久的街肆，雖然歷經多次水患和民亂，但是以其優越的交通地位，商業非常繁盛，但先是濁水溪下游河道壅塞，商況大受

表 5-2　台灣主要街市一覽表（1899調查）

人口一萬以上者			人口五千至一萬者		
市街	戶數	口數	市街	戶數	口數
台南市街	10,262	42,455	朴仔腳街	1,439	7,887
大稻埕	7,526	31,715	基隆市	1,349	7,026
艋舺	2,720	20,315	東港街	1,220	6,995
鹿港街	3,930	18,215	北港街	1,269	6,911
嘉義市街	4,104	17,139	鹽水港街	1,574	6,487
新竹街	3,265	16,174	鳳山城內	1,656	6,311
宜蘭城內	2,900	12,223	滬尾街	1,198	5,504
彰化街	2,910	12,962	北斗街	875	5,566
			新莊街	1,146	5,415

資料來源：臺灣慣習研究會，《臺灣年表附形勢便覽》（明治三十五年，1902），頁32～34。

---

154. 陳祥雲，《北斗鎮志》〈經濟篇〉，頁518。

155. 台灣慣習研究會，《台灣年表附形勢便覽》（明治三十五年，1902），頁32-34。

表 5-3 日治時期各階段人口調查表

國勢調查	1920 大正九年	1925 大正十四年		1930 昭和五年		1935 昭和十年	
市街地名	人口	人口	增加率	人口	增加率	人口	增加率
台中市	24,605	31,845	29.4 %	41,311	29.7 %	53,553	29.6 %
彰化市	17,367	18,906	8.9 %	22,419	18.6 %	24,821	10.7 %
鹿港街	19,572	20,332	3.8 %	22,179	9.0 %	23,713	6.9 %
員林街	4,471	5,960	33.3 %	7,996	34.1 %	10,038	25.5 %
北斗街	5,327	5,598	5.0 %	6,219	11.0 %	7,159	15.1 %
和美街	3,707	5,031	8.7 %	4,728	17.3 %	5,443	15.1 %
田中庄	3,298	3,946	19.6 %	4,709	19.3 %	5,436	15.4 %
溪州庄	2,705	3,050	12.8 %	4,155	36.2 %	5,100	22.7 %

註：百分比爲當年度與上一次比較所增加之百分比。
資料來源：彰化縣政府，《彰化縣綜合發展計畫》，頁43。

影響，日治時期因縱貫鐵路未經北斗，導致北斗的交通、經濟重要性逐漸降低。雖然北斗不乏製糖會社的鐵路，然其交通網路卻只侷限於地域發展。

　　大正初年，日本以「工業日本，農業台灣」的政策，進行殖民地農業經濟發展。台灣的稻米和蔗糖是最重要的輸日農產品。稻作原本就是台灣的主要農業，糖業則在日方積極鼓勵下急速成長。在交通的建設、產業政策的推動下，街庄經濟體質開始轉變。北斗郡的製糖中心，溪湖

（明治製糖）、二林（源成）、溪州（鹽水港）人口顯著增加，溪湖、二林並由庄升格為街。北斗蔗作面積雖然增加，仍不能和其他農業聚落相比，也沒有新式製糖業。

大正二年（1913）到昭和二年（1929）之間，為台灣鳳梨事業發展的年代，鳳梨栽培原先集中在南部高雄一帶，昭和八年（1933），鳳梨凋萎病蔓延南部產區，中部轉而取代為鳳梨產業中心，其中以員林最為重要。[156]

除了農業，罐頭食品加工業也在昭和六年（1931）左右逐漸發達，與製糖業鼎足而立。罐頭食品以鳳梨為大宗，而員林是鳳梨罐頭製造最盛的地方，除了鳳梨罐頭、蜜餞加工業在全台也居領導地位。在輕工業方面，彰化平原的和美，則從原來的老街肆，逐漸發展出以抽紗、紡紗、棉打直的紡織工業中心，而在日治末期由庄升格為街。[157]

上述各項的新產業發展中，北斗除了製繩業和牛車製造以外，並沒有跟上這股發展的潮流，而漸有被其他街肆超越的趨勢，和北斗互呈消長最明顯的是員林。

明治末年北斗為全台排名第十六的都市，員林還籍籍無名。大正九年（1920）的人口調查，北斗人口數5,327，員林4,471，在台中州各市街中，緊跟在北斗之後；大正十四年（1925），北斗被員林超越；昭和五年（1930），彰化地區的老市街和新興街庄相比，鹿港街人口增長最慢，其次便是北斗街。根據以下日治時期各階段的人口調查，可以看出中部地區都市發展的情形。

員林之所以急遽發展，是因為不但有縱貫鐵路經過，而且鳳梨生產、鳳梨罐頭製造、蜜餞製造在全台又都名列前茅。交通運輸與產業的

---

156. 彰化縣政府，《彰化縣綜合發展計畫》，頁33-36。
157. 彰化縣政府，《彰化縣綜合發展計畫》，頁43。

結合，是日治中期以後，都市發展的必要因素。清末不少河港都市，因水道淤淺，縱貫鐵路不經過，新式產業不發達而趨於沒落，鹿港和北斗都是最明顯的例子，北斗由南部至北部的交通要道，退居區域性行政中心。

　　若是把北斗——鹿港的關係，放到整個台灣的空間來看，可以觀察到清中葉以後，做為兩岸生產分工，與商品轉運、交換樞紐的地位，已經因為港口淤積而喪失，連帶使彰化做為台灣中部地區的政治、文教中心的重要性，也隨著鹿港的衰微而降低。因此，光緒十四年（1888）台灣建省以後，劉銘傳不採仕紳的建議，放棄鹿港而選擇「橋孜圖」（今台中市）為省會，認為橋孜圖「控制全台，實堪建立省會」[158]，雖然這個建城計畫因為劉銘傳的去職而停頓，後來省城並改移至台北，彰化的重要性被台中取代是不爭的事實。

　　日治時期，北部為全台的政治經濟中心，中部則以台中為行政樞紐，北斗原本位於台南、彰化，兩大政治要地之中的區位跟著轉變。以中部整個空間關係來觀察，彰化在日治時期，退居台中的衛星城市。鹿港的沒落已經使北斗步向衰微，彰化的政治地位被取代，使北斗的重要性益形降低，曾經是彰化縣城端南端第一要津的地理區位，終於成為歷史。日治時期，製糖、農產加工為產業特色的的街庄，經濟力逐漸趕上，甚至超越北斗，但是北斗至少還維持北斗郡行政中心的地位。戰後，北斗郡改為北斗區署，1950年旋即取消區署制，過去轄區內的八鄉鎮，直屬彰化縣，因而又喪失其行政機能。

　　對台灣南北交通具有關鍵性的中山高速高路，在1978年開通，亦只由北斗西面的埤頭鄉埔尾經過，未設有交流道，儘管北斗還有縱貫公路

---

158. 許雪姬，《滿大人最後的二十年》（台北：自立晚報出版部，1993），頁63-64。

作為交通幹道，但是北斗已再度被新連結成的交通網絡邊緣化，使其位置遠不如溪湖，對於北斗經濟發展影響甚大。

1970年代台灣經濟轉型，工商業急遽發展的階段，北斗並沒有能擠身於新的產業浪潮中，反因農業的日趨沒落，傳統的製繩、製油、製粉業也隨之衰微，曾經是台灣三大牛墟之一的「北斗牛墟」，也在1992年走入結束經營。[159] 北斗從1979年籌設工業區，卻幾經轉手，開發不順，直到1989年才開始營運，初期不少工廠未遷入，直到1990年代乃勉強達到規劃的目標，基本原因還是在腹地過小及交通，以致企業界在北斗投資建廠，態度多所保留。

根據中山高速公路建設前後各分區產業聚集變化分類，北斗於高速公路建設前（1972-1978），產業型態屬一級產業（農林牧業），但區位屬條件有利之地區；建設後（1979-1980）產業型態屬二級（工業製造）、三級產業（商業及服務業），但區位屬條件不利之地區。[160] 可見高速公路未經北斗，相當不利於地區的發展。2002年中山高增設「北斗交流道」，是否能讓北斗重燃生機，仍有待觀察。

近年國民休憩、旅遊風氣日盛，北斗居民在1997年第一次有公共綠地──「北斗河濱公園」。北斗認清本身主觀、客觀條件的優、缺點，不再一味追求工業、產業發展，開始重視過去的文化資產。地方人士醞釀多年，終於在2002年成立「寶斗文化史料研究學會」，除了從事地方文史工作，也做為民間與政府之間的管道，提供在地的意見供官方參考，

---

159. 台灣三大牛墟分別為北斗、雲林縣北港、台南縣善化鎮。1980年代，北斗牛墟已漸趨式微，鎮民儘管想留住這個具有鄉土特色的畜牛市場，終究不能挽回。詳見張素玢，《北斗鎮志》〈開發篇〉，頁154-156。

160. 交通部運輸研究所，《台灣地區西部走廊高速運輸系統對區域發展影響之研究技術報告》（台北：交通部運輸研究所，1994），頁5-7。

並積極參與地方文化規劃或建設。[161] 在鎮公所與地方人士的努力下，北斗未來也將朝向「活化文史風貌」、「重整市街產業」、「再造古街魅力」、「提升環境品質」等四個目標，進行整體規劃，未來寶斗大街的塑造將以維護居民的「集體記憶」為前提，展現歷史空間，成為兼具現代商業機能與地方特色的風貌。[162] 北斗的歷史風華沈寂了半世紀以後，終於成為鎮民珍惜的文化資產。

小結

　　北斗位於濁水溪沖積扇靠近扇央的區域，因為曾是先住民東螺社的生活空間，所以舊稱「東螺街」。1720年代，中部的水利水利興築完成，中部，尤其彰化平原成為台灣拓墾重地，墾民大量北移。在清代既是南北津渡，又是東西水陸要道的北斗，可說四達之衝，位置居中，也在這一波的拓墾熱潮中，以其優越的地理區位，奠下發展的基礎。然而，水流交錯地理環境，和人群混居社會，卻是北斗潛伏的危機。北斗就在自然的挑戰和人文的錯縱複雜的環境下，展開極其豐富而多樣化的歷史風貌。

　　北斗從東螺街時期的閩粵合墾，到遷街北斗的漳泉分居、奠安宮分廟，此過程的族群分合，可視為台灣拓墾史的縮影。特別的是，儘管多次分類械鬥曾禍及北斗，但是遷街時，並沒有發生流血衝突，和台灣其

---

161. 鎮公所有關寶斗大街、文史步道的規劃，皆徵詢文史學會之意見，進行設計。「寶斗文史學會」會長柯鴻基報導，2004.2.28採訪。
162. 《北斗鎮寶斗觀光文史步道規劃設計及監造》案，北斗鎮公所提供（2004），頁5-7、4-2。

他遷移的市街很不相同。究其原因，地方的領導階層，一開始就有步驟地進行街市規劃，進行公共建設，對地方公共事務起了倡導作用，對地方治安也是一股穩定的力量。

這種厚植於社會經濟基礎，孕育出來的社會菁英，在北斗歷史發展的不同時期，都具有關鍵性的地位。日治時期，這些菁英帶領彰化南區的民眾，結合在全台灣政治社會運動的風潮中，對日本的殖民統治提出異議。戰後，地方菁英再結為政治集團，使其政經影響力突破區域性範圍。

如此一個人文薈萃、市況繁盛的北斗，為何日漸衰微？就商業機能來說，依附在鹿港經濟圈的北斗，十九世紀中葉以後，卻也因鹿港的沒落而逐漸衰微。日治時期，鐵路未經北斗，而被摒於交通網結之外，喪失快速發展的契機。1978年高速公路開通後，北斗沒有交流道，另一次發展的契機又擦身而過，小商業中心兼農產品集散地的機能，也逐漸喪失。

其次，在行政機能上，北斗曾是日治時期北斗郡行政中心，光復之初，也是北斗區署所在地，廢區署制以後，遂成為彰化縣的小鎮。在客觀條件上，北斗由於行政區過小，空間有限，工商業發遲緩，不但無法吸引外來投資，本地人口也嚴重外流，再也無法像清代、日治時期一樣，由地方菁英帶領出興盛的氣象。清代曾經號稱「一府、二鹿、三艋舺、四北斗」的繁華市況，已淡入歷史中。

北斗沈寂了半個多世紀以後，近年逐漸認識到文化的重要，終於從深厚的歷史資產中，找回新生的力量。

第六章 **二林**

6

社 會 力 的 展 現

二林別草湖的綠色隧道（防風林）：84.4.7. 張素玢 攝

　　二林位於台灣中部，是彰化縣西南區的中心鄉鎮，土地面積達92.85平方公里，是彰化縣幅員最廣的行政區。地當舊濁水溪下游與魚寮溪之間之濁水溪沖積扇上，地勢平坦，地形完整，以前為平埔族二林社(Gielim)活動的地區。康熙末年間，漢人開始入墾。

　　位於濁水溪沖積扇外緣的二林地區，受限於地理因素，原有的農業環境並不理想，季風強烈，水患頻仍，沙害與水害，使遼闊的土地，可堪利用的面積大大受限。日治時期，殖民政府進行一連串改善農業的具體措施後，這種情況開始轉變，大片面積的荒野成為可耕地，使本土和日方資本家在這塊土地一競長短，最後成為日本製糖會社三分天下的局面。

　　除了本土與外來資本進入二林以外，基於土地投資與政治考量，各方移民也引入二林，包括客家、日本農民，使得這塊土地人文生態也因自然環境而改變。生長於斯的農民，在政策與經濟利益的交互作用下，成為糖業政策的犧牲者。值得重視的是，這些農民對政治、經濟的不平待遇，爆發「二林蔗農事件」，使二林成為日治時期農民運動的橋頭堡。

　　戰後，伴隨不同時期國際、國內市場的需求，二林以其土地廣潤的優勢，從事各種經濟作物栽培，其中最耀眼的莫過於「釀酒葡萄」的栽種。與公賣局契作的「釀酒葡萄」為農民帶來財富，卻成為公賣局的一大包袱。日後就因兩造的利益考量不同而衝突不斷，終而上演「二林葡農事件」。

　　以長時間、跨時代來觀察，日治時期與戰後的農民運動，「二林」都是重要的場域，「二林蔗農事件」與「二林葡農事件」皆為農民抗爭的里程碑。從1920到1990年代之間，二林的農民抗爭次數為全台之冠，時人或謂「民風強悍」，二林人則稱「純屬偶然」，本文將推翻這種刻板印象與模糊的說法，並解釋農民抗爭的頻仍有其必然因素。到底二林的

自然與農業環境,塑造出何種地域社會與農業型態?這種農業經濟,使農民的性格產生怎樣的轉變而勇於對抗阻力?

　　本章將透過歷史事實的觀察,瞭解二林農業環境與土地利用的變遷,探討二林地區由傳統走向商品化過程中,小農與私人資本、國家資本經濟的互動與衝突,並進一步闡述地域與社會力形成的關係,藉以提供農民運動的另一種歷史解釋。

第一節　二林的自然環境與變遷

　　自然地理環境形構人類生存的空間,是影響人類社會演進的重要因素。生於「風頭水尾」的二林人在自然的挑戰下,必需不斷適應、改造環境,才能永續發展下來,也逐漸形成強悍、堅韌的性格。要探討二林的「人」與「事」,就必須先從歷史發展的舞台——自然環境談起。

一、 自然環境

　　二林鎮位於彰化縣西南濱海地區,地當舊濁水溪下游與魚寮溪之間的濁水溪沖積扇上。濁水溪沖積扇的範圍廣及彰化縣、雲林縣,而位在彰化縣部分的濁水溪扇洲,北以鹿港溪為界,南以濁水溪為界,西至台灣海峽,東至八卦山脈,涵蓋了彰化的南半部。二林在沖積扇之上,無論地質、地形都受其影響。

　　濁水溪沖積扇面積廣達1,339平方公里,高度約在海平面至海拔40公尺之間,在這個平原區域,分布許多屬於濁水溪水系的大小河川,除一般的排水溝及灌溉溝渠外,自北而南分別為:鹿港溪、舊濁水溪、二林

溪、魚寮溪等。濁水溪的主流，發源於雪山山脈的南段，由於其發源地區屬於極易風化的板岩、黏板岩地質區，因此，河道中富含大量懸移物質。濁水溪在鼻子頭隘口以下，坡度較陡，經二水橋後，由於流幅變廣，坡度變緩，河道中搬運的物質便依粒徑的大小向四方堆積，粒徑大的物質首先堆積，而粒徑小的物質則漸次堆

圖 6-1　濁水溪沖積扇圖

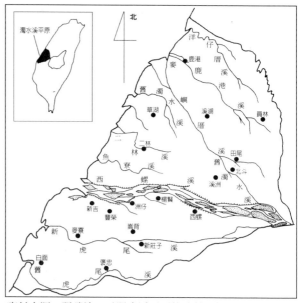

資料來源：張瑞津，〈濁水溪平原的地勢分析與地形變遷〉，《地理研究報告》11(1985)，頁219。

積於扇緣部分。由於能量驟減以及流量的改變，使得濁水溪的大、小主支流經常改道，甚至沖積物覆蓋於西部隆起海岸平原之上，使得沖積扇的地質十分複雜。二林位於沖積扇的扇央接近扇端地帶，地形特徵有下列幾點。1.高度不大。2.地勢平坦。3.沙丘地形發達。[1]

　　二林沙丘發達的原因主要為：

　　　　1.沖積扇地層膠結度較差。

　　　　2.秋冬季風強雨少。

---

1. 林朝棨，《台灣地形》《台灣省通志稿地理篇》卷一〈土地志〉（台北：台灣省文獻委員會，1957），頁355。

3.曾為海岸地帶，強風和海水作用下，利於形成沙丘。

4.濁水溪含沙量大，堆積迅速，沙源供應豐富。

5.濁水溪的主流舊濁水溪（亦稱東螺溪），在清代至日治初期通過本區。[2]

　　沙丘的發達是阻礙農業發展的因素之一。

　　另一個影響二林的地理因素為河道變遷。本區位於濁水溪沖積扇扇端部分，沖積扇上的河流特徵是：1.分流、網流發達。2.河道淺且多伏流和失尾河。3.流路變遷無常，每一次大水就改變。因此，清代以來的記載，濁水溪沖積扇的河流一直沒有固定在某一條分流。[3]

　　舊濁水溪在明治三十七年（1904）出版的台灣堡圖尚稱為濁水溪，由二水流向西北，於鹿港和芳苑鄉漢寶之間出海，與西螺溪同為當時濁水溪下游的主流。埤頭以上，網流非常發達，埔鹽鄉石埤以下發生分流，北支流由鹿港西側粘厝村北方入海稱為台灣溝，南方分流至王功北面漢寶入海，南北二河口相距約八公里，而以南支流為主，北支流為次。至昭和元年（1926），扇端附近的網流，因主流導向西螺溪，水量變小，河中沙丘堆積，下游分流發生變化，北分流流路未變，但又分成分流，成為麥嶼厝溪，南支流仍稱舊濁水溪。

　　綜觀濁水溪平原河流的變遷，早期由於河道堆積旺盛，河床逐漸淤高，一遇洪水自然往低處流，流路發生改變。後期因人工築堤、束水、截水、鑿圳而使河道發生變化，而濁水溪北岸流量減少，河中沙洲漸小。同時沖積平原上的沙丘亦因沙源減小而消失。[4]　這種變動不居的河

---

2. 陳美鈴，《二林鎮志》〈自然環境〉（二林：二林鎮公所，2000），頁77-78。

3. 陳美鈴，《二林鎮志》〈自然環境〉，頁74-75。

4. 林俊全，《芳苑鄉志》〈地理篇〉（芳苑：芳苑鄉公所，1997），頁62-63。

流性格，不但威脅民眾的身家性命，也是農耕墾殖的一大障礙，所以二
林地區的農業發展，一直到二十世紀初仍然遲滯不前。二林的自然地理
形勢，到了日治時期，因殖民政府的積極改善，農業環境而有了重大改
變。

二、農業環境的改變

　　二林在農業環境上的兩個不利因素，一為沙害，一為水害，兩者都
與舊濁水溪密切相關。因舊濁水溪的沙源十分豐盛，河床的淤沙受東北
季風吹運，於下游南岸形成範圍相當廣大的沙丘，即萬興、舊趙甲、萬
合一帶。此區夏季乾燥炎熱，冬季強風凜烈，沙丘隨風移動，鹽分又
重，最不利植物生長，也幾乎是不毛之地。入冬後的九降風，使居民飽
受風沙之苦，外出不便。

　　濁水溪自古水患頻仍，光緒六年（1880）濁水溪幹流東螺、虎尾、
西螺溪皆氾濫，溪岸破損，水圳壅塞。其後幾次水災，水圳全失灌溉之
利，加上溪灘擴散，溪底河沙飛散四方，溪岸處處出現沙丘。光緒十八
年（1892）的大洪水，飛沙之危害益甚，村落埋沒，人民離散，廢村達
四十多處，沙害地區任其荒廢，面積並有逐年增加之勢。[5] 入秋之後動輒
飛沙蔽天，殆難通行，田園1,300餘甲埋沒沙底。彰化廳二林下堡（今彰
化縣二林鎮、芳苑鄉、埤頭鄉之一部份）、深耕堡（今彰化縣竹塘、大城
鄉全部，二林鎮、芳苑鄉一部份）是沙害最嚴重的地區，約有23庄的居
民為此遷居他處。[6]

　　日治時期，殖民政府致力於農業的振興，積極改善台灣的農業環

5.《台灣日日新報》，第1628號，明治三十六年十月二日。
6.《台灣日日新報》，第2012號，明治三十八年一月十八日。

圖 6-2　二林鎮沙丘分布圖（1926）

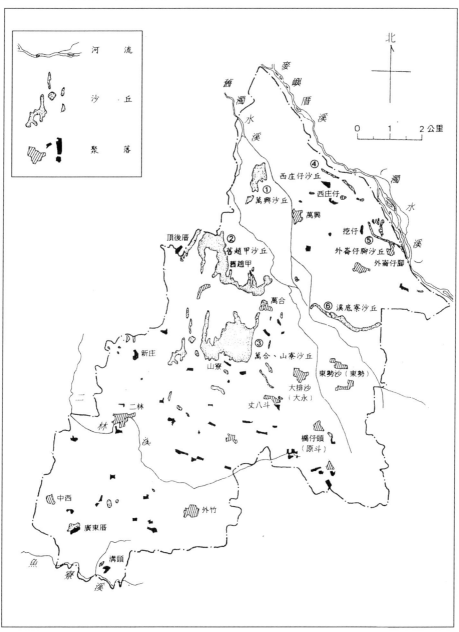

資料來源：取自《二林鎮志》〈自然環境〉，頁 78。

境，二林農業開始有了轉機。有鑑於沙害之嚴重，日本政府從明治三十三年（1900）分二期開始進行防沙工事，工程面積約4000甲[7]。同年防風林工事開始進行，使舊日的二林上堡、二林下堡（今萬興、草湖一帶）面積約2500甲的沙丘地得到屏障。此後不斷補植維護，至大正初年，這項工程以近一千甲的防風林，屏障4,000甲沙丘地，於是開始有稻作、甘蔗、甘藷及其他五穀雜糧收成。昭和四年（1929）開始，台灣總督府又鼓勵耕地種植防風林，昭和八年到十七年（1933-1942）更投入大量人力義務勞動，實施效果相當顯著，海岸係已全部綠化，[8]不但有效地擋住風沙，農業生產率、土地利用，均大大提高。再則針對濁水溪水患而進行濁水溪護岸工程，大正九年（1920）三月完工[9]。濁水溪回復正道，舊濁水溪溪底於焉浮現，計得浮復地3,591甲多[10]。

　　水害、沙害既已相繼消除，發展農業首要之務便是水利建設。二林原有的主要水利設施為蒞仔埤圳。蒞仔埤圳為清乾隆年間鹿港人陳四芳所築，灌溉面積1,200甲，設備不甚完整。明治四十年（1907）日本官方以埤圳水租、賃金、地方稅、埤圳補助費等進行改修工程。蒞仔埤圳下游區域，由於排水不良，雨水容易停滯，於是亦開鑿一排水路[11]。水利建設使原本農業利用價值不高的土地，具備了初步的生產條件，吸引私人資本家在此經營農場，促成農業進一步發展。

三、土地利用的變遷

---

7. 台中廳庶務課，《台中廳管內概要》（1919），頁178-180。

8. 台中州役所，《台中州概觀》（台中：台中州役所，1939），頁62-63。

9. 台灣總督府內務府土木課，《土木事業概要》（1940），頁29-31。

10. 台中州役所，《台中州管內概況及事務概要》（1936），頁398。

11. 台中州役所，《台中州管內概況及事務概要》（1930）。

　　清領初期的二林，仍是平埔族二林社漁獵燒墾的狀態，土地尚未大量開發。此後隨著漢人不斷移入墾荒開圳，原始的景觀逐漸改變，代之以農耕栽培。

　　十八世紀中葉的清代方志《重修福建台灣府志》（1741），二林地區已經出現三林港街、火燒厝庄、八人庄、過溝仔、大排沙、丈八堵、土礱厝、蘆竹塘、犁頭厝庄等八個主要聚落。[12] 到1832年《彰化縣志》中的記載，二林地區除了原有的街庄外，還有另外三十個庄名，[13] 所以最慢在十九世紀中葉，二林地區可耕地已經開發完成。

　　清代二林地區的農業狀態，耕地有限，以旱田為主，分佈甚廣的沙丘則為荒地、裸地，僅有東南邊緣地帶有少數水田。日治初期，中部臨海地區推動防沙與造林工作，大大改善了二林地區歷史性的自然災害[14]。一般平坦的地方多利用為旱田，以種植甘蔗、甘藷和花生為主。但臨溪的東部、南部，由於水源條件較優，有源自濁水溪的圳渠分布，為水田分布區，以栽培二期稻作為主。

　　二林的土地利用，在最近的一百年內，變化相當大，學者賴志彰曾根據不同時期測繪的地圖估算土地的利用。明治三十一年（1898）東螺溪氾濫改道之前，從台灣第一套五萬分之一實測圖〈台灣五萬分之一圖嘉義第九號〉，二林鎮祇有三個地方是水稻田作區，最大的一區在東北邊，即大突溪（東螺溪）東岸，塗仔崙以北，萬興庄、西庄以東地區；另兩塊相當小，是為塗人厝庄、外蘆竹塘、番仔田庄所圍繞的狹長地

---

12. 劉良璧，《重修福建台灣府志》，卷五城池，頁80。

13. 周璽，《彰化縣志》，〈卷二規制志〉，頁40-42、47、50-51。

14. 洪寶昆在《北斗郡大觀》一書中，曾描寫到沙害之狀況，「每當冬季東北季風盛，沙丘便由北向南移動，形成漫天飛砂的景觀。一夕之間耕地，穿圍潰埂，危害甚大。受風吹沙所害，完全無法耕種，而荒置成原野之面積，在二林沙山兩庄，計達數千甲之廣。」

圖 6-3　二林鎮日治初期之土地利用　（1907）

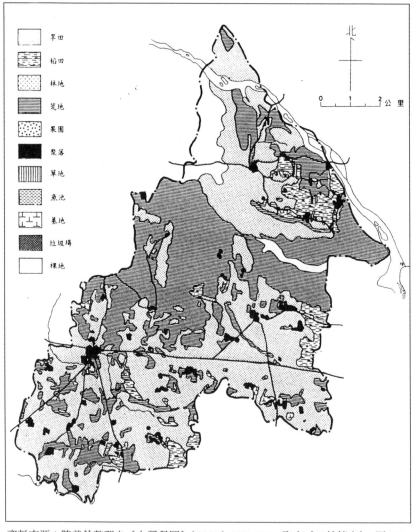

資料來源：陳美鈴整理自《台灣堡圖》（1907）1/20,000，取自《二林鎮志》，頁133。
說　　明：注意比較兩圖可發現右圖荒地大幅減少，並成為旱田，南區水田增加甚多。

圖6-4　二林鎮日治初期之土地利用（1926）

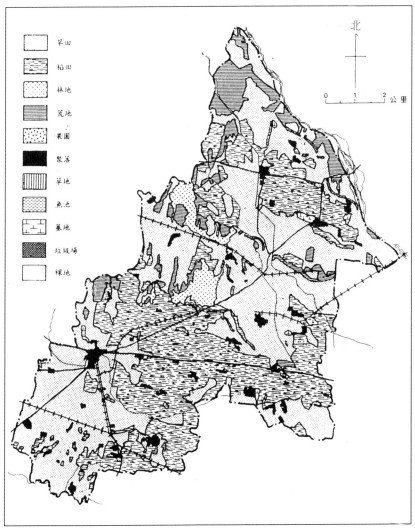

資料來源：陳美鈴整理自陸地測量部，《二萬五千分之一地形圖》（大正十五年，
　　　　　1926），取自《二林鎮志》，頁135。

域，與大排沙、橋仔頭庄以東，青埔庄周側、礔碯庄南邊，往南延伸的
地區。換言之，整個二林街的水田區所佔土地面積，不到全部土地總面
積的16%。

　　依據明治三十七年（1904）第二套二萬分之一實測圖〈台灣堡圖〉，
東螺溪（舊濁水溪）已經改道，然水稻田面積卻不見增長，反而減少。
原二林鎮東北邊最大塊的水田區，因東螺溪的改道，而往外崙仔腳、打
銅庄、西庄東北方向移開，地質的改變，使許多水田消失，反而增加不
少沙地。整個二林鎮的水田，剩下不到10%，其餘不是沙地，即是荒
地，可見1898年的戊戌水災影響之大。

　　就大正十四年（1925）第三套二萬五千分之一實測圖〈軍部圖〉來
看，水稻田作區則明顯的增長，此與莿仔埤圳的開發關係密切。二林市
街北邊，與東邊的廣大區域，皆涵蓋在莿仔埤圳的灌溉區內，所以都是
水稻田區。在舊濁水溪河道附近，大部分為荒地；萬興以西大部分地區
也為荒地，祇有舊趙甲北邊與南邊的狹長地帶，尤其是北邊一直延伸到
頂王功寮，東邊到萬興之間，有水稻田分布。二林西邊與南邊的廣大地
區，也都是荒地，尤其是南邊，在犁頭厝西邊500公尺以西、以南，番仔
田以西之區域，幾乎全未開發。而舊濁水溪（或稱麥嶼厝溪）西南側
（即在西庄仔北邊、挖仔與外崙仔腳東北邊），與舊趙甲往北，一直到頂
王功寮，再往西，全為沙質土壤。舊趙甲南邊500公尺再往南，以及萬合
西南邊，一直到山寮北邊，也有大片的沙質土壤。溪底寮往西一直到萬

---

15. 以上從地圖推論土地利用的文字敘述，為賴志彰根據明治三十年(1897)日本陸軍測量部二
　　十萬分之一輯製圖「嘉義圖幅」，臨時台灣土地測量局的二萬分之一堡圖「二林圖幅」，明
　　治三十七年(1904)臨時台灣土地測量局的二萬分之一堡圖「二林圖幅」，大正十四年（1925）
　　第三套二萬五千分之一實測圖〈軍部圖〉，進一步詳細計算土地面積所得。參見《二林鎮
　　志》〈建設篇〉，頁163-164。

合東邊，也有一狹長帶狀沙質土壤。至於大排沙附近，丈八斗北邊、東邊皆有待開發。[15]

在官方確立糖業政策後，二林廣闊的土地成為資本家擴張版圖，建立私營農場的空間。除了經濟利益的追求，本島與日方資本家也暗中較勁，殖民政府利用其政治上的優勢，策略性地扶持日方資本買收土地、兼併本島私營農場，最後連台灣大財閥林本源家族與鹿港辜家，皆不敵日方資本一一退出，使二林地區的糖業版圖，完全成為日方資本所分據。

第二節 私營農場與二林的地區發展

一、私營農場的建立

農業環境改善，未墾土地遼闊，加上總督府的獎勵，二十世紀初期的二林，成為私人資本家角逐的場域，農場紛紛設立。例如濁水溪西岸沙丘起伏的荒涼之地大排沙（今二林大永里與東勢里一部份），有陳梓成前來設立大排沙製糖會社。[16] 距離二林街區東北方約一公里處的山寮仔（今二林鎮豐田里），本為多風的沙崙地，設有「大豐拓殖株式會社」。最早在二林開發的本島資本家為辜顯榮，他在明治三十五年（1902）以資金八萬圓開墾二林荒地，大正五年（1916）竣工，另外又投資九十萬圓鋪設二林經鹿港到員林的輕便鐵道[17]；今天的二林農場中西耕區（二林中

---

16. 陳梓成為二林大排沙人，以經營米穀起家，輸至大陸獲利甚多，繼而經營新式製糖場，廣購土地開墾。參考遠滕克己，《人文薈萃》。
17. 北斗郡役所，《北斗郡概況》（台北；台灣新民報社，1937），頁71。

表 6-1 二林地區農場所有權變遷一覽表

今日農場名稱	土地面積/公頃	日治時期農場所有權變遷
台糖公司萬興農場	605.96	明治製糖會社
台糖公司舊趙甲農場	308.46	明治製糖會社
台糖公司大排沙農場	610.90	陳梓成大排沙製糖 →辜顯榮 →明治製糖會社
台糖二林農場中西耕區	119.90	辜顯榮 →鹽水港製糖會社
台糖公司二林農場	283.33	耕雲拓殖株式 →辜顯榮 →鹽水港製糖會社
山寮農場（後改稱二林農場）		大豐拓殖 →辜顯榮 →鹽水港製糖會社
總面積	1928.55公頃	

資料來源：1.二林地政事務所，《土地台帳》。
　　　　　2.台糖公司萬興、舊趙甲、大排沙、二林農場提供。
　　　　　3.台灣總督府殖產局，《台灣總督府糖務年報》（1913-1920）。

西里）日治時期亦為辜顯榮所有[18]。大正元年（1912）以後，辜顯榮族系陸續接手大排沙製糖、耕雲拓殖株式會社[19]、大豐拓殖[20]。在大正九年（1920）之後，辜顯榮族系所有的農場、製糖工廠，又分別被明治製糖、鹽水港製糖會社合併[21]，戰後這些製糖會社的土地轉為台糖所有。（見表6-1）

二、 辜顯榮農場與二林新聚落的形成

辜顯榮所經營的農場雖然不是二林地區面積最廣的，但它是除了源

---

18. 辜顯榮翁傳記編纂會，《辜顯榮翁傳》（台北：台灣新民報社，1939），頁592。
19. 耕雲拓殖株式會社由曾任二林庄長的林爐擔任取締役，林爐卸任庄長後，專事殖產，從事土地投資買賣。
20. 有關山寮、二林、大排沙、中西、萬興、舊趙甲等農場土地歸屬，查閱自二林地政事務所《土地台帳》。
21. 見明治製糖會社，《明治製糖會社三十年史》（東京：明治製糖株式會社東京事務所，1936）。

成農場以外，最早進入二林的私營農場，地段位於二林山寮（今豐田里）。

　　山寮原為面積遼闊的帶狀山丘，範圍大約從今天的二溪路以東，沿山寮庄綿延至金瓜寮附近。除了沙丘背面曾有小型聚落以外，多為荒地。辜顯榮大約從二十世紀初，陸續購入土地，打算開墾為農場。土地原所有者以洪姓為多，另外則向國庫購入，到大正十一年（1922）這些土地從辜顯榮個人名下轉由大豐拓殖（亦為鹿港辜家產業）經營，[22] 大豐拓殖株式會社成立於大正十一年二月十五日，以土地買賣、開墾、造林……等，[23] 經營內容比農場更多角化，但二林人仍慣稱該地為「辜顯榮農場」。

　　辜氏廣招農民佃耕，四方貧農甚至當時新竹、苗栗的客家人也因農場的優惠條件而入墾農場。辜氏提供每戶佃農三間竹管厝和耕作所需化學肥料的一半。當時每分地年收穫約200斤稻谷，佃農與地主五五分帳。[24] 雖然農場的土地所有權幾經轉移，當初從外地或周緣被招募來的農民，後來便在當地（山寮，豐田里）落戶，形成幾個小型聚落，這些聚落多以當初入墾的戶數而得名，例如十三戶仔、四戶仔、十一戶仔。

　　另外也有以佃農的族別得名，如客人庄（沙崙庄五十二番）散居於豐田里東北角之零散住戶之泛稱，是二林面積最大、居民最零散的村落，也是二林早期客籍人士入墾辜氏農場的典型聚落。當年為了便於耕作，佃農各自在耕地中央築屋而居，呈散村面貌。客人庄因多數為客籍人士而得名，又因日治時期屬第五十二番地號，也因住戶多沿沙丘之南而居，故也稱「沙崙腳」。主要住民彭家於明治四十一年（1908）由苗栗

---

22. 整理自二林地政事務所，二林《土地台帳》五十七冊，大城《土地台帳》三十八冊。
23. 參見岩村一哉編，《台灣會社便覽》（台北：新高興信所，大正十一年）。
24. 今天在文獻尚無法得知辜顯榮農場給予佃農的詳細條件，此資料為李坤北田野訪談所得。

頭屋遷入二林現址，拓墾辜顯榮的土地。

另外還有「濁水膏堀仔」。最早入墾者為徐一添，於大正初由今桃園平鎮南徙，定居於塗仔崙（今梅芳里），墾殖辜顯榮農場。一年後因水源不足而放棄已盈尺之苗，由農場補貼50圓後，徐氏攜子遷徙至今址，並以辜氏補貼的50圓購得四分多地屯墾，其他住戶亦逐漸聚集而成村落。[25]

三、源成農場與二林的地區發展

明治四十一年（1908）三五公司源成農場在總督府協助下強行征購土地近2,026甲，隔年開始招募移民。源成農場所收購、套購的土地分佈在台中廳深耕堡及二林下堡（今二林、竹塘、埤頭交界區），共七個地段：丈八斗（今二林西斗、原斗里）、礩碡（今二林復豐里）、後厝（今後厝里）、犁頭厝（今二林東興里）、五庄仔（今竹塘鄉五庄村）、面前厝（今竹塘鄉小西村、民靖村）、大湖厝（今埤頭鄉大湖村）等七處，以礩碡為中心。招募的人民共462戶，包括日人、客籍、閩人。其中日本移民最早（1908），由岐阜縣移來82人，後來又陸續移入新潟、熊本、福岡縣等處移民，共127戶。客籍移民來自桃園、新竹地區，共270戶。閩人共15戶，來自附近村落。[26]

源成農場最初經營一般農耕，後來逐漸轉向蔗作，明治四十四年（1911）成立愛久澤製糖廠，到昭和九年（1934），由改良糖廠變更為新

---

25. 以上有關二林聚落、小地名沿革的資料，為李坤北訪問耆老所得。參考《二林鎮志》〈開拓史〉。
26. 《台中廳行政事務並管內概況報告書》（1918），頁66-67，此處的日本移民戶數與總督府編的《台灣に於ける母國人農業植民》不同，後書記為123戶。

式製糖廠。[27] 源成農場是二林地區第一家設立的日方資本企業，由明治三十五（1902）至昭和二十年（1945）共三十六年。其移植日本農民計畫，雖然十分短暫而且失敗，但是不管在土地的取得、移民的引入、農作的經營、水圳的開發等，對二林的地區發展卻有相當影響。

源成農場事務所　翻拍自洪寶昆《北斗郡大觀》。

（一）人口結構與社會結構之改變

　　源成農場取得土地近兩千多甲，為強徵土地曾設立臨時地政事務所。其時一甲地僅以40圓收購，原有地主在喪失土地所有權之下，一部份淪為佃農，一部份遷到南部擇地謀生。[28] 另一方面日方為開發土地，引進日、客、閩三類移民，並有日籍農場職員、技工逐年遷入，使二林地區原本以閩人為主的人口結構產生新的組合。

　　農場對日本移民的待遇為：

　　（1）從原居地到農場的旅費，由農場支付。

　　（2）房舍及宅地菜園無息貸與。

　　（3）貸與家具、農具、種子、肥料費。

　　（4）貸與一定期間的食糧。

---

27. 台灣總督府殖產局特產課編，《台灣糖業統計》（1934），頁10。

28. 有關源成農場日本移民狀況，《台中廳管內概要》略有述及，其他檔案內容都類似，可能是時間太短，無法建立更詳盡的資料。

（5）以上的貸款金額，從移入隔年起，分四年由移民的年收入中扣除。

（6）移民村設立醫療所，配有醫生負責診療及相關衛生問題。醫療所內有病房收容重病者，治療費、藥價依實際金額收取。

（7）農場用於房舍的建築費用，由政府負擔；另以彰化小學校分教場提供移民子弟教育。

　　以上條件的確吸引不少日本移民前來，這批最早來到台灣的日本移民，乃通過審核而選上。雖然當初雄心萬丈，把台灣視為夢土，抱著理想渡海來台，沒想到眼前盡是荒野一片，地表的鹽分猶如初雪，入冬後季風凜烈。在這種環境下從事農耕收成無望，原來的夢想似乎成了空想，於是移民喧囂不平，怨氣沖天，紛紛求去。到明治四十四年（1911）大部份的日本移民都解約離開，至大正七年（1918）僅存12戶。其中一部份轉到同為三五公司所有，位於阿猴廳下的南隆農場。[29]而這些移民到了南隆農場處境也相去不遠，源成農場移殖日本農民的初次嘗試可說完全失敗。

　　大部份日籍農業移民在明治四十四年（1911）左右離去，日籍職員、技術人員則漸增，由日治時期戶籍登記簿中統計，日人共164人，原籍則分散日本各縣。源成農場的日本移民一部份回國，一部份輾轉遷

---

29. 這些日人移民曾衝進事務所，欲刺殺社長渡邊，渡邊因而被砍斷三根指頭。後來僱請壯丁防守，分內外兩層保衛，未得允許強行進入者格殺勿論；帶頭鬧事的移民八人被押到旗山南隆農場。陳笔（1880-1994）報導，1993.10.17採訪，陳氏當時被僱去當壯丁，一天工資三角。

移，變成台灣的流民。[30] 此後農場的勞力便以台灣人為主，尤其來自桃、竹、苗的客家移民，逐漸在此落地生根。

　　大約在明治四十二年（1909）左右，源成農場在苗栗、竹北地區貼出告示，說明農場土地面積、招募人數、移墾條件等，並委託苗栗蔡丁財及新竹徐阿憨率苗竹地區客家人集體前來墾殖定居。[31] 當時三五公司有十多名台籍委員，其任務主要在招募佃農。農場給予的待遇是竹篙厝一間、牛一頭，每戶人口數超過6人者，可申請裝設電力。其他費用並可向會社無息貸款，若干年後還清。租金活租一甲8,000斤，如一甲收成超過此數，就按一定比例抽成。雖然客籍移民初抵此地，但見遍地雜草、林投，這裡的土質、外在環境，仍優於客家人原居地，因此客籍人數不斷增多，移入總戶數達270，僅農場核心地就有176人，分別來自桃竹苗地區。

　　閩人則來自附近村落，明治四十一至四十五年間（1908-1912），移入總戶數六十五戶。此外大正三年（1914）三月，因王功庄飛沙淹沒土地；大正四年（1915）北斗支廳區域內洪水為害，耕地流失，兩處的貧農懇請前來農場耕作，至大正七年底（1918），共52戶，但是原居地復原後，他們常又遷回舊居。

　　這三類農業移民中，人數較穩定的為台籍農民，其中客籍人士在日治時期總計移入近千戶。這些客籍農民通常以地緣聚居，在二林地區形成新的聚落。

---

30. 東鄉實，《台灣農業植民論》（東京：富山房，1914），頁506。台灣總督府殖產局特產課編，《台灣糖業統計》（台北：編者，1916），頁10；又台灣總督府殖產局，《台灣工場名簿》（台北：編者，1930），頁88。
31. 羅阿龍報導（1927年生），原居新竹縣北埔，現住二林民靖村，1993.5.8採訪。

（二）聚落之成長

　　源成農場的經營帶動外來人口，以礤礏為中心，在農場範圍四周形成圈狀的聚落，主要的有趙甲里日本殿（佃）和客家庄。昭和七年（1932）二林人口籍別分佈情形來看，廣東人（客家人）共2,139人，佔總人口9.6％。主要分佈於犁頭厝（627人，占廣東籍總數29.31％）、丈八斗（415人，占19.40％）、山寮（333人，占15.57％）[32]，這些客籍住民一部份為辜顯榮農場，更多是因源成農場的設立而移入。客籍移民日後在二林定居，形成客家聚落，這些聚落都環繞在昔日源成農場附近。

　　趙甲里原名舊趙甲庄，分為一番、二番（30戶）、三番（20戶），與日本殿，[33]又稱四十戶仔。原住丈八斗的日籍農民與源成農場解約後，一部份由政府安排開墾北邊的保安林，後來又遷往今芳苑五圳頭墾荒，其土地、房屋移給台灣佃農耕作居住，每戶分配土地3公頃，牛及牛車各一，後來遂成村落。[34]另外農場招募的客家移民也逐漸在二林落地生根，生活情況改善後，使鄉里族人遷居的意願提高而往往舉家遷移，甚至連祖墳也一併遷葬。[35]客家人一共建了東華、西斗、原斗、興華、后厝、東興、豐田、復豐等13個客家聚落。而竹塘北邊的民靖、竹圍子、江西店、公館、大湖厝、頂五庄、五莊子一帶，舊稱「七界」的地域，更是有名的客家人集居地。

（三）客家祭祀圈之形成

　　移居源成農場的客家人，雖然住在以泉州人為主的二林庄，但是仍

---

32. 洪麗完，《二林鎮志》〈住民篇〉，頁350。
33. 當地客運站牌仍寫著日本殿，「殿」字應為「佃」，後人不知取其音而稱日本殿。
34. 二林鎮圖書館前館長李坤北提供。
35. 羅阿龍報導，1993.5.8採訪。

保有極濃厚的客家習俗。除家中供奉龍神外，外牆也奉有天公爐，甚至移居後已傳到第四代嫡孫，家中仍以客家話交談。[36] 客人落籍二林者既多，便以今竹塘鄉醒靈宮為中心，形成客家人的祭祀圈。

醒靈宮創設於明治三十九年（1906），原稱醒世堂，位於新竹廳苗栗獅潭，主神是關帝君。明治四十二年（1909）堂主蔡登財等18人，將該堂移至二林支廳深耕堡犁頭厝下洲仔地方（今東興宮）。最初只是一間茅屋，但信徒日眾，香火鼎盛，不出三年又移至現址金牛山麓，並將醒世堂改為醒靈宮。[37] 其祭祀圈範圍，包括竹塘、埤頭、二林附近，也就是源成農場招募的客家移民村落。醒靈宮因而成為客家人集會、交換訊息的中心，這些身在異鄉為異客的村民，往往在此得到心靈慰藉和傾吐的對象，而客家人的感情也以這個祭祀中心，牢牢編織成密緻綿延的網路。

（四）農業經濟之改變

日治時期，日本對台灣採殖民地經濟政策，主要在吸取殖民地物質，以原料供應母國之需，並做為母國產品的輸出地。為積極榨取台灣經濟的兩大支柱—米穀與蔗糖，蔗糖的壟斷尤其嚴重，成立新式製糖會社，套購大量官有地與鄰近民有地，開墾大規模農場以栽植甘蔗。源成農場便是在糖業政策保護下成立，農場以蔗作為主，區域內適合蔗作面積占2,290甲。

源成農場農地最初以種稻為主，開始轉變成蔗作時極其困難，當水田區硬要改為蔗作時，犧牲相當大，因此製糖業常受米價影響。由於甘蔗的收穫價格約在一年半以前就得決定，這期間米穀卻會有數度的收

---

36. 吳光輝報導（1943年生），原籍苗栗大坪林，1993.5.8採訪；彰化縣政府，《彰化縣綜合發展計劃規劃分析報告》（彰化：編者，1989），頁34。

37. 竹塘鄉醒靈宮，《竹塘鄉醒靈宮文武廟沿革》（竹塘：編者，1982）。

穫，價格也可能有數次變動。米價的變動對會社和農民都有影響，農民在權衡栽種稻米或甘蔗時，均以米穀的價格作為標準，所以其漲落對農民的抉擇有極大的影響。製糖會社為了原料的獲得，與分擔農民米價漲跌的風險，一般而言，他們會先決定一個基礎的收購價格，然後再隨米價漲跌而彈性加發若干升價金。像新高製糖會社彰化廠自訂米價比準法，比照米價決定升價金的多寡，來確保他們所需的原料。[38]

　　源成農場的勞動力以契約移民為主，因而全以會社的決定為依歸，但是為了避免米糖相剋，採三年輪作方式，一區稻作，兩區甘蔗，不種甘蔗時便改租給農民。稻米可自由買賣，甘蔗則全交給會社，但種甘蔗時農場的收租比較寬。[39]由於農場招募的移民，多為貧農或來自土壤極差的地區，服從性較高，也較容易滿足現狀。大正八年至十年（1919-1921）蔗糖價格最好，蔗作區開始熱絡起來，今竹塘鄉永安、長安一帶（舊稱九塊厝）的磚造房子，都是在這幾年建造起來的。這時期更吸引了相當多的客籍移民前來移墾。一般說來源成農場的勞資關係尚稱良好，加上採輪作經營，也避免了米糖相剋的風險。

　　整體說來，源成農場乃殖民經濟體制的縮影：以經濟作物的種植為主。台灣總督府對日本來台私人資本家的保護和配合不遺餘力，不但助其取得土地，也對土質土性做了詳細調查。源成農場本身亦十分重視水利設施，先後完成源成農

源成農場碾碡製糖工廠，翻拍自《北斗郡大觀》。

---

38. 日本糖業聯合會，《製糖會社要覽》（1935）。
39. 台灣製糖研究會，《糖業》二四六，頁54-55。

場圳、源成大排水，造就了今日原斗、西斗、復豐一帶，成為二林的重要農業地帶。

第三節 從蔗農事件到葡農抗爭

一、私人資本的競爭與兼併

二十世紀初期（1915），二林地區（包括今天的芳苑鄉）的飛沙地，從萬興大排沙附近到西邊的海岸王功、番挖一帶，大約是二林下堡的全部以及二林上堡、深耕堡的一部份，面積約8,000甲，曾有三十七個聚落被埋沒，荒蕪的田園高達4,000多甲，沙害地之廣為全台之冠，光是沙崙地就752.0920甲，位在今天二林鎮的有248.4240甲。[40] 隨著防風林工事的持續進行，原屬荒原，地目為「原野」的國有地陸續被釋放出來，在政策性的鼓勵下，本島與日方資本紛紛進入二林拓墾興利。

從明治三十五年（1902）辜顯榮在二林建立第一個私營農場開始，也宣告著二林地區從此進入私人資本競爭的戰國時代。1902年到1920年，活躍在這塊土地上的資本家，除了愛久澤直哉的源成農場為日資以外，其餘的辜顯榮農場、大排沙製糖會社、耕雲拓殖株氏會社、大豐拓殖會社等，皆為本地資本，辜顯榮族系從1911年又一一接手其他三家（見表6-1），與源成農場並峙。儘管辜家與殖民政府的關係非比尋常，但是在總督府以日資壟斷台灣製糖業的政策下，辜顯榮的大和製糖與農場，也在1920年被明治製糖與鹽水港製糖兼併。到底日治時期有多少私人資本或國家企業進入二林地區？所佔土地面積各多少？至今並無法從

---

40. 台灣總督府殖產局山林課，《台灣保安林調查報告（特ニ飛砂防備林就テ）》（台灣總督府殖產局，大正四年，1915），頁20-21。

圖 6-5　二林地區原料採區圖（取自臺灣糖業圖）

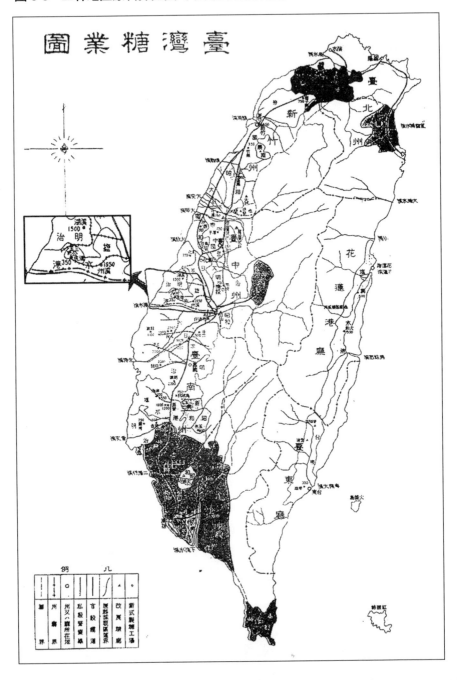

文獻上得到明確數字，只好斧底抽薪從龐雜的「土地台帳」逐一翻閱統計，從表 6-2可知源成農場、鹽水港製糖會社與明治製糖會社為三強鼎立的局面。

上表以土地台帳所登記的「權利者」為統計，事實上土地經營權可能幾經轉手，例如台灣電力、台灣製麻、永樂土地建物、霧峰林家所屬

表 6-2　日治時期各會社在二林所有土地與地租一覽表

株式會社	面積(甲)	地租(圓)	備註
源成農場	1,857.62	16,988.61	
鹽水港製糖	1,814.28	6,934.76	
明治製糖	850.33	2,910.83	
大豐拓殖	236.52	1,252.01	鹿港辜家
台灣拓殖	209.46	2,275.17	
蓬萊不動產	140.05	1,091.14	
林本源製糖	29.13	279.91	板橋林家
耕雲	21.30	172.00	二林林爐家族
台灣土地	17.82	165.36	
大東信託	15.61	337.64	霧峰林家
朝日	7.25	78.66	
台灣煉瓦	5.56	81.97	
二林振業	5.45	71.75	二林地區大族合資
合資會社	3.73	46.82	
禎祥拓殖	0.54	8.55	陳炘為董事長
中部拓殖	0.49	6.18	
小計	5,215.14	32,701.36	
占二林土地面積	69%		
二林土地總面積	7,544.55		
扣除各會社所剩面積	2,329.41		

資料來源：統計自二林地政事務所《土地台帳》二林鎮部分，共五十七冊。

的七星產業、台中吳家的吳鸞旂實業株式會社、台中廳三角仔庄呂家的年豐會社等都曾在二林從事土地投資，但因最後土地所有權轉移而沒有列在表上。由「土地台帳」資料分析，發現二林本地小地主和資本家的土地先被台灣大家族如鹿港辜家、霧峰林家、板橋林家全部併購或僅存一小部分。從土地台帳也可以觀察到同一塊土地轉移頻繁的狀況相當普遍，真正原因尚未得知，推測當時開發荒地可獲得勸業銀行低利貸款，投資者再將這些資金靈活運用，或是開墾之後便能以更高的價格賣出而獲利，可說是土地的投資客，並非真正以土地開墾，從事農作為最後目的。

　　明治末年到大正初年，為二林在地小地主和辜顯榮的活躍期，大正初年辜顯榮繼續從不同地主購入未開發的土地。大正十一年（1922）土地所有權從辜顯榮個人轉到大豐拓殖，大豐拓殖的土地分佈相當廣，不過以山寮段的98.47甲和舊趙甲的115.11甲最多，這兩處都是二林最主要的沙崙地，到昭和七年（1932）轉賣給蓬萊不動產，至十二、三年蓬萊不動產和原屬辜顯榮的大部分土地，分別由鹽水港製糖和明治製糖收購。[41]

　　從私營農場和製糖會社所佔的土地面積與蔗作栽培導向可以觀察到，二林在日治時期奠定農業發展基礎時，卻也被日方資本牢牢控制，此後，二林農業商品化性格越來越深刻，農民與私營農場和製糖會社也形成揮之不去的糾結。從日治時期到戰後，這片土地上的農民，為了生存的權益，一次又一次展開捍衛行動。

二、土地、耕作權的被侵奪與捍衛

---

41. 統計自《土地臺帳》二林鎮、芳苑鄉、大城鄉部分。

　　台灣、日本資本家二十世紀初陸續進入二林從事農業開發、工業製造，私人企業的投資固然提高了土地利用價值，但是土生土長於斯地的農民，從日治時期以至戰後，其土地所有權、耕作權甚至生存權都受到擠壓；這片土地上的農民，為了自己權益的奮鬥未曾止息，其中最大宗的土地剝奪為源成農場買收土地案。

（一）源成農場強購土地（1907-1908）

　　明治四十年（1907）開始，源成農場已經展開強徵土地的作業，在警察協助下，強行買收土地。這種強制收購土地的行為，使二林及接鄰的竹塘、埤頭地區農民，世代相傳的土地一夕之間喪失。二林蔗農事件關係人之一蔡淵騰，在其編纂的家譜中，留下這一段刻骨銘心的記憶：

> 明治四十年（1907），突然有彰化廳警務課長帶著大小官吏數十人到二林，下令二林支廳長，傳召犁頭厝、丈八斗、後厝、面前厝等四地段之業主（地主），於二林媽祖宮，面諭：政府欲買此四段之土地經營做模範田，田每甲80圓，園每甲40圓，並訂定一週內買收完竣，如不肯賣者，暫歸國庫，並設有臨時刻印所，大地主申請印鑑證明，上有土地登記所另派多名巡查（警察），按戶強迫收購辦理過戶登記（當時市價田地每甲值200圓，園每甲值百餘圓），吾家田園總共40餘甲，祇賣1600餘圓。翌年，又以同法田地每甲110圓，園每甲80圓，強迫收購礁碻、五庄仔、大湖厝等三地段，事後才知此係受日商資本家（愛）久澤直哉借用政府官勢強迫買收，擬投資經營農場與糖廠[42]。

---

42. 蔡淵騰編，《蔡氏族譜》（無年代），蔡慶欣提供。蔡淵騰（1896-1971），曾任司法代書事務所筆生、「蔗農組合」理事、保正、二林庄協議會員、二林保甲聯合會長等職。

　　《台灣民報》也記載，明治四十一年（1908）民眾往往在睡夢中被叫起，連同眷屬帶到二林支廳，儘管民眾百般不願，官廳卻已經請好刻印師，土地登記所人員也備妥資料，在官府協助下強行征購土地近3,700餘甲[43]，許多農民淪為佃農。

　　昭和三年（1928），源成農場將土地一半賣給鹽水港製糖，一半賣給明治製糖。雙方在契約中言明一甲2,200圓，但是農場萬一不能取得農民的耕作權，明糖一甲只付1,600圓，農場因而作成新規契約，強迫農民捺印。這種作法引起農民反感，強調農場若無理剝奪農民耕作權，將土地轉讓給鹽水港和明治製糖，農民將為瞨耕權的確立奮鬥到底[44]。

（二）林本源製糖會社蔗農爭議（1923-1924）

　　日治中期的二林庄，被明治、林本源與源成農場三個製糖會社的原料採取區所分割，其中以林本源製糖的原料收購價比接鄰的明糖溪湖廠為低，肥料價卻比後者高。大正十二年（1923）就由二林、大城兩庄庄長領銜，由二林、沙山、大城、竹塘四庄蔗農二千餘人連署，向台中州、總督府殖產局提出請願書，要求會社支付臨時補發金。隔年，二林庄長林爐與同庄開業醫生許學，被蔗農推出為代表向林糖交涉，北斗郡守石渡榮吉加以調解的結果，當年十二月會社決定每甲增加五圓作為「臨時補給金」，這是蔗農集體請願第一次成功的記錄，此一事件刺激了

---

43. 見《台灣民報》第216號，「爭議中の源成農場の罪惡史」，昭和三年七月八日。根據台灣總督府，《官營移民事業報告書》（1919），源成農場有許可地457甲，買收民有地1,569甲，面積一共2,026甲，後來在北斗郡又零星購入土地，如埤頭、北斗等地。最初的土地面積應尚未達到《台灣民報》所說的三千七百多甲。比較《蔡氏族譜》與《台灣民報》的記載，源成農場買收土地的行動可能從明治四十年就開始，因價格過低，民眾反彈強烈，隔年的收購價略微提高。

44. 《台灣民報》第215號，〈源成農場の爭議〉，昭和三年七月一日。

全台蔗農，紛紛對製糖公司要求提高蔗價[45]。

（三）二林蔗農事件（1925）

　　林本源製糖會社蔗農爭議的事件，使地方的領導階層深深體會到，農民爭取權益，必須透過一個有力量的組織，於是二林地區的蔗農，在大正十四年（1925）決定組織「蔗農組合」。蔗農組合的代表李應章，成長於二林，對製糖會社剝削農民的狀況有深刻瞭解，他和同鄉的詹奕侯、劉松甫、蔡淵騰、陳萬勤等文化協會會員，舉辦農村講座、夜校，同時進行調查研究，蒐集材料，到1924年11月寫出各種作物和蔗作收成比較表、各地物價和每年糖價比較表、糖廠利潤和蔗農收入比較表等，起草「蔗農組合」章程，還編了「甘蔗歌」（以閩南語唱）[46]：

> 種作甘蔗無快活 風台大水驚到大
> 燒沙炎日也得行 一點蔗汁一點汗
> 咳喲喲 有蔗無吃真壞命
> 甘蔗咱種價咱開 公平交易才應該
> 行逆搶人無講價 將咱農民作奴隸
> 咳喲喲 啥人甘心作奴隸
> 蔗農組合是咱的 同心協力救大家

---

45. 台灣總督府警務局，《台灣總督府警察沿革誌第二篇 領台以後の治安狀況（中卷）》（昭和14年，1939），頁1027。其他仿效林本源製糖會社蔗農爭議的有明治製糖會社溪湖工廠之蔗農「鹽水港製糖的岸內工廠（新營鹽水街）、虎尾街大日本製糖、鳳山大寮庄興製糖等」。

46. 蔡子民整理，〈李偉光自述——一個台灣知識份子的革命道路〉（上），《台訊》1986.6：1，頁33-34，本資料由李應章孫女李芳提供，筆者借閱自許雪姬教授。李應章於1934年在上海從事抗日工作時，改名為李偉光，蔡子民（原名蔡慶榮），二林人，為李應章結拜兄弟蔡淵騰之子，娶李應章之女為妻。

兄弟姊妹相提攜 不驚青面和獠牙
咳喲喲 出力得和齊得和齊

1925年1月1日，二林媽祖廟前舉行蔗農
大會，議決組織「蔗農組合」，當年六月正
式成立。在這之前，也有其他蔗農組合的成
立計畫，卻都在糖廠的懷柔或壓制下宣告流
產，李應章領導的「二林蔗農組合」為第一
個設立者[47]。

「二林蔗農組合」成立後，主要幹部到
農村唱「甘蔗歌」，屢次召開組合員加強凝

李應章因二林蔗農事件
被捕入獄前留影　許明山 提供

聚力，並邀請林獻堂等文化協會幹事到二林演講，刺激了農民的自覺，
一股蓬勃的社會力量隱隱竄升。李應章和蔗農代表到林本源製糖，要求
提高甘蔗收購價，無效。轉而向北斗郡、台中州、總督府請願仍無結
果。於是「二林蔗農組合」於1925年10月召開大會，決議製糖會社必須
在收成前決定收購價，然而會社卻不理睬，逕派原料員及工人收割甘
蔗，蔗農阻止會社之行動，而警察的偏袒會社引起農民極度不滿，最後
發生會社工人監督、警察和蔗農的武力衝突，結果九十三人被捕，其中
四十七人送法院審判，二十五人被判有罪。日本左翼政黨的布施辰治、
麻生久兩位律師，特地前來為被告辯護。這一事件史稱「二林蔗農事
件」，也被視為台灣農民運動的肇始[48]。

（四）辜顯榮農場紛爭（1927、1930）

---

47. 葉榮鐘等著，《台灣近代民族運動史》（台北：自立晚報，1987五版），頁507-508。
48. 參考葉榮鐘等著，《台灣近代民族運動史》，頁509-512。

二林蔗農事件第二回公判留影，鄭松筠、
蔡式穀及日籍律師布施辰（後排右五）
1927. 許明山 提供

台灣協會二林支部李應章與台灣農民組合中央委員長
簡吉於1927.4.20，二林農村演講被檢束紀念
許明山 提供

　　辜家在二林庄承接大豐拓
殖株式會社的土地約有地292甲
[49]，最初都是不毛之地，經農民
開墾後逐漸成為良田。辜家為
不在地地主，其中另有大佃農
承租，再分別讓小佃人瞨耕。
當辜家將土地賣給鹽水港製糖
會社時，沒有告知佃農，佃農
事後得知，恐怕被剝削，不肯承認鹽糖為地主，拒繳昭和三年（1928）
的春季租穀。並向鹽糖提出五項條件[50]。

49. 整理自台糖公司溪湖糖廠檔案資料。辜顯榮族系在二林經營的山寮農場，從目前台糖公司
　　所存資料統計其面積為283.33公頃，即292甲，《台灣民報》稱為六、七百甲，應是辜家
　　在二林所屬各農場面積總和。
50. 佃農向鹽糖提出的條件為：1.以前蓬來種的租穀實額改為九折的在來種。2.本季未繳交之
　　租概不追討。3.前年積欠之負債一筆勾銷。4.保證種蔗每甲有280元以上的獲利。5.照農家
　　所需食物播稻，水稻與甘蔗採輪作。

　　辜氏與佃農協議六百多甲地不必繳早稻，另外一百多甲仍懸疑未決。鹽糖在事情沒有定數之前，請官方查封農民之晚稻，引起農民抗議。昭和二年（1927）十一月五日在「農民組合」莊萬生、張萬福帶領下，包圍鹿港辜宅[51]。十一月九日，二林支部準備召開「反對扣押青苗大會」，卻被解散，當晚演講之前，莊萬生、謝財神、張福星等五人被捕。這些人的被捕，連帶使得36名農家子弟被退學。十一月二十二、二十三日官方拍賣查封物品時，農婦、小孩都出動搗亂現場，使拍賣物品落入農民組合幹部手上。辜氏雖有意讓步，卻將則責任推給中間佃戶林爐和陳建上，要他們放棄收自小佃農一千餘石的租穀，林、陳皆不願，農民仍舊處於被雙重剝削的狀況[52]。

　　辜顯榮在鹽水港製糖會社區域內約有三百甲的土地，經林爐等人出面承墾再出賣他人。昭和五年（1930），承租區內地上物的一切權利，以每甲價值約十八萬斤的收穫物為計算，林爐等轉手以每甲二十萬斤的權利金賣給會社，坐收二萬斤純益，農民則喪失耕作權，成為製糖會社的雇工[53]。

（五）溪湖糖廠撤佃糾紛案（1947）

　　日治時期原屬明治製糖會社的所有地，戰後轉移給台糖公司，二林一帶的社地歸溪湖糖廠。當時許多日方資產與土地收歸國有，「公有地放租法」已經公佈，卻還沒實施，土地的權利未必歸屬糖廠[54]。但是糖廠卻已經假設廠方擁有土地所有權，造成糖廠與承耕農民認知不同造成

---

51. 《台灣民報》第182號，「農民包圍辜宅」，昭和二年十一月十三日。
52. 《台灣民報》第184號，「二林農民贌耕交涉決裂」，昭和二年十一月二十七日。
53. 《台灣民報》第302號，「農民は貧困を窮迫」，昭和五年三月一日。
54. 侯坤宏編，《土地改革史料》下篇（台北：國史館，1988），頁422。

的糾紛。民國三十六年（1947）一月二十八日，台糖公司溪湖糖廠職員楊西滄，以銃器脅迫大排沙農場起耕公有地的農民，並以牛索捆綁欲押至糖廠。被綁的農民大呼救命，村民聽到趕往現場，糖廠職員才悻悻離去。

二林地區農民在昔日製糖會社地耕作者為數不少，這起事件發生後，農民大為恐慌，地方人士也認為茲事體大，便在二月六日上午，由縣參議員、埤頭鄉長、鄉民代表、農

台糖公司溪湖糖廠的農場今日已不再種植甘蔗
張素玢 攝 1996.2

會代表與關係農民三百餘人，召開北斗區公有地承耕農民大會，聯袂請北斗區署長林伯餘及警察所長楊其秀調解。召開此大會的動機為，台糖公司溪湖糖廠企圖起耕公有地（原糖廠廠有地）為自作農場，調動該廠關係員工使用銃器脅迫農民放棄現耕地，甚至非法逮捕二林鎮無辜農民陳文，嗣後陳被釋放，正式向北斗警察所控訴。[55]

警察所長楊其秀表示，警察所已經接受受害者的控訴，糖廠也聲明至當年六月由現耕者自由耕種，他希望農民不得為眼前焦躁，速派代表向民政處地政局陳情。

糖廠方面回答，糖廠受糖業公司管束，對應有地的處理沒有上峰的

55. 有關溪湖糖廠撤佃糾紛案參考侯坤宏編，《土地改革史料》下篇，頁418-425。

指示不敢擅作主張，無法給予農民滿意答覆，希望這些農民向地政局陳情，在場的參議員建議推派代表到省長官公署陳情，農民接受建議，決定擇日再推選代表進一步陳情，最後以合理的手段獲得耕作權。

　　二林在富饒的彰化平原，土質、灌溉條件都遜於八堡圳灌溉區，戰後在卻因經濟作物的栽培，農業上表現甚為突出。在溪湖糖廠撤佃糾紛之後，就沒有嚴重的農民抗爭，直到1980年代，葡農為釀酒葡萄契作問題，和菸酒公賣局展開長達十年的抗爭行動。由於學界仍沒有專文探討或研究，以下將另闢單元探討。

三、 二林葡農抗爭（1987-1997）

　　以二林地區為主的葡萄農，在1987到1997年之間，為了要求公賣局收購釀酒葡萄，所引發的一連串抗爭行動稱為「二林葡農抗爭」或「二林葡農抗議事件」[56]。到底二林具備怎樣的農業條件，何以能成為全台灣首屈一指的釀酒葡萄生產區？果農對釀酒葡萄這種經濟作物何以如此執著？為何每到葡萄成熟時，爭議便起？葡農抗爭的原因是什麼？雙方的爭執多年何以問題不能解決？下文將一一加以分析。

（一）釀酒葡萄的栽培

　　二林自日治時期便導向商品化的農業經濟，戰後從1970年到1997年，耕地面積都在百分之八十以上，其中新開發的耕地不多，在台灣工商業迅速發展的情況下，二林鎮的耕地率直至1995年仍高達82.3％，農

---

56. 有關二林葡農持續抗議公賣局的行動至今未有特定專有名詞稱之，本文採較為中性的「葡農抗爭」一詞。

業人口數佔總人口52.9 ％[57]。就農地植栽作物而言，戰後初期相當多元化，以稻米、甘薯、原料甘蔗為主，豆類、小麥、落花生、蔬菜次之，1960到1970年代，隨著農業技術的增進，經營條件改

邱深江先生與其推廣的金香葡萄

善，耕地逐漸水田化，農作漸趨專業化，稻米、甘薯、原料甘蔗與蔬菜成為四大作物。 1980年代以後，二林東南部的水田區，釀酒葡萄面積不斷增加，並迅速成為最耀眼的經濟作物。

　　台灣從1955年開始推廣釀酒葡萄，當時在新竹、苗栗、台中及彰化等四縣，選出四戶農家，由公賣局貸款及實物補助，作為示範農園。同時這四縣之內，簽訂87個契約果農，契作面積50餘公頃，以10年為期，契約中規定，所有產品由公賣局收購供作釀酒原料，並請相關機關學校作技術指導，奠定釀酒葡萄生產及釀酒專業的基礎。

　　等到1974年為了配合政府「加速農村建設計畫」，又將釀酒葡萄推廣到山坡地。首先在台中縣后里、外埔、等地區契作推廣150公頃，1975年到1977年陸續在南投埔里推廣150公頃，合計300公頃，1978年在台中新社鄉契作140公頃，總計山坡地一共契作440公頃[58]。

57. 台灣省糧食局，《台灣地區農村經濟概況》，1970-1992；彰化縣政府，《彰化縣統計要覽》，1993-1997。
58. 廖武正，〈台灣葡萄產業市場之研究〉，《農業金融論叢》1984：12，頁296。

1960年代初期，二林鎮果品以柳丁居多[59]；柳丁屬長期性作物，三年後才能收成。彰化永靖鄉種苗商邱深江原以柳丁育種為業，精於園藝，常指導農民種植技術。他在1965年即開始試種釀酒葡萄，於二林鎮西斗里指導莊老福等幾位農友，利用柳丁栽培幼果期，以間隔空地種植釀酒釀酒品種「金香」葡萄1.3公頃，並設計雙層式棚架栽培。試種結果，因氣候及土壤極適合葡萄之種植——土壤ＰＨ在六～七左右，並有濁水溪之濁水灌溉，以俗稱「理光頭」的技術，強制剪枝。亦即釀酒葡萄採收後，將棚架上分叉部位支條全部剪掉，使其重新長新枝條，因而品質良好產量亦高。後來栽培者日漸增加，其種植方式亦由間作改為單作，雙層式棚架改為單層式棚架。[60]

1986年的韋恩颱風使柳丁栽植重挫，許多柳丁農鑑於釀酒葡萄獲利較高，收購又有保證價格，因而紛紛改種釀酒葡萄。原以種植柳丁為主的西斗里反成為金香葡萄的發源地和最主要生產區。栽葡萄種植一分地成本約三至四萬元，扣除成本以後，每分地仍有七萬到八萬收益，比稻作利潤優厚得多[61]。加上契作的保障，釀酒葡萄的種植面積和產量不斷擴張。

從1965年到1979年以前，二林的金香葡萄收成之後，售予后里鄉葡

---

59. 二林鎮柳橙栽培之盛期，約在民國56年到75年之間。栽種面積由民國64年的35公頃，曾擴充到71年的104.5五公頃，產量 2,004.750公斤，參考彰化縣政府，《彰化縣統計年鑑》，1967-1982。

60. 洪奎河報導（洪氏大正十二年生，日治時期昭和十五年進入庄役場，昭和四年（1929）任鎮公所農林系（後改稱建設課），民國62年退休。洪氏為最初二林鎮釀酒葡萄業務的負責人，對引入葡萄栽做技術的邱深江極為推崇，稱之為「江伯」。

61. 參考《彰化縣綜合發展計畫》，頁136-137。又訪問洪奎河、洪進丁（曾為甘蔗原料委員，葡萄班班長，種植金香葡萄二十年）、張春吉（二林鎮東興里，任葡萄班班長十年）、劉水明（葡萄班班長）、黃進鑫（二林鄉後厝里，種金香、黑后兩種葡萄）。

表 6-3　二林鎮歷年釀酒葡萄交貨值量及面積比較表(1979~1994年)

年度	種植面積/公頃	交貨數量/公噸	交貨金額/仟元	應得手續費/仟元
68年	83.00	2,674.00	3,128.00	608.00
69年	83.00	5,663.00	91,273.00	1,835.00
70年	165.00	4,800.00	77,602.00	1,548.00
71年	332.00	8,831.00	171,132.00	3,423.00
72年	332.00	11,767.00	229,100.00	4,582.00
73年	514.00	14,889.00	330,181.00	6,079.00
74年	675.00	14,565.00	364,561.00	6,360.00
75年	675.00	15,086.00	449,159.00	6,966.00
76年	675.00	4,688.00	147,841.00	3,628.00
77年	830.00	14,004.00	369,145.00	6,227.00
78年	832.57	15,437.78	422,860.00	8,457.20
79年	833.05	16,458.15	440,388.00	8,807.70
80年	1,004.90	18,054.49	480,552.00	9,611.00
81年	1,004.90	25,815.70	611,528.00	12,230.70
82年	1,155.96	28,183.58	620,341.00	12,406.80
83年	1,159.76	28,244.22	792,185.00	15,863.70

資料來源：1. 二林鎮農會提供。

　　　　　2. 二林鎮公所農業課，「1979~1994年農作物全年生產報告表」

註：手續費包含二林農會上繳省農會之金額（手續費之2%）

葡農作為契作的收購量。二林地區葡萄農發現轉售利潤較低，便要求鎮公所向農發會、農林廳等有關機關，爭取直接由二林供應公賣局釀酒葡萄[62]。

　　1979年公賣局正式與農民契作，面積82.72公頃，為期10年，以一分

---

62. 民國65年菸酒公賣局選定金香葡萄為釀酒原料，一開始與農民個別訂立契約，後來公賣局改由委託農會與農民訂約。

地收購2,750公斤的方式，透過農會鼓勵農民種植[63]。此後種植面積以極大的幅度躍昇，1986年為675公頃，產量15,086公噸，交貨金額400,004,919萬元。1994年種植面積1,483.74公頃，比1979年多了近1,400公頃，產量則增加25,574公頃。（見表 6-3）

　　台灣推廣的釀酒葡萄，品種有三：奈加拉（Niagara）、金香（Golden Muscat）、和黑后（Black Queen）三種。奈加拉種和金香種是台灣白葡萄酒和白蘭地酒的主要原料，黑后種用於紅葡萄酒釀造。二林鎮以金香種種植最多。[64]

　　釀酒葡萄適合生長於海拔200～400公尺，面向東南方的丘陵或坡地。土質則以富含鈣質、排水良好、易於保溫的土壤最佳，次為沙質壤土。萌發期氣溫為日均溫10°C以上，生長期平均溫27°C左右。雨量多寡對葡萄生長不是最重要，但花期、採果期雨量不宜過多。[65]台灣葡萄園分佈早先多集中在中部以北的山坡地，1967年二林鎮水田試種金香葡萄成功，葡萄園遂發展於平原水田。平原水田的單位產量比坡地大而且平穩，從此，釀酒葡萄的生產區，由新竹、苗栗的山坡轉移至以彰化縣為主的中部各縣。

　　由於酸性紅壤坡地須注意水土保持，而且棚架搭建費事，平原水田區適合歐美雜交品系葡萄，單位面積產量高，便取代了山坡地成為主要供果區，也解決了公賣局收購量不足的問題。1967到1987年，水田釀酒葡萄園由二林鎮向外擴散到彰化縣其他11鄉鎮（溪湖鎮、田中鎮、福興鄉、秀水鄉、芬園鄉、大村鄉、埔鹽鄉、埤頭鄉、芳苑鄉、大城鄉、竹

63. 彰化縣政府，《彰化縣綜合發展計劃》，頁136。又二林鎮公所，《二林鎮建設成果簡介》（二林：二林鎮公所，1985），頁34。

64. 康有德，《台灣農家要覽》（上）（台北：豐年社，1980），頁826-829。

65. 鄭勝華、邱雯玲，〈葡萄酒業地理以台灣為例〉，《地理學研究》12。

塘鄉），及雲林縣的斗六鎮、莿桐鄉，但二林鎮生產面積和生產量一直高居第一位[66]。（見表 6-4．圖 6-6）

　　1979年公賣局正式與二林地區的農民契作，以10年為期。由於利潤遠超過其他農產品，又可避免市場價格波動的風險，種植面積以極大的幅度躍昇，到1994年種植面積1,483.74公頃，比當初訂約多了近1,400公頃，產量則增加25,574公噸[67]。

　　二林鎮釀酒葡萄的種植面積，以金香種占絕大部分。就1993年而言，金香葡萄（契作內）有793.95公頃，黑后種只有38.59公頃。契作外的金香葡萄則有270.22公頃，黑后葡萄有53.20公頃。由於釀酒葡萄的收益比其他經濟作物穩定又豐厚，農民紛紛投入，1989年以後，開始出現非契作種植，黑后葡萄契作外的收購值和收購量甚至超過契作內，這些契作外的葡萄便是後日公賣局與葡萄農爭執的關鍵。

（二）生產的擴充與危機

　　二林鎮早在1965年便開始種植金香葡萄，因土壤、氣候適合，每公頃產量高達五、六萬公斤以上。但是1967年到1978年之間，農民對釀酒葡萄的生產持觀望、保守的態度。其原因有下列幾點：

　　（1）1973年開始施行「稻穀最低保證價格收購政策」，優
　　　　　惠稻米生產。

　　（2）台北酒廠負責收購釀酒葡萄，但是金香葡萄皮薄果粒易
　　　　　掉，加上竹簍不能承重，由中部一路運至台北酒廠，汁液
　　　　　流失嚴重，腐壞率高，獲利有限。

---

66. 冉亦文，〈釀酒葡萄的栽培、成熟與採收〉，《製酒科技專論彙編》。

67. 參考張素玢，〈憤怒的葡萄——二林葡萄抗爭事件〉，《台灣史蹟》36（南投：中華民國台灣史蹟研究中心，2000.6），頁252。

圖 6-6 釀酒葡萄面積比較圖（1994年）

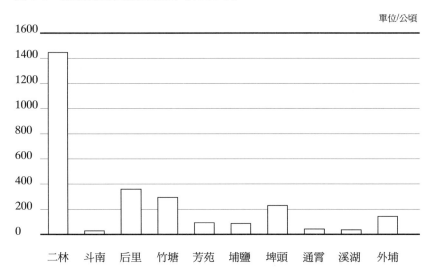

單位/公頃

表 6-4 1994年度釀酒葡萄耕作面積數量明細表(前十名鄉鎮)

農會別	一年生面積/公頃	一年生數量/公斤	列管面積	列管數量
二林	323.98	2,672,978	327.72	5,407,380
斗南	0.18	1,485	7.31	120,615
后里	26.46	218,312	68.75	1,134,375
竹塘	113.02	932,466	80.88	1,334,520
芳苑	37.80	311,863	40.73	672,045
埔鹽	8.82	72,770	7.37	121,605
埤頭	154.85	1,277,580	47.26	779,790
通霄	9.31	76,810	14.20	234,300
溪湖	14.35	118,395	6.90	113,850
外埔	3.43	28,300	40.39	666,435
總計	692.20	5,710,959	641.51	10,584,915

圖 6-7　釀酒葡萄數量比較圖（1994年）

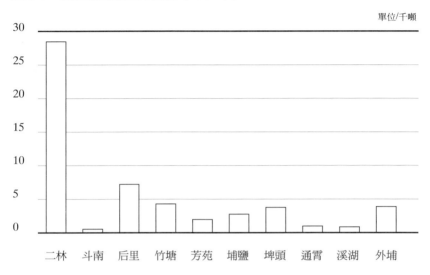

契作內面積	契作內數量	面積合計	數量合計	百分比
832.54	20,813,500	1,484.24	28,893,858	48.88%
24.89	622,250	32.38	744,350	1.26%
247.78	6,194,500	342.99	7,547,187	12.77%
87.74	2,193,500	281.64	4,460,486	7.55%
35.47	886,750	114.00	1,870,658	3.16%
95.25	2,381,250	111.44	2,575,625	4.36%
42.23	1,055,750	244.34	3,113,120	5.27%
26.48	662,000	49.99	973,110	1.64%
29.89	747,250	51.14	979,495	1.66%
104.94	2,623,500	148.76	3,318,235	5.61%
1,527.21	38,180,250	2,860.92	54,476,124	

（3）因政府保護稻米政策之限制，水田未能辦理契作，果農所
　　　收成的葡萄多賣給與政府有契作關係的后里地區，再利用該地
　　　區果農繳交，因而造成中間商販殺價收購，比公賣局核定價格
　　　低了二到三成。

　　二林鎮果農雖受中間商販殺價收購，但葡萄的獲利仍高於其他作
物，因而種植面積由1965年的1.3公頃，增加至1971年的70.80公頃。政府
所推廣的丘陵地釀酒葡萄收穫量低，品質差，收益比食用葡萄少。因
此，丘陵地釀酒葡萄漸為食用葡萄所取代，實際種植面積比契作面積少
而不實，農戶多將契作之權利出售與商人；商人轉向二林鎮購買果品充
繳公賣局。二林鎮果農備受中間商變本加厲之剝削，加上繳交不便，以
及1973年以後種植水稻又較有保障，因而從1972年以後種植葡萄的興趣
漸低，栽培面積隨之下降，至1977年只剩32公頃[68]。

　　正當果農栽植興趣低落之際，在以下因素的刺激下，釀酒葡萄的生
產急遽上昇：

（1）政府改變農業政策，鼓勵水田轉作高經濟作物。行政院長
　　　孫運璿指示，農業界研究發展適合本省亞熱帶氣候栽培的
　　　新興作物，以利稻田轉作。農發會植物生產小組，在一項
　　　研究報告中指出，釀酒葡萄、百香果、花卉、葡萄柚和甜
　　　玉米，是深具潛力的經濟作物。[69]

（2）公賣局之釀酒葡萄原料不足。

（3）1978年南投酒廠接辦台北酒廠的葡萄酒生產業務。

---

68. 二林鎮農會，〈二林特產金香釀酒葡萄蕎麥推廣簡介〉（二林：編者，1983），頁2-3。
69.《中央日報》（記者陳正毅），1981.12.9。

圖 6-8　二林鎮釀酒用金香葡萄收購量統計圖

資料來源：二林鎮農會提供。

　　　　因為酒廠接近產地，運輸距離縮短，減少碰撞腐壞而收益
　　　提高。
（4）由農會與地方人士向農發會及農林廳等有關機關爭取後，
　　　二林鎮果農於1979年與公賣局訂立契作，面積共82.72公
　　　頃，當時種植面積一共130公頃。

　　由於以上四點因素，二林鎮葡萄種植面積不斷擴大，公賣局每公頃
收購25,000公斤，每公斤價格平均約25元[70]；糖度愈高價格愈高，在厚利
吸引下，農民未與公賣局契作就投入生產。有的果農自非契作果園收購
葡萄，再以契作價售出。非契作農民不甘損失，亦透過民意代表施壓，
要求公賣局收購。公賣局情非得已，將契作外果農列管，即無合約關係

圖 6-9 二林鎮釀酒用金香葡萄收購值統計圖

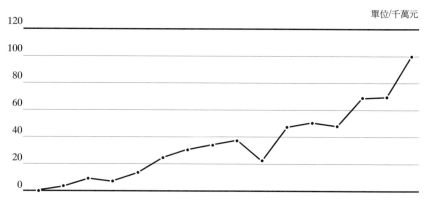

民國 68年 69年 70年 71年 72年 73年 74年 75年 76年 77年 78年 79年 80年 81年 82年 83年
資料來源：二林鎮農會提供。

但列入管理，每公頃收購16,500公斤，二林鎮有327.46公頃列管面積。公賣局所收購的釀酒葡萄，近年已超過最大生產能力，無法增加契作面積，但農民在利益的趨使下，又出現契作外未列管的生產，果農仍循民意代表施壓方式，迫使公賣局收購。以1994年度而言，契作外未列管的面積有323.98公頃，公賣局每公頃收購8,250公斤[71]。農民逐年超額生產，農會雖是公賣局與農民的中介者，但農會對農民並無強制性的約束力，只能任其發展。

金香葡萄的種植，為二林鎮農村帶來了繁榮氣象，原斗地區的葡萄農民，生活確實改善不少，紛紛改建房舍，蓋起洋房、別墅。二林鎮釀酒葡萄的交貨金額自1982年起便超過一億元，1994年更達到近八億，對果農、農會的收入都有很大的助益。

---

71. 二林農會提供，1994.8.19採訪蒐集。

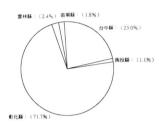

圖 6-10 1994 年度釀酒用金香葡萄契作
面積百分比圖（依縣別劃分）

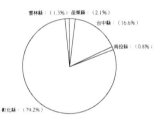

圖 6-11 1994 年度釀酒用葡萄非契作但
奉准收購面積百分比圖（依縣別
劃分）

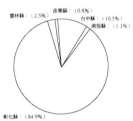

圖 6-12 1994 年度釀酒用金香及奈加拉
種果品面積百分比圖（依縣別劃
分）

（三）葡萄農與公賣局的衝突

在一片繁榮的景象之下，多年來農民盲目擴充生產釀酒葡萄的危機業已出現。原本公賣局和果農的契作面積，是依酒廠的生產能力以及市場需求量，訂立生產計劃而定。在生產葡萄計劃的過程中，公賣局原應扮演主動者、規劃者的角色。但農民逐年追種，一再迫使公賣局妥協，增加契作面積；至於契作外列管面積，甚至契作外未列管面積亦需收購。公賣局可說立場全失。就果農而言，對釀酒葡萄的種植如此堅持，其因可歸納為：

（1）國外貿易政治的強人壓力，要求政府更徹底開放農產品進口，

相對而言農民處於弱勢。洋菸酒開放進口，二林果農直接受到威脅，果農將不滿情緒，轉移至公賣局。公賣局因此成為政府貿易政策的代罪羔羊；原本要由農政單位照顧的農業重擔，也落到公賣局身上。

（2）政府的農業政策搖擺不定，農民無法仰賴政府的指導，建立長期、前瞻性的生產計劃，反而常盲目投入眼前獲利性高的作物，釀酒葡萄利潤既高於其他作物，又免於市場價格波動的影響；既有公賣局保障收購價格，果農對釀酒葡萄的生產，因而絕不輕易放棄。

由於果農對葡萄的收益，仰賴已深，任何不利於葡萄生產的決策或措施，果農常引起其激烈的抗議行動。如1986年在美國貿易談判的壓力下，我國政府決定開放洋菸、洋酒進口，影響菸酒公賣局的國產煙酒銷售，因此，擬取消或減少契作面積；引發1987年二林地區的葡萄農抗議事件。

1994年度彰化縣契作面積占全省之71.7%(見圖 6-10)，非契作但奉准收購面積占全省79.2%(見圖 6-11)。金香及奈加拉種交果

1994.6.15 果農至南投酒廠抗議（聯合報記者　黃宏璣 提供）

面積占全省之84.9[72]（見圖 6-12）。而彰化縣釀酒葡萄總面積有2,424.02二公頃，二林鎮就有1,483.74公頃，占61.21%，居全省之48.88%。以上數據可見二林鎮釀酒葡萄在全省葡萄生產上的重要性，而葡萄農的抗議行動自然以二林地區為鵠首。

從1987年以後，葡萄農抗爭事件幾乎年年發生，較重大的抗爭如

---

72. 二林鎮農會提供，1994.8.19採訪。

下：1989年8月11日，二林地區果農動用約兩百部卡車，將葡萄運至南投酒廠，要求酒廠收購[73]。

1993年8月10日，二林千餘葡萄農由二林鎮長洪樹聰、農會總幹事謝國雇帶隊下，乘32輛遊覽車前往省公賣局抗議，結果公賣局允再

葡農為爭取政府收購超產葡萄，群眾在省府抗議。1995.7（聯合報記者 黃宏璣 提供）

收購八百萬斤葡萄，非契約農戶也破例收購，估計經費高達一億，官員指將創下惡例。[74] 8月12日果農千餘人又到南投酒廠陳情，要求南投酒廠同意全數收購超產葡萄，省席宋楚瑜批准公賣局提出解決辦法。[75] 於是南投酒場擴建，欲使隔年的金香葡萄悉數進廠。

但是酒廠的擴建設備，馬上又趕不上葡農的增產。1994年正值金香葡萄採收期，卻因提姆颱風過境，造成葡萄損失約三、四成，農民為了避免落果，紛紛搶收，使繳果大塞車，酒廠消化不了暫停收件，葡農又懷疑酒廠內部人員作怪，醞釀再發動農民前往公賣局抗議。[76]

1995年7月29日，二林地區果農為了很難擠進酒廠繳果，二千餘名葡萄農在立法委員洪性榮、謝敏聰等人陪同，前往南投酒廠抗議作業不公，酒廠做出讓步。[77] 8月18日，又因酒廠工會拒絕超收葡萄，二千餘名

73. 《聯合報》，1989.8.15。
74. 《中國時報》9版（記者 鐘武達），1993.8.11。
75. 《中央日報》13版（記者 周庭慶），1993.8.13。
76. 《中國時報》（記者 鐘武達），1994.7.12（14版）、7.31（14版）、8.5（16版）。
77. 《聯合報》（記者 鄭毅），1995.7.30。

葡萄農在省議員謝言信、立法委員洪性榮與二林鎮農會總幹事謝國雇帶領下前往台北公賣局抗議。[78]

　　繳果期間如果有其他枝節或酒廠難以克服的問題，衝突往往更嚴重。當年8月24日，千餘果農為葡萄收購問題進行抗爭，圍堵省府，雙方爆發衝突，在兩度協商失敗後，農民情緒失控，多位警民掛彩，兩人被捕，到隔天凌晨為止仍在對峙。結果為了收購葡萄形成拉鋸戰：果農流血抗爭，雙方在25日三度協商「適當價碼」；這時有的立委抨擊省長背信跳票，不過省長宋楚瑜則否認承諾「全數收購釀酒葡萄」[79]。

葡萄農主要抗爭的理由是：

（1）酒廠突然停止收購，而果農已完成採收，造成嚴重損失。

（2）公賣局買了太多進口葡萄，卻忽略台灣農民的利益，讓他們面臨困苦的生活。

（3）酒廠委託農政單位辦理葡萄收購的過程中易生弊端，雖然酒廠分配一定繳果量給果農，惟其中不少配給是遭某些特權果農、中間商把持（享有優先繳果權）。為此果農計劃透過省議員進行調查，並醞釀向特權機關團體抗議。

（4）1955年8月葡萄農前往台北公賣局抗爭，與公賣局長等官員進行協商，達成全數收購的結論，其中款項的一成以公賣局產製的葡萄酒抵充，然而這項結論隔週即被財政廳否決。

78.《中國時報》17版（記者鐘武達），1995.8.18。

79. 見《中國時報》2版（記者鐘武達），1995.8.25。

　　葡萄農抗爭施壓的層次由二林農會、南投酒廠、公賣局到省政府，甚至針對省長宋楚瑜。果農圍堵省府，是省政府遷至中興新村合署辦公以來首次發生，也是省長選後民眾陳情首度發生衝突事件。葡萄農抗爭事件雖非新鮮事，但以1995年8月24至25日的事件特別嚴重。

　　就政府方面而言，對釀酒葡萄的契作與收購，也有許多苦衷：

（1）在照顧農民的政策下，公賣局每年買入的葡萄，不但貴得離譜，也多得驚人。農林廳計算葡萄農作的成本一公斤約十五、六元，與公賣局現行二十六元的收購價相距太遠[80]，因此果農趨之若鶩，爭相供料給公賣局。

（2）以1994年為例，二林鎮契作內面積832.54公頃，非契作面積亦高達651.70公頃，契作外所產的葡萄數量亦相當驚人，遠超過公賣局所能控制。

（3）政治力量的介入。每逢公賣局與果農意見相持不下時，果農總是會在民意代表的帶領下，前來討價還價，因為果農和民意代表都認為公賣局盈額甚高，照顧農民並不為過。民意代表的施壓，為農民說項，也贏得下一次選舉的選票。政治人物拿走了選票，卻留下棘手的葡萄要公賣局善後，公賣局方面因此認為釀酒葡萄是最失敗的契作。[81]

　　上述為了消化這些過量的葡萄，公賣局頻頻擴充發酵儲酒槽仍不敷使用，在1996年度的公賣局預算中，有關南投酒廠 280,000,000元的擴充計劃案中，記載「因民意代表及果農強烈要求收購非契作葡萄，致桶槽

80.《中國時報》2版（記者 鐘武達），1995.8.25。
81. 菸酒公賣局吳專員報導，1995.10.3採訪。

週轉困難，故須增建發酵儲酒槽以符實際需要。」一語道出公賣局對收購葡萄的無奈[82]，可見酒廠的擴充，並非根據生產計畫而是外力的強烈干預。

醸酒葡萄固然讓二林鎮葡萄農的經濟獲得相當程度改善，但「夕陽無限好，只是近黃昏」；公賣局與果農的契作到1996年期滿，果農在賺進豐厚利潤的同時，也深懷危機意識。公賣局在1996年1月4日寄出「速件」公函給二林農會推廣股，確定當年醸酒葡萄應根據「本省醸酒葡萄生產收購管理措施」和約及和約規定，超產部份不再收購。[83] 1月5日又以「特急件」公函，1995年冬季醸酒葡萄確實無法超收，在說明之內容中，表示監察院已在調查約談有關人員，如再無視規定超收，有關人員可能遭受議處。[84]

公賣局表示，在廢止專賣條例後，不再負擔照顧農民的義務，並要求中央每年要負起差價補貼的責任。目前，公賣局已對屬於管制作物的菸葉進行休耕轉作的補貼，但屬於一般作物的葡萄，本應採自行負責態度，但是果農一再用政治力量運作，公賣局也希望早日解決收購葡萄的夢魘，於是經由行政院核定由1997年菸酒公賣利益中，撥出十四億八千萬辦理「廢園獎勵金調整案」醸酒葡萄收購將走入歷史。二林鎮供銷原料的果農約有四、五千戶，將何去何從？二林農會預見醸酒葡萄美景不再，積極輔導農民轉作蕎麥、薏苡、紅豆、荔枝、蜜紅葡萄、梨、精緻蔬果等作物。

依據省府核定「公賣局契作醸酒葡萄廢園補助金額與辦法」，廢園獎勵金標準為保留植株：契作戶每公頃251,000千元，非契作戶（列管戶、

---

82. 《中國時報》，1991.8.3。
83. 「台灣省菸酒公賣局南投酒廠函」，八五投總字第0047號，1996.1.4。
84. 「台灣省菸酒公賣局函」，八四公農字55372號，1996.1.5。

搶種戶）166,000元。砍除植株：契作戶每公頃54萬，非契作戶40萬[85]。

　　1997年，二林鎮廣達1,600公頃的葡萄園已有果農展開廢園工作。[86]過去每公頃收益達80萬元左右的釀酒葡萄，在農民眼中有如搖錢樹，廢園以後，葡萄藤被砍除當成薪火；從1976年到1996年，釀酒葡萄20年的風光歲月，至此終成灰燼。

第四節 農民運動中的葡農抗爭

一、農民抗爭與葡農抗爭

　　從1987年到1996年之間，二林地區的生產釀酒葡萄的果農，每到採收期總是與公賣局發生大大小小的抗爭，時人或稱之為「葡萄戰爭」。觀其事端，脫離不了葡萄的收購問題。早年（1972年）公賣局對於葡萄契作的努力，在使葡萄原料的收購更穩定，繳果更有秩序，也希望消弭中間商與其他團體從中牟利的弊端。[87]到1990年，省政府農林廳公佈「釀酒葡萄契作制度改進方案」，則在解決由酒廠經農會與葡萄農的間接契作造成的面積擴增缺失。[88]

---

85. 根據台灣省政府，「台灣省現耕釀酒葡萄農戶申請廢園輔導作業要點」，1996年。
86. 根據二林鎮公所農業課，「1997年農作物全年生產報告表」統計，1997年釀酒葡萄無種植面積已縮減為493.61公頃。
87. 參考《台灣省政府公報》1972年夏字第61期。1972年省政府農林廳公佈的「1972年度釀酒葡萄計畫生產實施要項」中，曾規定由農林廳及各縣市政府督導農會辦理契約生產及產品共同運銷，當時收購單位由公賣局單獨作業，加入新鎮農會、縣市政府、農林廳等機關，便是為了解決過去繳果的缺失。
88. 參考《台灣省政府公報》，1990年冬季第62期。

載滿葡萄，排隊準備進入南投酒廠的卡車（二林鎮農會提供）

二林的葡萄種植面積從1981年開始大幅度增加，隔年，即1982年，為契作外釀酒葡萄納入契作的首例。再看看整個台灣的農業發展，從1981年到1990年，可稱為台灣農業結構的變革時期，也是農業生產持續衰退，農業貿易逆差急遽增加，農業問題急速惡化的時期。美國農產品大量湧入傾銷，農村經濟社會面臨崩潰危機。[89]

1987年夏季，二林葡萄農第一次抗爭，而這年的12月，全島相繼成立「農民權益促進會」，進行一連串的農民示威遊行抗議活動，最後演變為1988年「五二〇」農民抗議事件，在台北街頭發生喋血警民衝突。所以「二林葡農抗爭事件」，不能孤立為地區性的葡農抗爭，必須要與整個台灣的農業政策與農業問題一起觀照。

國內學者黃俊傑在1981年到1988年之間，曾對台灣農村與農民問題有持續性的探討，他認為1981年代初期，從社會的角度來看，農業建設的問題有二：一是農民缺乏社會意識及政治興趣，農民較少體認農業建設與社會政治建設的密切關連性。一是農民在農村社會不居主導地位，雖然是農村居民主體，但是不具有相對的發言力量。[90] 1987年以後，農民為弱勢團體，農民不具有相對發言權的情況就改觀了。

在外貿導向的工商資本主義原則下，1987年美國葡萄以低價進口，公賣局企圖降低收購價格、收購量，國內契作葡萄農則希望維持過去水

89.吳田泉，《台灣農業史》（台北：自立晚報文化出版部，1993），頁387-388。
90.黃俊傑，《台灣農村的黃昏》（台北：自立晚報社文化出版部，1990），頁112。

平，兩者各有其考量而產生極大衝突，導致1987年以後，葡萄農與公賣
局抗爭事件幾乎年年發生，重大的抗爭如下：[91]

1989.8.11	二林地區果農動用兩百部卡車，將葡萄運至南投酒廠，要求酒廠收購超產葡萄。
1993.8.10	二林千餘葡萄農乘三十二輛遊覽車前往省公賣局抗議，要求超收。
1993.8.12	果農千餘人到南投酒廠陳情，要求南投酒廠同意全數收購超產葡萄。
1994.7.11	農民前往公賣局抗議暫停收件。
1995.7.29	二千餘名葡萄農前往南投酒廠抗議作業不公。
1995.8.18	酒廠工會拒超收葡萄，二千餘名葡農往台北公賣局抗議。
1995.8.24	千餘果農為葡萄收購問題進行抗爭，圍堵省府，雙方爆發衝突，在兩度協商失敗後，農民情緒失控，多位警民掛彩。
1996.2.10	公賣局查私酒，近百果農圍堵。
1996.7.18	果農陳情立法院、省議會，希望延長葡萄契作。
1996.9	葡萄農成立釀酒葡萄自立救濟委員會揚言長期抗爭。
1997.12.13	農民抵制釀酒葡萄採標購制，全省發酵。

　　從1987年到1996年之間，年年的葡萄成熟時，便是葡萄戰爭時；葡
農的抗爭行動，可說是菸酒公賣局在這段期間的最痛。公賣局希望得到

---

91. 整理自（全國版、中部版）《中國時報》、《聯合報》、《中央日報》、《自由時報》，1987
　　年-1998年。

高品質及適量的釀酒原料，農民則希望得到最好的價錢。在農業衰微多年，好不容易這種利潤高、風險低的作物，於是沒有契約的農民搶種，有契約的超種。農會、民意代表、民眾服務社在照顧農民的立場，不斷施壓要公賣局承受，結果葡農獲得利潤，農會經收運銷手續費，民代拿到選票。反觀與公賣局業務最直接相關的政府單位財政廳與農林廳，財政廳關心營收問題，反對公賣局付出太高的成本。農林廳的角色在輔導農民改善生產環境，協助農民種植最有經濟效利益的作物，卻要查核葡萄種植面積以達到減產的目的。公賣局本身為生產事業，自有其營利目標，現在則被農民要求擔任「福利單位」，於是收購葡萄的政府相關單位存在難以解決的矛盾。

　　二林不論在日治時期或戰後的農民運動皆為重要的橋頭堡，這樣的事實絕非偶然。學界多以農業政策面來分析農民運動，筆者亦接受這些看法[92]，但是地域因素與農民運動的因果關係卻常常被忽略，整體性的糖業、農業措施為何特別容易在二林地區發酵？自然條件如何影響農業環境前文已經說明，那麼在特定農業條件下，發展出的農業的商品化與社會力的形成又有何關係？

二、農業商品化與社會力的形成

　　1923年到1930年是台灣史上農民運動的重要階段，短短七年之間，

---

92. 例如謝國斌，〈台灣農業政策與農民權力〉，台大政治學研究所碩士論文，1998；簡慧樺，〈國家權力與農民抗爭──以1895至1980年代台灣農民運動為例〉，台大政治學研究所碩士論文，1998年；許嘉猷，〈台灣農民階層剖析〉，《解剖台灣經濟 威權體制下的壟斷與剝削》（台北市：前衛出版社，1992）；吳旻蒼，〈台灣農民運動的形成與發展（1945-1990）〉，台灣大學農業推廣研究所碩士論文，其論點主要從農業政策來分析。

台灣一共發生了三十二次農民爭議事件[93]，其中二林就有四次，為全島之冠，而且皆有指標作用。1923-1924的林本源製糖會社蔗農爭議，是蔗農集體請願第一次成功的記錄，對全島的蔗農起了示範作用。1925年二林成立全島第一個蔗農組合，同年的二林蔗農事件為台灣農民運動掀開序幕，並且被視為里程碑。二林蔗農事件後約一甲子，發生在1987-1997年的二林葡農事件，更是戰後持續最久，得到最多實質利益的農民抗爭行動。

　　二林地區在日治時期一半以上的土地為私營農場及製糖會社所瓜分，以原料甘蔗栽種為主，並配合以稻米、雜糧之輪作，因此，二林自日治時期便導向商品化的農業經濟。製糖甘蔗到1960年代已是強弩之末，接著洋菇的栽培在1965-1979為極盛期，蘆筍從1965左右開始，1980年達到高峰。1979年以後起，歐洲共同市場取消台灣洋菇、蘆筍配額，出口銳減，二林地區正需要找尋替代的高經濟作物。釀酒葡萄由於有長期契作保價收購，果農收益穩定，利潤又在一般作物之上，1979年與公賣局訂立契作，不出幾年成為二林地區最重要的經濟作物。

　　農業商品化似乎意味著農民現金收入的增加，但是日治時期開始走向商品化經濟之時，二林地區同時也進行著糖業版圖的擴張與兼併，依附在土地上的農民，不但未蒙其利，許多人更飽受喪失祖業與淪為土地附屬商品的痛苦。再則總督府為了確保製糖原料來源，制訂「原料採取區」制，這種壟斷原料收購又片面決定價格的制度，導致蔗農與製糖會社的衝突，成為日治時期農民運動的焦點之一。總督府在全島實施原料採區制，但是像二林同一庄內，卻被明治、林本源與源成農場三個製糖會社分割的情況少之又少。

---

93. 整理自《台灣社會運動史》（1913-1936）第四冊農民運動。

　　強烈的利益差別，導致二林地區蔗農抗爭最為頻繁，二林、沙山（今芳苑鄉）、大城、竹塘等四庄，歸屬於林本源製糖原料區的蔗農，隱然已經形成聯盟，並由地方領導階層組織下發展為「蔗農組合」。1925年蔗農透過組合，再度爭取合理糖價，林本源製糖唯恐又引起連鎖反應，採強硬態度收割甘蔗，結果爆發蔗農與警察的武力衝突。被分割的土地、受侵奪的地權、廣大的蔗作區、不同的採收價格；二林作為蔗農抗議的爆發點，著實與地域因素有密不可分的關係；「二林蔗農事件」不啻反映了農民土地被侵奪，利益長期被剝削所產生的反動。

　　二林蔗農事件發生隔年，台灣蔗作面積銳減，農民以拒種甘蔗作為消極抵抗。在米蔗輪作普遍化以後，農民對作物的選擇彈性更大，經濟作物農或糧食作物農的色彩，不再那麼分明。

　　傳統社會種植糧食作物的農民，將農業視為一種生命與生活方式，對農業的經營採取保守作風[94]。栽培經濟作物，尤其特種經濟作物（如製糖甘蔗和釀酒葡萄）的農民，由於作物產銷作業商業化程度高、投資大，組織化程度就比糧食作物農來得高，以追求報酬為目標，勇於為自身的利益冒險；一遇到某種利害關係，常可以發揮高度的動員能力。例如日治時期的蔗農成立蔗農組合，葡農設有供果班、共同銷班運，一反傳統家庭式與個人化的管理作風。農民改種稻米或甘蔗、稻米輪作以後，原本作為經濟作物農的強烈性格淡化；如果抗爭並未帶來實質改變，政府的控制反而加強，農民倒不如自尋出路，喧嚷一時的蔗農爭議也就沈寂下來。

　　因此二林蔗農事件雖然掀起軒然大波，為農民運動跨出了一大步，蔗農也曾爭取到收購價的提高，若論及整體的糖業政策與措施的改變，

---

94. 吳聰賢，〈現代化過程中農民性格之蛻變〉，收入李亦園、楊國樞編，《中國人的性格》（台北：桂冠公司，1991），頁350。

則被殖民政府以政治力量壓制下來。日治時期二林的農民受官方的彈
壓，無法對抗製糖會社，但是其經濟作物農的特質，戰後又因收購價格
的問題充分突顯出來，產生長達十餘年的「葡萄戰爭」。

　　儘管公賣局對契作面積、每公頃收購數量都有規定，農民卻一再透
過民意代表、農會、國民黨黨部，向公賣局施壓，使種植面積不斷擴
張，收購量已超過酒廠的最大負荷量[95]。公賣局既有契約明文規定，農
民何以用盡各種辦法，超種、超產葡萄？

　　在1960年代以後，工商業急遽發展，農業衰退[96]，但是栽培釀酒葡
萄的二林、竹塘、鹽埔、埤頭各鄉的耕地率和農業人口率，一直到1996
年仍高居不下（見表 6-6），從這些數據可以瞭解農業凋弊，對這些地區
可能造成的打擊。1980年代，蘆筍、洋菇等重要經濟作物的國際市場不
再，農民急需找尋高利潤、低風險的替代品，這時釀酒葡萄就成為最好
的選擇。

　　以金香、黑后品種為主的釀酒葡萄，和目前以保證價格收購的幾種
主要作物價格損益比較，收益以極大的差距高居第一、二位，而且逐年
有向上成長的趨勢（見表 6-7）。

　　再與其他作物比較，金香、黑后葡萄的賺款也不遑多讓。金香葡萄
平均賺款值為每公頃208,580元，黑后183,646元，高出蓬萊米二期總和的
16,943元甚多（見表 6-8）。金香葡萄在五十種主要作物中，平均損益值
排名第五，賺款平均值居第十，損益變異值為第十一。釀酒葡萄收益

---

95. 詳見張素玢，〈憤怒的葡萄——二林葡農抗爭事件〉，頁255-256。
96. 戰後台灣農業經濟的發展，1953年農業生產佔全國總生產部門38.3%，1960年佔24.9%，
　　1969年降至18.8%。就出口的產品來看，1953年農業出口佔91.6%，1960佔67.7%，1969年
　　佔26%。農業不但嚴重衰退，此回顧戰後台灣農業經濟的發展，1953年農業生產佔全國總
　　生產部門38.3%，1960年佔24.9%，1969年降至18.8%。就出口的產品來看，1953年農業出
　　口佔91.6%、1960佔67.7%，1969佔26%。見蕭國和，《台灣農業興衰四十年》，頁39。

表 6-5　彰化縣釀酒葡萄生產地農業狀況統計表

年度	地區	耕地面積 (公頃)	耕地率 (%)	農業人口率 (%)
1986	二林	7,783.67	83.83	60.38
	埔鹽	2,802.62	72.59	66.63
	埤頭	3,464.53	81.04	70.98
	竹塘	2,637.06	62.54	90.31
1991	二林	7,747.44	83.44	53.77
	埔鹽	2,795.36	72.40	77.77
	埤頭	3,433.17	80.31	65.14
	竹塘	2,549.18	60.46	74.24
1996	二林	7,627.56	82.15	57.91
	埔鹽	2,656.32	68.80	81.66
	埤頭	3,213.14	75.16	69.74
	竹塘	2,497.78	59.24	83.07

資料來源：彰化縣政府，《彰化縣統計要覽》，1986、1991、1996年度。

佳、風險小，再衡量土壤氣候因素，確實為最具種植誘因的作物。

　　1986年在美國貿易談判的壓力下，我國政府決定開放洋菸、洋酒進口，擬取消或減少契作面積，並降低收購價格，引發1987年二林地區的葡萄農抗議事件，此後，葡萄農抗爭事件幾乎年年發生；抗議聲中，高利潤的誘因使釀酒葡萄耕種面積持續擴大。到1994年，彰化縣契作面積占全省之71.7%，二林鎮就有占61.21%，居全省之48.88%，為種植面積最廣之鄉鎮，所以葡萄農的抗議行動自然以二林地區為鵠首。

　　公賣局實施保價收購的契作，原先是要穩定原料來源，鼓勵農民種植。後來農民種植技術進步，以密植栽培，提高了產量與平均糖度，因此利潤逐年增加，耕種面積擴充之迅速，已非一紙契約能控制。公賣局對這種脫離成本的收購價，雖然可以在每年收購之前，在協調會中對價

表 6-6　幾種保價收購農作物之損益

單位：元/公頃

項目 \ 年代	1990年期	1991年期	1992年期	1993年期
一期水稻	10,243	14,842	9,402	14,337
二期水稻	2,924	-4,072	-2,330	15,162
一期玉米	2,131	2,367	4,149	4,785
二期玉米	13,007	10,836	11,892	4,284
金香葡萄	173,773	170,789	202,161	261,355
黑后葡萄	120,222	121,594	195,229	253,491
加工番茄	25,050	-197	-9,054	-9,332
裡作紅豆	-1,020	22,789	25,088	46,071

資料來源：糧食局，《台灣地區稻穀生產費調查報告》，1990~1993年度。農林
廳，《台灣農產品生產成本調查報告》，1990~1993年度。

表 6-7　歷年產地作物損益狀況表（1988-1994）

單位：元

作物別	損益平均值	賺款平均值	損益變異係數
花椰菜	335,019	467,895	0.090
富士蘋果	298,146	530,684	0.000
五爪蘋果	234,190	394,161	0.178
高接梨	224,314	490,469	0.311
金香葡萄	208,580	407,799	0.168
開英鳳梨	202,823	418,132	0.540
生食甘蔗	197,062	402,169	0.163
兩期蓬萊米	16,943	93,100	0.531
黑后葡萄	183,646	418,132	0.370

資料來源：台灣省政府農林廳，《農產品生產成本調查報告》，1994。
說　　明：變異係數為標準差除以平均值，其含意為每年每元損益可能的波動範圍，變
異係越小，表示損益波動比例越小，也越穩定。

格提出討論[97]，但是農民對價格相當堅持，動輒以抗爭要脅。葡農動員其社會力並結合政治力，使農民的意志主導形勢，讓釀酒原料隔絕於成本計算，超脫於國際價格之外。

葡農抗爭和六十多年前的二林蔗農爭議比較可以發現，日治時期製糖會社以殖民政府為後盾，原料採取區和米糖比較法將蔗農的耕作利潤擠壓到最低，使會社不受世界經濟景氣波動影響。蔗農不管以理性陳情或肢體抗爭，在綿密的國家控制下，對抗空間有限。

一甲子之後，情勢大為改觀。執政黨隨著國內外局勢丕變而調整箝制過甚的統制方式；存在多年的反對勢力得以成立政黨，接著1987年台灣解除戒嚴，由下而生的民間力量快速發酵，社會運動蜂起，葡農抗爭就在這股時代潮流，將社會力發揮到極致。

1982年以後二林地區釀酒葡萄的收益達兩億以上，1995年更超過八億，使萎靡不振的農村注入活力。台灣農村人力空虛化由來已久，二林地區卻因葡萄的盈利使人口回流：1980年葡萄契作之初，外流人口1,222人，社會增加率為負20.51%；1993年葡萄景況正好時，外流人口也降到最低的436人，社會增加率負7.55%（見表6-9）。

釀酒葡萄的經濟利益，不但使農村一片繁榮，原本體質甚差的農會，得到每年上千萬手續費的挹注，存款年年破新高，成為彰化縣營收極佳的農會。葡萄這種高收益的經濟作物，將二林及鄰近鄉鎮的葡農緊合起來，使原本散漫的個體就像一顆顆金色葡萄，經由共同利益結成一串。另外葡農又充分運用經濟與政治資源，要求農會、黨工、民意代表、媒體，從政策面、行政面及輿論向公賣局施壓，使其決策脫離經濟

---

97. 參與價格協調會的代表有公賣局、財政廳、農林廳、縣政府及各級農會，前兩者為收購原料的代表希望降低價格，其餘為農政機關或農民團體，基本立場是維護農民利益，希望價格提升，並堅持不能下降。

表 6-8 二林鎮人口變動狀況表（1979-1997）

單位：人

年別	人數	自然增加數	自然增加率%	社會增加數	社會增加率%
1979	59,555	1,207	22.07	-1,582	-26.56
1980	59,579	1,246	20.91	-1,222	-20.51
1981	59,656	1,211	20.29	-1,133	-19.01
1982	59,979	1,212	20.27	-889	-14.86
1983	59,984	1,014	16.91	-1,109	-16.82
1984	59,959	1,089	18.16	-1,114	-18.56
1985	59,582	1,129	15.87	-1,326	-22.18
1986	59,225	829	13.96	-1,186	-19.97
1987	58,766	818	13.87	-1,277	-21.65
1988	58,149	783	13.40	-1,400	-23.95
1989	57,495	693	12.02	-1,034	-17.93
1990	57,452	610	10.61	-653	-11.36
1991	57,452	610	10.61	-653	-11.36
1992	57,595	688	11.96	-545	-9.47
1993	57,826	667	11.56	-436	-7.55
1994	57,740	568	9.84	-654	-11.32
1995	57,713	630	10.91	-657	-11.38
1996	57,510	594	9.98	-797	-13.86
1997	57,387	642	11.19	-765	-13.33

資料來源：彰化縣政府，《彰化縣統計要覽》，1979-1997年。
註：1990年與1991年統計數字完全相同，疑原資料有誤。

效益的考量，也讓國際原料價格的低廉不及於國內葡農。在二林這片土地上，過去的蔗農是長久被剝削的一群，現在的葡農則反制公賣局於股掌之間。

葡農抗爭成功的因素可歸納為下列幾點——

1.不直接涉及消費者：儘管社會大眾普遍瞭解農民所得偏低，農業經

濟衰退，但是以消費者立場，農產品價格的降低卻是他們樂於見到的，對農民運動難免排斥或疑慮。因此農業政策除了顧及國外的外交貿易壓力以外，還要考慮農民利益與消費者之間的「利益衝突」。而葡農生產的釀酒葡萄不作為一般市場的消費品，唯一的收購者是公賣局，生產與消費之間的關係是封閉的，是否收購超產葡萄，並不影響到一般消費者。

2. 對象直接單純、訴求明確：釀酒葡萄唯一收購者為公賣局，而且公賣局只有南投酒廠生產水果酒類製品，葡農抗爭的對象直接，訴求具體，就是要公賣局承認契作外葡萄的收購，至於貿易外交、農業保護政策等大問題暫不爭議。

3. 利益一致，動員能力強：1987年前後，雞農、果農雖然出現不少抗爭事件，但是這些雞農來自不同的地區，果農包括不同類的水果，而葡農都是生產釀酒葡萄，種植區以二林為中心，包括彰化縣竹塘、埤頭、埔鹽、芳苑鄉等，在日治時期曾同樣遭到源成農場侵奪土地，曾經同為林本源製糖原料採區，也曾攜手對糖廠展開訴求活動與抗爭，向來就有合作的歷史傳統。這些鄉鎮全部相連，生產季節相同，爭取的權益一致，可說是命運共同體。而且葡農平時就有供果班的組織，每十公頃組成一班，每班設葡萄班長一人，採收期又有共同運銷的程序，所以動員能力非常強，運作群眾產生的威力，對抗議對象的衝擊程度極高。

以上便是葡農每次抗爭都得到具體回應的原因。公賣局如果不收購，這些專為釀酒生產的葡萄，在生食市場毫無出路，又不耐久儲，因此在短時間內，葡農抗爭不達到目的絕不甘休。1995年公賣局盈餘650億，超過所有省營單位，營收太好反而變成公賣局失去談判的籌碼。再則政府的農政、財政單位各有其不同面向的考量，執政黨、民意代表又顧慮選票流失，不敢違背「民意」。葡農毫不後退又團結一致的社會力量，對抗分歧多慮的政府力量，成敗立見。

小結

位於濁水溪沖積扇扇端的二林，曾是飽受沙害與水患的地方，在日治時期防沙防風與水利工程陸續完成之後，開始有了農業發展的契機，並且在環境變遷與時空轉換的過程中，逐漸成為農業重鎮。日治時期的私人農場先後在二林設立，正好填補了開發土地所需的資本，日本移民與客家移民則補充了開發過程所需的勞動力，並帶來新的人口組合、聚落成長。再加上殖民政府獎勵糖業，擁有廣闊土地與沙質壤土的二林，土地利用大大提高。

在國家糖業保護政策、培植日方資本的情況下，二林的農業導向高度的商品化，改變了傳統的農業經濟，農民也付出相當的代價。私營農場和製糖會社就如兩刃刀；固然促進二林農業的成長，但是發展私人資本利益時，使依附在土地上的農民，飽受喪失祖業與淪為土地附屬商品的痛苦；農民在一次次的抗爭事件中，由保守、安於天命，轉而勇於為自身的權益奮鬥。

回顧臺灣史上的農民抗爭，第一次蔗農集體請願成功發生在二林（1924年林本源製糖會社蔗農爭議），農民運動肇始於二林（1925年二林蔗農事件）在1980年代末期到1990年代初期的果農抗爭，以釀酒葡萄農的抗爭，獲得最多具體結果。為何二林地區在臺灣的農民抗爭與農民運動具有如此關鍵性的地位？本章分析歷史上的事件以後，排除純屬偶然的看法，認為二林這個特定地域，農民抗爭的頻繁有其必然因素。自然與農業環境，使二林的土地甚早為資本家所瓜分，私營農場並將二林的農業導向高度的商品化。作物的商品化促成了農民性格的轉變，農民由保守、安於天命，轉而勇於為自身的利益冒險，農民性格與意識的轉變，在二林農民身上可以看到最鮮明的呈現。二林地區從日治時期的「蔗農事件」到戰後的「葡農事件」，在農民運動史上留下不可磨滅的一頁。這個曾是「風頭水尾」，農業條件惡劣的地域，在環境變遷與時空轉換的過程中，竟也淬發出蓬勃的社會力。

第七章 結論

7

山水相連—由八卦山台地俯瞰二水,自山麓斜坡下降至沖積平原,乃至濁水溪畔,高度層次分明(河流對岸屬南投、雲林縣境) 柯鴻基攝2001.9

發源於合歡山的濁水溪，一路從三多千公尺的海拔高度奔流而下，行經高山，收納大川小河，沖刷板岩，夾帶著大量懸移物，來到二水鼻仔頭隘口以後，坡度降低速度驟緩，泥沙遂堆積於開闊的大地，逐漸形成沖積扇平原。沖積扇平原上河流的變遷是河川的自然特性，濁水溪的河道的變動更是頻繁。在濁水溪沖積扇的土地上，散佈許多村落，人們依水而居，近水而耕，在歷史的不同階段，曾有不同的人群居住其間，並發展成不同屬性的社會。

濁水溪畔的地方社會，有兩種主要的形塑力量：一為自然的力量，尤其是水文；一為國家的力量，尤其是殖民政府的權力。這兩種力量各對地方社會的影響，又以1920年「濁水溪堤防護岸」完工為分界線。濁水溪堤防工程，不僅是一條人工長堤；人為的地理界線，更從此顛覆過去「水」與「人」的關係。

1920年代之前，住民受到環境因素控，必須順應濁水溪河道無常的水文特質，趨吉避凶；在自然的挑戰之下，發展出一套適應的方式。十七世紀以前的早期的先住民，到底如何與濁水溪共生共存，文獻只有簡略的記載，但是十八世紀清代地圖的紋理中，我們卻發現古老的濁水溪畔住民，隨著河川流路的巨變，被洪水驅離原有的生活領域，錯置在不同的空間，直到濁水溪恢復平靜。

十八世紀初，漢墾勢力由南部往北移動，越過虎尾溪、東螺溪來到彰化平原，台灣進入一個移墾的高峰期。彰化平原的新住民，了解河水的特性後，除了「適應」自然，開始利用「水資源」，避開洪泛區，修築渠道，引肥沃的濁水灌溉土地。隨著八堡圳、十五庄圳陸續完成，彰化平原的農墾發展，從此分道揚鑣。

彰化隆起平原，也就是大肚溪以南，舊濁水溪以北的地區，因為水利工程之故，迅速水田化，成為台灣最豐饒的地區，聚落、人口急遽成

長。相反的，舊濁水溪以南的沖積扇平原，卻因地理環境的因素，使住民飽受水患或沙患之苦，開發遲滯，是彰化平原聚落最稀疏的地帶。

漢人引水闢地，精耕細作的技術，改變了原有的生產型態，土地產值增加，漢人爭相入墾，擠壓了先住民的生活空間，以其傳統的維生方式，也難以安居故土。少部分先住民融入漢人的文化中，大部分只得另覓新天地，尤其原本生活在濁水溪沖積扇的東螺、眉裡、二林等社先住民；在面臨漢墾勢力與水患的雙重壓力下，最後遠走埔里，終成濁水溪沖積扇地區的過客，漢人遂為主要的住民。

二水、北斗、二林，分別為濁水溪沖積扇扇頂、扇央、扇端三個地區的的代表聚落。扇端的二水，夾制在山水之間，受環境所困；住民必須在有限的生存空間，向自然爭取資源。開闢山林，與河爭地，與自然展開長期的生存挑戰。

扇央的北斗，在濁水溪河道的包圍下，深得河運之便，乃清代台灣中部南北交通，河陸轉運的重要據點，這種地理上的優越位置，使其成為盛極一時的商業街肆，但是舊濁水溪河道變動頻仍，不時對北斗產生威脅。歷史上濁水溪對北斗最深刻的影響有下列幾項：1.東螺之遷街；嘉慶年間東螺溪（今西螺溪）氾濫成災，仕紳街耆於是另選東螺溪與清水溪之間的高亢河洲地建立「北斗街」。2.濁水溪淤積，鹿港港口機能衰退，北斗市況也因鹿港的衰微而走下坡。3.日治時期北斗段濁水溪鐵道工程施工困難，因此路線不經北斗，使其發展大受影響。濁水溪對北斗來說，可謂「成也濁水，敗也濁水」。

扇端的二林，舊濁水溪經過該區東北邊，但是水道不穩定，對東岸少數聚落有所嘉惠，南邊雖有莿仔埤圳，但是灌溉的面積相當有限。土地雖廣，既常遭水患，又有濁水之沙害，可說是三者當中，生存條件最窳的地方。

　　1920年代以後，「濁水溪堤防護岸」完工，過去「人」受制於「自然」，必須「適應」自然的情況全然改觀。日本殖民政府以國家力量，動用龐大人工、經費，將濁水溪收束於今天「西螺溪」的位置，突破自然條件的限制，開始在濁水溪沖積扇，以人為的機制，施行國家的意志。過去牽動沿河居民性命安危的濁水溪，其影響力已經逐漸隱退，主宰地方社會的力量，轉為國家的權力。

　　1920年代以前，濁水溪為自然奔流的狀態，盈涸無常，水道無定，造成災害無數。日治初期的1898年，濁水溪因上游草嶺潭潰決，流水回歸濁水溪故道，造成毀滅性災害，整個濁水溪沖積扇地區，各街庄無一倖免。二水山區土石流狂洩而下，臨河地區田園被沖走，成為濁水溪河道。北斗街全部浸水，土地流失，市街之東部份聚落淹沒溪底。二林庄東北被洪水沖出水路，水退之後，沙害更嚴重，人口大量外移。

　　此後，濁水溪仍非常不穩定，從1898到濁水溪堤防築起之前，平均不到三年就發生一次水災。明治三十八年（1905）縱貫鐵路工程初步完成，明治四十一年（1908）六月，最艱難的濁水溪鐵橋竣工，全線通車。基於保護此一重要交通建設，和民眾安全的考量，殖民政府遂在全台重要河川興建堤防。大正元年（1912）濁水溪護岸工程開始進行，隔年完工。大正七年（1918）又進行護岸堤防工事，大正九年（1920）完工，是全台灣成效最顯著的河川工程。分歧漫流的濁水溪下游水系，因人工築堤束水，使舊濁水溪等支流成為斷頭河，水量漸少，遂出現廣達3,591甲的舊濁水溪浮復地，開啟了彰化平原另一波拓墾行動。

　　這一片完全從溪底浮現的土地，是貫徹殖民政府政策的空間，是展現國家權力的場域。清代台灣的拓墾動力來自民間，官方少有積極主動作為；日治時期，殖民政府對土地的規劃和利用則強力支配。所有權屬官有，原始地目為「原野」的舊濁水溪浮復地，主要劃分為三類用途：1.

大片且連續的為日本移民村用地。 2. 區塊狀的日本私人資本預約開墾地。 3. 細碎零星的台灣資本會社或小地主預約開墾地。

除了河川工事，殖民政府運用人為力量，進行沙害防治工作。這些土地多分佈於各河川沖積扇扇端，其中以濁水溪出海處的二林、麥寮一帶面積最廣。日本政府從明治三十三年（1900）開始的防沙工事日漸有成，防風林屏障了四千多甲沙丘地，以二林為中心的邊際土地陸續被開發出來。

殖民政府透過土地整理、林野調查，建立國家對河川浮復地、保安林解除地和沙丘地等土地利用的法源基礎，再以水利建設，將不可利用的土地，轉為可供利用，這是國家力量的充分展現，更是「人」與「自然」關係的一大突破。

殖民政府積極經營殖民地，推動農業發展，以資本主義式的投資和管理，化約了自然環境對社會經濟的不利因素；殖民政府控制了自然，控制了台灣的地方社會；地方社會要抗衡的對象，也由「自然」轉成「國家」。

日治時期，北斗地方的屬性，已經由清代的商業機能，轉變為政治機能；做為北斗郡行政中心的北斗街，對政治壓力的敏銳度極高，雖然繁榮景象已經褪色，根植於深厚經濟基礎孕育出的地方菁英，帶領著群眾對抗國家的威權，與台灣的政治社會運動相結合，分別在南彰化地區台灣與中國廣東，展開政治抗爭。

二林因有面積遼闊的未墾土地，農業環境改善後，成為私人資本競爭的場域，最後主要由政府政策支持下的製糖會社源成、明治、鹽水港等，瓜分了大部分釋放出來的土地，以二林為中心的舊濁水溪流域，便成為彰化平原主要的蔗作區，其農業經濟的重要性，開始與八堡圳灌溉區的稻作區分庭抗禮，並產生米糖相剋的現象。

　　當二林在日治時期奠定農業發展基礎時，土地、資本、農民，卻已經被國家、日方資本家牢牢控制。淪為資方生產工具的農民，遂於1920年代以後，展開對資方的長期抗爭，地方的領導階層，更將農民組織為「蔗農組合」，以群眾力量對抗官方和資方結合的力量。1925的「二林蔗農事件」，被視為台灣農民運動的開端，這種為爭取耕作權益的抗議行動，一直延續到戰後，作物的高度商品化，也改變農民的性格。

　　從北斗從政治層面、二林由經濟層面的抗議行動，具體而微地反應地方社會，對殖民體制下的經濟剝削、政治、民族文化壓迫的反抗，也是對國家全面干預的反動。

　　日治時期，是二水、北斗和二林社會變遷的關鍵時期。除了政治、農業環境劇烈的改變，陸上交通網的完成、新興產業的發達，也深深影響這三個地方的發展。原本地處彰化南區邊陲地帶的二水，因位於縱貫鐵路、集集線和糖廠鐵路交會的節點，成為山區物產的輸出站，再加上1930年代鳳梨罐頭製造業的興盛，使二水達到從未有過的繁榮。二林則因蔗作、製糖工業，成為新興的糖業都市，與彰化西南地區的糖廠鐵路軸心。北斗卻因縱貫鐵路不經過，製造業、手工業的成長緩慢，而有被其他街庄超越的趨勢。

　　儘管二水、北斗、二林，在日治時期呈現不同的發展經驗，但是殖民政府的統治，也將地方的土地、人民、經濟等社會要素，以政府的力量統合在一起，使一股根著於地方的社會力量逐漸形成。這種社會力量，在戰後的時空環境，又以不同的方式、途徑展現；並隨著社會的開放程度，呈現更大的張力。

　　1950-1970年代，戰後北斗的地方菁英，結合成政治集團，尋求參與公共事務更大的空間。1980-1990年代，二林葡萄農發動群眾，結合共同利益者，利用輿論、民意壓力，對抗分歧多慮的政府力量。1980-2000年

濁水溪信義鄉河段的砂石車　張素玢 攝 2003.1.7

代，二水的的農民，一方面為爭取河川地的使用河川公地，挑戰政府公權力；一方面又尋求政府的公權力，解決河川砂石盜採問題。儘管二水在河川地生產了全台有名的「濁水米」、優質蔬菜，在山坡地栽培水果，生態環境卻出發警訊，「人」與「地」的關係必需重新思考；環境保護、生態保育的意識，已逐漸抬頭。

　　日治時期，社會力量對抗的是殖民政府的絕對權力；戰後，社會力量對抗的是政府相對權力。隨著民主社會的開放，政府基於選票的考量，輿論、民意代表壓力，常無法執行既定的政策或措施，形成錯綜複雜的推拉現象。

　　1970年代以後，不僅是地方與國家、人民與政府；「人類」與「自然」的關係也愈來愈緊張。科技的進步，使人類不但可以「挑戰」自然，甚至任意「宰制」自然，使資源受到空前的耗竭，生態環境受到無比的破壞，最明顯的例子便是「濁水溪」。

　　過去牽動沿河居民性命安危的濁水溪，1920年以後，反而受到人為強力的控制，向來長袖善舞的濁水溪已動彈不得。舊濁水溪的水退去，溪底浮現；新的人群、新的勢力，瓜分這片本來屬於濁水溪的土地，濁水溪將原本屬於它揮灑的空間，讓渡給殖民政府。

過去被視為母親之河，曾經哺育大地的濁水溪，除了供給人類「水」、「土地」以外，還要供給砂石，以滿足人類的民生需求，從事社會「建設」。近年農家戶戶以馬達深入地下抽取地下水，長年大量超收地水的結果，地

興建中的集集攔河堰工程　黃瑞昌 提供

層嚴重下陷。政府基於：1.防止地層繼續下陷。 2.提供農業用水。3.提供工業用水。4.滿足民生用水需求。5.解決濁水溪分水協議等原因，決定進行「集集共同引水」計畫，往鼻仔頭更上游推進，興建劃時代的巨型水利建設——「集集攔河堰」。

昔日的農業之河，今日卻必須「灌溉」工業，如今「集集共同引水工程」已在爭議中完工。人們在龐然大物的集集攔河堰旁，變得無比渺小，連台灣最長的河流，在閘門之前，也只能俯首稱臣，順著人類規劃的渠道向前奔流。

回顧歷史，從1758年清代最大規模的水利工程八堡圳築成，到1920年濁水溪堤防完工，以至2002年全台最大的「集集共同引水工程」宣布開始作業，可說是「人」與「水」的一頁奮鬥史。但是，身為歷史研究者的我，卻對所謂「人定勝天」的涵意迷惑了起來。

附　錄

附錄一　東螺社相關古文書

編號	契別	相關者	立契原因	時間	土地類別	地點	現址	出處
1	示諭	東螺社番土官斗肉大箸、阿旱大冒等		雍正8年(1730)	草地兩塊	一在夏里莊，東至施貢生水圳西至十張犂前黃貴水圳，南至七張犂、北至大武郡大路　一在七張犂庄南至樹仔腳	八堡一圳二圳之間，田中三民里，沙崙里與北路 西路里東路 南路 中路等五里　田中沙崙里　竹塘鄉樹腳村	清代臺灣大租調查書
2	甘愿賣盡根契	東螺社番土目大冒知里	費用先盡	乾隆14年(1749)	荒山埔園	挖仔內庄	二水鄉大園村	賴宗寶
3	給墾佃字	東螺社番雪斗仔六、男阿旱亞豹等	無力墾耕，欠銀別置	乾隆29年(1764)	荒埔田	興化莊路路頭		大租458-459
4	杜賣永耕大租契	東螺社番阿乃重長阿束梯茅、阿達結那	乏銀使用	乾隆32年(1767)	草地	二林上堡溪湖莊、崙仔厝湖莊、沙仔湖莊	溪湖鎮番婆里、大竹里一帶、舊濁水溪岸	台灣私法物權篇357
5	招佃	東螺社司馬里	乏力耕作	乾隆34年(1769)	熱園	拾張犂庄	田中鎮三民里	總督府檔案
6	永耕字	東螺社番通事巴難軍士	離社鴛遷，不能自耜	乾隆38年(1773)	荒埔	七張犂庄南勢土名旱溝頭	田中沙崙里	大租359-360
7	典契	東螺社番六萬阿豹妻巴里斗里、女婿加冒宇土	乏銀費用	嘉慶元年(1796)	熱園	饒平厝庄前	田尾鄉睦宜村	總督府檔案
8	找洗貼契	東螺社新店宗弟陳認旭盛六然		嘉慶2年(1797)		十張犂面前	田中鎮三民里	總督府檔案
9	典契	東螺社番六萬阿豹	女婿加冒乏銀費用	嘉慶6年(1801)	熱園	饒平厝庄	田尾鄉睦宜村	總督府檔案

10	賣盡根契	東螺社番婦密汝歐	乏銀費用		熟園帶荒埔	苓仔腳庄前	二水合興村	鄭子賢
11	添典契	東螺社番加冒字土	欠銀度活	嘉慶9年（1804）	熟園	饒平厝庄前	田尾鄉睦宜村	總督府檔案
12	膊承耕字	東螺社番大霞字土、蜜汶	乏銀費用	嘉慶10年（1805）	下埔園	番仔藔東勢十五庄圳竣	二水修仁村	鄭子賢
13	鬮分合同字	族叔玩、族姪文章		嘉慶13年（1808）	園帶石埔	南勢東 北勢東（嘉慶七年買自巴難宇土）	二水鄉大園村	賴宗質
14	再添典找足契	東螺社番加冒字土	欠銀家用	嘉慶16年（1811）	熟園	饒平厝庄前	田尾鄉睦宜村	總督府檔案
15	典契字	東螺社番巴難宇土、大箕宇土	乏銀費用	嘉慶18年（1813）	熟田園	鼻仔頭庄土名十五庄圳竣埤竣	二水鄉源泉村林先生廟附近	賴宗質
16	典契	東螺社番婦臘阿豹子、小六萬斗里	欠銀家用	嘉慶18年（1813）	熟園	饒平厝庄	田尾鄉睦宜村	總督府檔案
17	典契	東螺社番打留謬冒仔謬訇呂謬等	乏銀家用	嘉慶19年（1814）	水田	本社東門外	北斗鎮七星里	總督府檔案
18	借字	東螺社番眉冒仔謬狐、呂謬兄弟	乏銀費用	嘉慶20年（1815）	熟園	東門外	北斗鎮七星里	總督府檔案
19	再添典契	東螺社番加冒字土、男大箕字土	乏銀家用	道光2年（1822）	熟業	饒平厝前庄	田尾鄉睦宜村	總督府檔案
20	典契字	東螺社番打番墜知宇	乏銀費用	道光4年（1824）	水田	番仔藔後頃石頭近	二水修仁村	鄭子賢
21	典契字	東螺社番巴難貓氏	乏銀費用	道光8年（1828）	水田	番仔藔東勢土名鼻仔頭	二水鄉源泉村	鄭子賢

編號	契別	相關者	立契原因	時間	土地類別	地點	現址	出處
22	胎典租字	東螺社番六萬斗里	乏銀別用	道光10年（1830）	熟園			總督府檔案
23	添典字	東螺社番婦箸胸阿豹南小六萬斗里女巴兜阿豹	乏銀費用	道光10年（1830）	熟園	饒平厝庄	田尾鄉睦宜村	總督府檔案
24	杜賣盡根契	東螺社番讓仔歐勝	乏銀費用	道光10年（1830）	水田	鼻仔頭苳笭腳庄前	二水鄉合興村	鄭子賢
25	典字	東螺社番浦柳阿豹	欠銀費用	道光14年（1834）	熟園	新興庄東勢	北斗鎮七星里	總督府檔案
26	又再典字	東螺社番婦箸胸阿豹、女巴兜阿豹、婿大管宇士	日食難度	道光19年（1839）	熟園	饒平厝庄前	田尾鄉睦宜村	總督府檔案
27	再添典字	東螺社番婦箸胸阿豹、孫打番阿豹斗里	乏銀費用	道光19年（1839）	熟園	饒平厝庄	田尾鄉睦宜村	總督府檔案
28	借租字	東螺社番婦巴兜阿豹陣仔宇士	乏銀費用	道光20年（1840）	熟園	饒平厝庄前	田尾鄉睦宜村	總督府檔案
29	收磧地銀字	東螺屯林後社隊目眉墜施、發加川乃、施金香、字文蘭、眉加万發、年宇士、乞食阿豹等	乏銀公費	道光20年（1840）	養贍地基	社內	？	大租896-897
30	典契字	東螺社番連貫貓氏	乏銀費用	道光26年（1846）	下田	番仔寮東勢	二水鄉修仁村	鄭子賢
31	胎借字	東螺社番筬箸陣、侄小浦陣沙薼等	乏銀費用	咸豐九年（1859）	熟園	北斗莊前西勢	北斗鎮西北斗新生里、大新里	大租678

編號	契字名稱	立契人	事由	地目	小地名	今地名	出處
32	轉典與契字	東螺西保北勢寮庄陳須兄弟	乏銀別創	熟園	新興庄	北斗鎮七星里	總督府檔案
33	招佃雞耕字	東螺社雞加乃姪基仔加乃	乏銀費用	熟園	瓦磘仔	埔鹽鄉瓦磘村	總督府檔案
34	典契字	東螺東保溪邊蔡庄陳愿邦超六樹	乏銀費用				總督府檔案
35	纏典盡根田契	字北斗街王傳訓王傳芳兄弟	乏銀別置	水田	三拾張犁庄庄後	田尾鄉仁里村	總督府檔案
36	開墾契字	東螺社番論未說	乏銀使用	荒地	番仔藔東勢苓苓腳庄前埔仔	二水修仁村、合興村	大租527-528
37	轉纏典契字	溪邊蔡庄陳盾兄弟	乏銀別置	典過番租園	瓦磘仔	埔鹽鄉瓦磘村	總督府檔案
38	纏典找洗盡根園契字	東螺保北斗街陳有福、陳有來、陳有容	乏銀費用	熟園	北勢藔庄(典自顏修、打留未說番)	北斗鎮西德、西安、中藔、大道等里	彰化文化中心
39	永耕字	東螺社通事貓劉秀	被水沖崩,變為溪埔,眾番等口糧無歸	草地熟園	瓿園藔、東至四塊厝南至松仔腳北至七張藔坑腳	田中大崙里、溪州大庄村、田中沙崙里	大租432-433
40	轉典契	東螺西保北斗街陳東銘	乏銀別置	熟園	新興庄	北斗鎮西德里	總督府檔案
41	纏典盡根契字	東螺西保北勢藔庄許宗玉佳澤芳等	乏銀費用	熟園	饒平厝庄前	田尾鄉睦宜村	總督府檔案
42	找賣盡根絕契	本街人許有寶許馮喜	乏銀別置	熟園	新興庄	北斗鎮七星里	總督府檔案

編號	契別	相關者	立契原因	時間	土地類別	地點	現址	出處
43	開墾永遠字（地契有東螺社通事印）	東螺保鼻仔頭挖仔內山賴加干、賴德	房內乏力開墾難以掌管	光緒8年(1882)	山業	東至墓頭山西至柳仔坑南至施厝圳北至紅崁	二水鄉源泉、倡和村、惠民村	賴宗寶
44	開墾溪埔通事契字	東螺社番通事貓劉秀	番親人等無力開築，通事案賠供餉	光緒8年(1882)	荒埔（前年被水沖崩現浮復）	北斗街玟關溪底，西與眉裡社通事余色漢及陳、林現佃為界	北斗西德里、與溪州交界、溪州圳寮村	大租433-434
45	歸佃盡根山園契字	胞兄登基佳水在、新宗等	乏銀費用	光緒8年(1882)		土地公坪	二水鄉大豐村	陳木印
46	杜賣盡根契	東螺西保北斗街謝世義	乏銀費用	光緒18年(1892)	熟園	北門外新興庄	北斗鎮七星里	總督府檔案
47	開墾永耕契字	東螺社番豹天居	乏銀	光緒25年(1899)	溪埔園	苦苓腳庄前	二水合興村	大租535
48	典田契字	東螺西保北斗街許應鐘、許炳煌	乏銀別用	明治35年(1902)		三十張犁庄庄後	田尾鄉仁里村	總督府檔案

附錄二　眉裡社相關古文書

編號	契約別	立契人	立契原因	土地類別	時間	地點	現址	出處
1	典約	眉裡社土官哈如臘、打劉巫士、蛤目、同眾番甲頭	雍正元年水圳被沖壞、社番乏本難搭開墾、飼費、招林華承典、修理課圳	草地	雍正四年（1726）	二林柴耕抗埔南至西螺溪又至下溪坡、西至蘆竹塘、北至大笑山仔腳又、至捕心仔、江西店東、至大湖厝路口厝	竹塘鄉溪墘村、竹塘鄉竹塘村、溪湖鎮東寮里、埤頭鄉合興村、埤頭鄉大湖村	清代臺灣大租調查書698-699
2	招耕給墾地契	眉裡社番破難未說乾尾未說	離社鳥遠無力耕作	熱園	嘉慶3年（1798）	二扡舊眉社埔仔下	彰化溪州鄉三條村沙崙	大租754-755
3	杜賣盡根絕契	眉裡社番說茅允	欠銀費用	熱園	嘉慶4年（1799）	五張犁庄前	？	總督府檔案
4	再給佃墾字	眉裡社番通事胞弱巴難夷、大霞夷、水生大夷	園業被洪水朋壞拋荒、租栗無徵	埔地	嘉慶18年（1813）	溪洲庄尾	溪州鄉南州、溪州尾厝、東州村	大租403-405
5	招佃永耕字	眉裡社番九冒抵慶	乏銀費用	熱園	嘉慶19年（1814）	牛稠庄東勢	埤頭鄉芙朝村	大租756-757
6	典契	眉裡社番巴難魯黎	乏銀費用	荒埔	嘉慶19年（1814）	舊眉庄南勢	溪州鄉	大租716-717
7	典契	眉裡社番媽生未說	乏銀費用	熱田	道光14年（1834）	西勢寮庄	溪州鄉、埤頭鄉交界	大租728-729
8	杜賣盡根	眉裡社番秋知胸	乏銀別創	溪埔	光緒12年（1886）	舊眉庄東北勢	溪州鄉舊眉村至圳寮村	大租749-750

附錄三 二水鄉契書一覽表

編號	契別	立契人	立契原因	時間	土地類別	地點	現址	出處
1	甘願賣盡根墾契	東螺社土目大眉知里	乏銀賣用	乾隆14年(1749)	荒山埔園	挖仔內庄	二水鄉大園村	賴宗寶
2	杜賣契	族姪楊邱	乏銀別創	乾隆45年(1780)	埔園	二八仔 土名大坵平	二水鄉五伯村	陳鰍
3	杜賣絕契	楊元	乏銀別創	乾隆46年(1781)	熟園	二八仔 土名大坵平	二水鄉五伯村	陳鰍
4	鬮書	王任井、蕭光愛、陳興旺	不敢爭長競短，致失和氣，其園額亦不得恨估滋事	嘉慶4年(1799)				陳鰍
5	賣盡根契	族親陳賢	乏銀賣用	嘉慶7年(1802)	熟園帶荒埔	苦苓腳庄前	二水鄉修仁村	鄭子賢
6	鬮分字	春江、春海、登訓、登賢		嘉慶8年(1803)	園帶石埔			鄭子賢
7	曖永耕字	東螺社番大霞宇土蠻汶	乏銀費用	嘉慶10年(1805)	下埔園	番仔寮東勢十五庄圳壟	二水鄉修仁村	鄭子賢
8	鬮分字	兄弟力太、安樂、福安		嘉慶13年(1808)				鄭子賢
9	鬮分合同字	族叔坑、族侄文章	合作維艱	嘉慶13年(1808)	園帶石埔			賴宗寶
10	鬮書	魏傳、陳正	山利所出弗均難以輪流收取	嘉慶16年(1811)	山宅	山腳海豐寮坑仔內山仔內	二水鄉合和村	陳木印

編號	契字類型	立契人	原因	年代	地目	坐落	今地名	代書
11	杜賣盡根契	陳正	乏銀別創	嘉慶16年(1811)	山宅	海豐蔡坑仔內山仔頂	二水鄉合和村	陳木印
12	合約字	鄭阿、鄭富、鄭嶼		嘉慶17年(1812)				鄭子賢
13	典契字	東螺社番大管字土巴難字士	乏銀費用	嘉慶18年(1813)	熟田園	鼻仔頭庄土名十五庄圳乾、埤綦	二水鄉源泉村林先生廟附近	賴宗寶
14	鬮書字	如川胞任長壽、萬福、綿麁	家事繁賀難以合理罷	嘉慶24年(1819)	水田	土名牛埔在施厝邊、車路邊、大路下		陳木印
15	典契字	東螺社番打番墜知李	乏銀費用	道光4年(1824)	水田	番仔綦後頂石頭坵	二水鄉修仁村	鄭子賢
16	杜賣盡根契	族親福安	乏銀費用	道光6年(1826)	水田	三角仔田頭帶濁水堀壹個		鄭子賢
17	典契字	東螺社番巴難貓氏	乏銀費用	道光8年(1828)	水田	番仔綦與勢土名鼻仔頭	二水鄉源泉村	鄭子賢
18	杜賣契人	胞兄弟侄、楚姪水成	乏銀費用母親喪賈	道光9年(1829)		土名頭前		鄭子賢
19	杜賣盡根契	山頂赤水庄陳清蓮	乏銀費用	道光10年(1830)	水田	鼻仔頭苦苓腳庄前	二水鄉合興村	鄭子賢
20	杜賣絕盡根契字	內灣庄陳百年	乏銀費用	道光11年(1831)	水田	鼻仔頭苦苓腳庄頂	二水鄉合興村	鄭子賢

編號	契別	立契人	立契原因	時間	土地類別	地點	現址	出處
21	杜賣契	堂兄秀榮	乏銀費用	道光13年(1833)	公園	土名營仔		鄭子賢
22	杜賣盡根契	本境內鄭江	乏銀費用	道光14年(1834)	埔園	開榮成田番仔寮東勢	二水鄉修仁村	鄭子賢
23	典契字	東螺社番巴難貓氏	乏銀費用	道光14年(1834)	埔園	番仔寮東勢	二水鄉修仁村	鄭子賢
24	永杜賣盡根契	陳生、陳泰、陳進	乏銀費用	道光15年(1835)	水田	番仔寮後頂石頭坵	二水鄉修仁村	鄭子賢
25	賣盡根契	鼻仔頭庄鄭養、鄭向	乏銀費用	道光17年(1837)	水田	伴帝石埔苦苓腳庄前	二水鄉合興村	鄭子賢
26	杜賣盡根契	胞姪長壽、綿仔、貴仔	乏銀費用	道光17年(1837)	菜園	本宅厝前西勢	二水鄉合和村	陳木印
27	典契字	林糧、昴、萬山兄弟暨侄烏元、土麟	乏銀別置	道光23年(1843)	水田	二八水土名大坵明	二水鄉五伯村	陳鰍
28	典契字	東螺社番連貴貓氏	乏銀費用	道光26年(1846)	下田	番仔寮東勢	二水鄉修仁村	鄭子賢
29	杜賣盡根契字	本境內蔡永定、蔡水良	乏銀費用	咸豐4年(1854)	水田	番仔寮東勢	二水鄉修仁村	鄭子賢
30	鬮分字	陳能興姪陳己浩、陳淑口孫陳自南	歷年均收無異特恐子孫紫多	咸豐4年(1854)	水田	十五庄頭	二水鄉十五村	陳鰍

	契約類型	立契人	原因	年代	地目	位置	現今地名	買主
31	杜賣盡根契	東螺東保圳堵厝庄鄭文秀、鄭山川	乏銀費用	咸豐6年(1856)	水田	鼻仔頭西勢土名番仔厝頂	二水鄉修仁村	鄭子賢
32	杜賣盡根契字	頂厝仔庄鄭位鄭路、鄭酣	乏銀別創	咸豐10年(1860)	水田	清水仔東勢油車前		鄭子賢
33	轉典盡根田契字	東螺東保五百步庄高元、恭溢兄弟等	乏銀費用	同治3年(1864)	水田	本庄前西勢二分圳內土名大坵坵朋又、壹段在東勢小水溝外溝漧底	二水鄉五伯村	陳鰍
34	杜賣盡根契	東螺保鼻仔頭清水仔庄鄭金火	乏銀別創	光緒4年(1878)	水田	番仔藔後頂石頭坵	二水鄉修仁村	鄭子賢
35	杜賣盡根契字	苦苓腳庄鄭代	乏銀費用	光緒5年(1879)	水田	苦苓腳庄頂	二水鄉修仁村	鄭子賢
36	杜賣盡根契字	東螺東保鼻仔頭庄鄭再亨、鄭石順	乏銀別創	光緒6年(1880)	水田	苦苓腳東勢	二水鄉修仁村	鄭子賢
37	絕賣盡根找洗田契	沙連保集集街鄭金火	乏銀費用	光緒7年(1881)	水田			鄭子賢
38	開墾永遠字(地契有東螺社通事印)	東螺保鼻仔頭挖仔內山贌加干、續德房內乏力開墾	難以掌管	光緒8年(1882)	山業	東至墓頭山西至柳仔坑南至施厝圳北至紅崁	二水鄉源泉村、倡和村、惠民村	賴宗寶

編號	契別	立契人	立契原因	時間	土地類別	地點	現址	出處
39	歸管盡根山園契字	胞兄登基、姪水在、新宗	乏銀費用	光緒8年(1882)		海芳寮山坐落土名土地公坪山宅土龍頭	二水鄉上豐村	陳木印
40	鬮書	清水仔庄鄭取僱天賜	工力難齊意欲分耕	光緒9年(1883)	水田	清水仔東勢舊油車前		鄭子賢
41	鬮書字	兄弟振能、振象	兄弟長大難以合力各欲分爨	光緒9年(1883)	水田	車路邊		鄭子賢
42	杜賣盡根番仔契字	東螺東保番仔厝庄鄭振象	乏銀費用	光緒9年(1883)	水田	番仔厝東勢	二水鄉修仁村	鄭子賢
43	杜賣盡根契	武東保崁仔腳庄鄭哲、姪鄭旺、清、福	乏銀別創	光緒10年(1884)	水田	番仔厝頂	二水鄉修仁村	鄭子賢
44	鬮書字	鄭石定、鄭天錫、鄭石淡兄弟	家事浩繁、生齒日多、難以合理	光緒10年(1884)	田園	田中央、苦苓腳頂、清水仔後松仔腳		鄭子賢
45	胎借字	東螺東保番仔頭庄番仔厝鄭振能	乏銀費用	光緒11年(1885)	水田	番仔厝頂	二水鄉修仁村	鄭子賢
46	杜賣盡根契字	東螺保苦苓腳庄陳洛、陳保	乏銀費用	光緒12年(1886)	熟園	苦苓腳庄前土名大坵	二水鄉合興村	鄭子賢
47	杜賣盡根契字	東螺保番仔頭庄鄭振能	乏銀別創	光緒12年(1886)	水田	番仔厝東勢	二水鄉修仁村	鄭子賢

編號	契約名稱	立契人	事由	時間	地目	地名／位置	現址	收藏者
48	杜賣盡根契字	東螺保鼻仔頭庄鄭金盛	乏銀別創	光緒15年(1889)	水田			鄭子賢
49	杜賣盡根契字	鼻仔頭庄鄭石順偕侄鄭水	母親喪費無資	光緒17年(1891)	水田	苦苓腳庄頂	二水鄉合興村	鄭子賢
50	找洗字	鼻仔頭庄鄭石順偕侄鄭水	日食難度告貸無門	光緒18年(1892)	水田	苦苓腳庄頂	二水鄉合興村	鄭子賢
51	找洗字	鄭金盛	家事清淡日食難度又兼身體染病告貸無門	光緒20年(1894)	水田	本厝後西勢十五庄圳墘	二水鄉合興村	鄭子賢
52	杜賣盡根契字	東螺保清水仔頭庄鄭根、嘎、四兄弟	乏銀別創	光緒20年(1894)	香煙園	土名磘仔		鄭子賢
53	絕盡契契字	東螺東保二八水庄蔡登春	乏銀費用	明治29年(1896)		番仔藔東勢	二水鄉合興村	鄭子賢
54	杜賣盡根契字	東螺堡鼻仔頭庄鄭宜、安、昌、友	乏銀費用	明治31年(1898)	水田	苦苓腳庄頂	二水鄉合興村	鄭子賢
55	杜賣盡根契字	東螺東堡番仔厝庄鄭賴氏	乏銀費用	明治32年(1899)	熟園	清水仔庄前家埔邊溝漧稚帶茅埔一處		鄭子賢
56	鬮書	東螺東堡鼻仔頭鄭心婦、鄭石溪侄鄭知高	人事不齊難以共理	明治34年(1901)	水田	番仔藔後東勢	二水鄉合興村	鄭子賢
57	鬮書	鄭天錫、石溪胞侄鄭知高	生齒日多家事浩繁難以共理	明治36年(1903)	熟園			鄭子賢

參考資料

一、檔案

二水戶政事務所
　　　1906-45《日據時期戶口調查簿》，明治三十九年～昭和二十年，
　　　　　共57冊。
二水鄉民代表會
　　　1961-2000《二水鄉民代表會會議記錄》。
二林戶政事務所
　　　1909-46《日據時期戶口調查簿》，明治四十二年～昭和二十一
　　　　　年，共83冊。
二林地政事務所
　　　《土地臺帳》（包括二林鎮、芳苑鄉、竹塘鄉、大城鄉），共163
　　　　　冊。
二林鎮農會檔案
　　　《二林鎮農會檔案》
北斗戶政事務所
　　　1907-45《日據時期戶口調查簿》，明治四十年～昭和二十年，共
　　　　　63冊。
北斗地政事務所
　　　《土地臺帳》（包括北斗鎮、田尾鄉、溪州鄉、埤頭鄉），共162
　　　　　冊。
北斗鎮公所
　　　1932《街庄吏員身份進退記錄》，昭和七年。
　　　1942〈北斗街都市計畫圖〉，昭和十七年。
　　　1943〈北斗都市計畫說明書〉，昭和十八年。
　　　1954《除牛籍簿》
　　　1963《牛籍除籍簿》
　　　1984「變更北斗都市計劃說明書」

1990「變更北斗都市計劃說明書」（第一次公共設施保留地等案通盤檢討）。

《北斗鎮新舊任鎮長移交清冊》（第5、6、7、8、9、10、11屆）

「彰化縣八十三年度鄉鎮縣轄市長年考成績考核表」

北斗鎮民代表會

1961-94《北斗鎮民代表會會議記錄》

田中戶政事務所

1906-45《日據時期戶口調查簿》，明治三十九年～昭和二十年，共73冊。

名間戶政事務所

1905-45《日據時期戶口調查簿》，明治三十八年～昭和二十年，共82冊。

竹山戶政事務所

1905-45《日據時期戶口調查簿》，明治三十八年～昭和二十年，共147冊。

芳苑戶政事務所

1906-46《日據時期戶口調查簿》，明治三十九年～昭和二十一年，共72冊。

埔里戶政事務所

1902-45《日據時期戶口調查簿》，明治三十五年～昭和二十年，共194冊。

埤頭戶政事務所

1909-44《日據時期戶口調查簿》，明治四十二年～昭和十九年，共52冊。

溪州戶政事務所

1906-45《日據時期戶口調查簿》，明治三十九年～昭和二十年，共71冊。

彰化縣議會秘書室

1960-99《彰化縣議會公報》，彰化：彰化縣議會秘書室。

臺灣省政府秘書處

　　1950-96《臺灣省政府公報》，中興新村：臺灣省政府秘書處。

臺灣省議會秘書處

　　1950-96《臺灣省議會公報》，南投縣：臺灣省議會秘書處。

臺灣總督府

　　《臺灣總督府公文類纂》（永久保存）

臺灣糖業公司溪湖糖廠

　　萬興溪湖糖廠檔案、舊趙甲、大排沙、二林農場檔案資料。

二、方志、遊記

六十七

　　1961《番社采風圖卷》，臺灣文獻叢刊第90種（以下簡稱「臺文
　　　　叢」），臺北：臺灣銀行經濟研究室。

王仲孚總纂

　　1994《沙鹿鎮志》，沙鹿：沙鹿鎮公所。

余文儀

　　1993《續修臺灣府志》（1760），南投：臺灣省文獻委員會。

杉目妙光

　　1934《臺中州鄉土地志》，臺中：棚邊久太郎。

周元文

　　1960《重修臺灣府志》（1712），臺文叢第66種，臺北：臺灣銀行
　　　　經濟研究室。

周鍾瑄

　　1962《諸羅縣志》（1717），臺文叢第141種，臺北：臺灣銀行經濟
　　　　研究室。

周　璽

　　1962《彰化縣志》（1840），臺文叢第152種，臺北：臺灣銀行經濟
　　　　研究室。

周宗賢總纂

　　2002《二水鄉志》，二水：二水鄉公所。

林朝棨

　　1957《臺灣省通志稿》〈土地志地理篇〉，臺北：臺灣省文獻委員
　　　　會。

姚　瑩

　　1957《東槎紀略》〈噶瑪蘭原始〉卷三，臺文叢第7種，臺北：臺
　　　　灣銀行經濟研究室。

施添福

　　2000《鹿港鎮志 地理篇》，鹿港：鹿港鎮公所。

洪麗完總纂

　　2000《二林鎮志》，二林：二林鎮公所。

范　咸

　　1960《重修臺灣府志》（1748），臺文叢第105種，臺北：臺灣銀行
　　　　經濟研究室。

郁永河

　　1957《裨海紀遊》（1697），臺文叢第44種，臺北：臺灣銀行經濟
　　　　研究室。

高拱乾

　　1950《臺灣府志》（1694），臺文叢第65種，臺北：臺灣銀行經濟
　　　　研究室。

張哲郎總纂

　　1997《北斗鎮志》，北斗：北斗鎮公所。

陳正樹

　　《籃城里志》（未刊稿）。

陳春厚

　　《北斗調查資料》（未刊稿）。

黃秀政

　　2000《鹿港鎮志 沿革篇》，鹿港：鹿港鎮公所。

黃叔璥

　　1957《臺海使槎錄》（1722），臺文叢第4種，臺北：臺灣銀行經濟
　　　　研究室。

彰化縣文獻委員會
　　　1993《彰化縣志稿》，臺北：成文出版社影印。
劉良璧
　　　1961《重修福建臺灣府志》（1742），臺文叢第74種，臺北：臺灣
　　　　　銀行經濟研究室。
劉枝萬
　　　1950《南投縣沿革志開發篇稿》，「南投文獻叢輯」（六），南投：
　　　　　南投縣政府。
潘英海
　　　1995《重修臺灣省通志卷三住民志同冑篇》第二冊，南投：臺灣
　　　　　省文獻委員會。
蔣毓英
　　　1985《臺灣府志》（1687），北京，中華書局。
賴熾昌
　　　1960《彰化縣志稿》，彰化：彰化縣文獻委員會。

三、中文資料

（一）專書

二林鎮公所
　　　1985《二林鎮建設成果簡介》，二林：二林鎮公所。
二林鎮農會
　　　1983《二林特產金香釀酒葡萄蕎麥推廣簡介》2，二林：二林鎮農
　　　　　會。
　　　1989《彰化縣二林鎮農會業務現況簡介》，二林：二林鎮農會。
水利局
　　　1971《濁水溪河道治理計劃研究報告》
中村孝志
　　　1970《臺灣史研究初集》，臺北：三民出版社。

中村孝志著吳密察、翁佳音編譯
　　1997《荷蘭時代臺灣史研究上卷》（概說：產業），臺北：稻鄉出
　　　　版社。
中華民國農民團體幹部聯合訓練協會
　　《臺灣農會簡介》（出版年不詳）
中融開發股份有限公司
　　1989《彰化縣北斗鎮工業區工業用地出售手冊》
王世慶
　　1996《淡水河流域河港水運史》，南港：中研院中山人文科學研究
　　　　　所。
王詩琅
　　1988《臺灣社會運動史》，板橋：稻鄉出版社。
王銘銘
　　1997《村落視野中的文化與權力：閩臺三村五論》，北京：三聯書
　　　　　店。
北斗鎮奠安宮福德祠管理委員會
　　1985《北斗鎮奠安宮概史》，北斗：北斗鎮奠安宮管理委員會。
矢內原忠雄著、周憲文譯
　　1987《日本帝國主義下之臺灣》，臺北：帕米爾書局。
伊能嘉矩著、江慶林等譯
　　1985-91《臺灣文化志》，臺中：臺灣省文獻委員會。
伊能嘉矩著、楊南郡譯
　　1996《臺灣踏查日記》，臺北：遠流出版社。
安倍明義編
　　1992《臺灣地名研究》，臺北：武陵出版社。
江樹生編譯
　　2000《熱蘭遮城日記》，臺南：臺南市政府。
竹塘鄉醒靈宮
　　1982《竹塘鄉醒靈宮文武廟沿革》。
艾馬克（Mark A. Allee）著，王興安譯
　　2003《十九世紀的北部臺灣：晚清中國的法律與地方社會》，臺
　　　　　北：播種者文化有限公司。

吳子光
　　1979《吳子光全書》（三），中華民國臺灣史蹟研究中心。
吳田泉
　　1993《臺灣農業史》，臺北：自立晚報社文化部出版。
吳德功
　　1959《戴施兩案記略》，臺文叢第47種，臺北：臺灣銀行經濟研究
　　　　　室。
李文良
　　1999《中心與周緣：臺北盆地東南緣淺山地區的社會經濟變遷》，
　　　　　板橋：臺北縣文化中心。
李文德
　　1981《臺灣農業發展與農業機械化之研究》，臺北：成文出版社。
李登輝
　　1989《臺灣農業發展的經濟分析》，臺北：聯經出版社。
村上直次郎原譯，郭輝中譯，王詩琅、王世慶校
　　1970《巴達維亞城日記》，南投：臺灣省文獻委員會。
卓克華
　　2003《從寺廟發現歷史——臺灣寺廟文獻之解讀與意涵》，臺北：
　　　　　揚智文化事業有限公司。
林伯餘
　　《宦海浪跡》（自傳），未刊稿。
林春宗
　　1918《林香祀規則》，北斗：大正七年。
林進發
　　1934《臺灣官紳年鑑》，臺北：民眾公論社，昭和九年。
林煥清
　　1934《臺灣人士鑑》，臺北：臺灣新民報社，昭和九年。
芳苑鄉公所
　　1986《芳苑鄉簡介》，芳苑：芳苑鄉公所。
侯坤宏
　　1988《土地改革史料》，臺北：國史館。

洪長源
　　1995 《溪州鄉情》，彰化：溪州鄉公所。
　　1997 《哭泣的濁水溪》，鳳山市：派色文化。
洪敏麟
　　1980 《臺灣舊地名之沿革》，臺中：臺灣省文獻委員會。
徐　泓
　　1983 《清代臺灣天然災害史料彙編》，臺北：行政院國家科學委員
　　　　　會。
康有德
　　1980 《臺灣農家要覽》（上），臺北：豐年社。
張正昌
　　1981 《林獻堂與臺灣民族運動》，永和：著者。
張素玢
　　1995 《彰化縣口述歷史》〈東螺溪畔的移民村〉，彰化：彰化縣立
　　　　　文化中心。
　　1995 《二林鎮農會創立八十週年暨綜合辦公廳舍啟用紀念誌》，二
　　　　　林：彰化縣二林鎮農會。
　　1997 《北斗鎮志》〈開發篇、行政篇、人物篇〉，北斗：北斗鎮公
　　　　　所。
　　1999 《北斗開發史》，北斗：北斗鎮公所。
　　2001 《二林鎮志》〈經濟篇〉，二林：二林鎮公所。
　　　　　《臺灣的日本農業移民 (1909-1945)——以官營移民為中
　　　　　心》，臺北：國史館。
　　2002 《二水鄉志》〈歷史篇〉，彰化：二水鄉公所。
　　2003 《北斗鄉土調查》(譯注)，彰化：彰化文化局。
張勝彥
　　1984 《南投開發史》，南投：南投縣政府。
張隆志
　　1991 《族群關係與鄉村臺灣——一個清代臺灣平埔族群史的重建
　　　　　與理解》，臺北：臺灣大學出版社。

張耀錡
　　　　1951〈平埔族社名對照表〉，臺北：臺灣省文獻委員會。
惜　遺
　　　　1950《臺灣之水利問題》，臺灣研究叢刊第4種，臺北：臺灣銀行
　　　　　　金融研究室。
曹永和
　　　　1981《臺灣早期歷史研究》，臺北：聯經出版公司。
梁志輝、鍾幼蘭
　　　　2001《臺灣原住民史：平埔族史篇》(中)，南投：臺灣省文獻委員
　　　　　　會。
莊英章
　　　　1977《林杞埔──一個臺灣市鎮的社會經濟發展史》，「中央研究
　　　　　　院民族所研究專刊」乙種第8號，臺北：中研院民族所。
許雪姬
　　　　1993《北京的辮子──清代臺灣的官僚體系》，臺北：自立晚報社
　　　　　　文化部出版。
　　　　　　《滿大人最後的二十年》，臺北：自立晚報社文化部出版。
許雪姬、賴志彰
　　　　1994《彰化民居》，彰化：彰化縣文化中心。
許雪姬、林玉茹
　　　　1999《「五十年來臺灣方志成果評估與未來發展」學術研討會論文
　　　　　　集》，南港：中研院臺灣史研究所籌備處。
許嘉猷
　　　　1992《解剖臺灣經濟──威權體制下的壟斷與剝削》，臺北：前衛
　　　　　　出版社。
連溫卿
　　　　1988《臺灣政治運動史》，臺北：稻鄉出版社。
連　橫
　　　　1978《臺灣通史》，臺北：幼獅文化公司。
郭敏學
　　　　1977《多目標功能的臺灣農會》，臺北：臺灣商務印書館。

陳正祥
    1993《臺灣地誌》，臺北：南天出版社。
陳宗仁
    1996《從草地到街市：十八世紀新庄街的研究》，臺北：稻鄉出版
        社。
    1997《彰化開發史》，彰化：彰化縣立文化中心。
陳秋坤
    1994《清代臺灣土著地權》，臺北：中央研究院近史所。
陳國川
    2002《清代雲林地區的農業墾殖與活動形式》，臺北：臺灣師範大
        學地理系。
陳銘福
    1981《臺灣農業機械化與農村經濟建設之研究》，臺北：成文出版
        社。
程士毅
    1997《彰化的自然環境與原住民》，彰化：彰化縣立文化中心。
辜顯榮翁傳記編纂會
    1939《辜顯榮翁傳》，臺北：臺灣新民報社。
黃秀政
    1999《臺灣史志論叢》，臺北：五南圖書公司。
黃俊傑
    1990《臺灣農村的黃昏》，臺北：自立晚報社文化出版部。
黃富三
    1987《霧峰林家的興起》，臺北：自立晚報社。
楊萬全
    1993《水文學》，地理研究叢書第二號，臺北：臺灣師範大學地理
        系。
溫　吉
    1957《臺灣番政志》（一），臺灣叢書譯文本第4種，南投：臺灣省
        文獻委員會。

溫振華、戴寶村

　　　1998《淡水河流域變遷史》，板橋市：臺北縣立文化中心。

葉大沛

　　　1990《鹿谿探源》，臺北：華欣文化事業中心。

葉榮鐘

　　　1987《臺灣近代民族運動史》，臺北：自立晚報。

彰化縣

　　　1994　《彰化縣二水鄉整體建設發展計劃》，中原工程顧二水鄉公所
　　　　　　問有限公司。

彰化縣文化中心

　　　1995《彰化縣口述歷史》（一），彰化：彰化縣文化中心。

彰化縣萬興國小

　　　《彰化縣萬興國小沿革》（出版年不詳）。

彰化縣

　　　1994《彰化縣二水鄉整體建設發展計劃》，中原工程顧二水鄉公所
　　　　　　問有限公司。

彰化縣政府

　　　1967-82《彰化縣統計年鑑》，彰化：彰化縣政府。

　　　1988《彰化縣綜合發展計畫》，彰化：彰化縣政府。

臺灣省政府農林廳水土保持局

　　　1992《彰化縣二水鄉坡地農村綜合發展計畫報告》，南投：臺灣省
　　　　　　政府農林廳。

臺灣省糧食局

　　　1970-92《臺灣地區農村經濟概況》。

臺灣銀行經濟研究室編

　　　1962《清代臺灣大租調查書》，臺文叢第152種，臺北：臺灣銀行
　　　　　　經濟研究室。

臺灣銀行經濟研究室

　　　1959《臺灣經濟史》第七集，臺北：臺灣銀行經濟研究室。

　　　1962《臺灣中部碑文集成》，臺文叢第151種，臺北：臺灣銀行經
　　　　　　濟研究室。

蔡志展
　　1999《明清水力開發研究》，瑞和堂印行。
蔡炎城
　　1983《二水軼聞》，臺北：編者發行。
蔡培火
　　1979《臺灣民族運動史》，臺北：學海書局。
蕭國和
　　1987《臺灣農業興衰四十年》，臺北：自立晚報社文化出版部。

蕭新煌
　　1989《社會力 —— 臺灣向前看》，臺北：自立晚報社文化出版
　　　　　部。
賴志彰
　　1997《彰化八卦山腳路的民居生活》，彰化：彰化縣立文化中心。
賴宗寶
　　1995《二水的根與枝葉》，二水：賴宗寶發行。
　　2001《好山 好水 好二水》，田中鎮：彰化縣賴許柔文教基金會。
戴炎輝
　　1979《清代臺灣之鄉治》，臺北：聯經出版社。
鍾逸人
　　1993《辛酸六十年》，臺北：前衛出版社。
Bernard Gallin著
　　1979《小龍村 —— 蛻變中的臺灣農村》，臺北：聯經出蘇兆堂譯版
　　　　　社。

（二）期刊論文

小川尚義
　　1993〈關於費佛朗語（Favorlang）〉，收於黃秀敏譯，李壬癸編
　　　　　審，《臺灣南島語言研究論文日文中譯彙編》，國立臺灣
　　　　　史前博物館籌備處，頁403-415。

中村孝志著，吳密察、許賢瑤譯

　　1994〈荷蘭時代的臺灣番社戶口表〉，《臺灣風物》44：1，頁
　　　　234-197。

王崧興

　　1986〈八堡圳與臺灣中部的開發〉，《臺灣文獻》26：4，頁42-
　　　　49。

　　1967〈龜山島漢人漁村社會之研究〉，《中央研究院民族所研究專
　　　　刊》13，臺北：中研院民族所。

王興安

　　1999〈殖民統治與地方菁英——以新竹、苗栗地區為中心（1895
　　　　年-1935年）〉，臺北：臺灣大學歷史研究所碩士論文。

冉亦文

　　1985〈釀酒葡萄的栽培、成熟與採收〉，《製酒科技專論彙編》
　　　　7，頁28-38。

石再添、鄧國雄、張瑞津、黃朝恩

　　1977〈濁大流域的聚落分佈與地形之相關研究〉，《臺灣文獻》
　　　　28：2，頁75-94。

吳忠緯

　　1997〈北斗：一個臺灣市鎮的興衰變遷史〉，臺北：政治大學歷史
　　　　研究所碩士論文。

吳密察

　　2003〈歷史研究中的地方史〉，《2001年淡水學學術研討會旎歷
　　　　史、生態、人文論文集》，臺北：國史館，頁137-139。

吳聰賢

　　1991〈現代化過程中農民性格之蛻變〉，收入李亦園、楊國樞編，
　　　　《中國人的性格》，臺北：桂冠公司，頁345-391。

李壬癸

　　1992〈臺灣平埔族的種類及其相互關係〉，《臺灣風物》42：1，
　　　　頁211-238。

李亦園

　　1955〈從文獻資料看臺灣平埔族〉，《大陸雜誌》10：9，頁19-
　　　　29。

汪榮祖

　　2000〈從史學看中央與地方的關係——論國史的重新整合〉,《中華民國史專題論文集第五屆討論會》第二冊,臺北:國史館,頁1-12。

岸本美緒著、何淑宜譯

　　2000〈明清地域社會論的反思——「明清交替の江南社會」新書序言〉,《近代中國史研究通訊》30,頁164-176。

岸本美緒講、朱慶薇記錄

　　2001〈「秩序問題」與明清江南社會〉,《近代中國史研究通訊》32,頁50-58。

林文龍

　　1999〈八卦山畔平埔社址考辨〉,《彰化藝文》2,彰化:彰化縣立文化中心,頁19-25。

　　2000〈半縣社的漢化與消失〉,《彰化文獻》創刊號,彰化:彰化文化局,頁69-100。

林景明

　　1966〈臺灣之洋菇罐頭工業〉,《臺灣之食品工業》第一冊,臺北:臺灣經濟研究室,頁96-126。

林福星

　　2001〈臺灣「八七水災」的救災與重建——以彰化縣為例〉,臺中:中興大學歷史所碩士論文。

施振民

　　1973〈祭祀圈與社會組織——彰化平原聚落發展模式的探討〉,《中央研究院民族學研究所集刊》36,臺北:中央研究院民族研究所,頁191-208。

施添福

　　1989、1990〈清代臺灣市街的分化和成長:行政、軍事和規模的相關分析〉,《臺灣風物》39:2、40:1,頁1-40、頁37-65。

　　1990〈清代臺灣「番黎不諳耕種」的緣由:以竹塹地區為例〉,《中央研究院民族所集刊》69,臺北:中央研究院民族研究所,頁67-91。

1994〈揭露島內的區域性：歷史地理學的觀點〉，《中等教育》
　　　45：4，頁62-72。

1995〈清代臺灣岸裡社地域的族群轉換〉，《平埔研究論文集》，
　　　臺北：中央研究院臺灣史研究所籌備處，頁301-332。

2001〈日治時代臺灣地域社會的空間結構及其發展機制：以民雄
　　　地方為例〉，《臺灣史研究》8：1，頁1-40。

柯志明

1993〈米糖相剋──日本殖民主義下臺灣的發展與從屬〉，《當
　　　代》69，頁70-93。

1993〈臺灣農民的分類與分化〉，《中央研究院民族所研究集刊》
　　　72，頁107-150。

洪麗完

1999〈二林地區漢人拓墾過程與平埔族群移居活動之探討〉，《臺
　　　灣史研究》4：1，頁49-96。

2002〈從部落認同到「平埔」我群─臺灣中部平埔族群之歷史變
　　　遷〉，臺灣大學歷史學研究所博士論文。

夏鑄九

1993〈空間形式演變中之依賴與發展〉，《臺灣社會研究》1：2、
　　　3，頁263-337。

翁佳音

〈虎尾人（Favorang）的土地與歷史〉，發表於中研院史語所未刊
　　　稿。

1992〈被遺忘臺灣中部原住民─ Quata（大肚番王）初考〉，《臺
　　　灣風物》42：4，頁145-188。

張素玢

1997〈臺灣中部移民村之研究─1909-1945〉，《中國海洋發展史
　　　論文集》第六輯，中央研究院中山人文社會科學研究所，
　　　頁429-498。

〈日治時期北斗地區的開發〉，《臺灣開發史論文集》，臺
　　　北：國史館，頁95-120。

1999〈承起與開創——以彰化地區方志歷史篇的撰修為例〉，《五十年來臺灣方志成果評估與未來發展學術研討會論文集》，南港：中研究院臺灣史研究所籌備處，頁257-272。

2000〈平埔社群空間地圖的重構與解釋：以東螺社與眉裡社為中心〉，「平埔族群與臺灣社會」國際學術研討會，中央研究院民族學研究所、臺灣史研究所籌備處。

〈憤怒的葡萄——二林葡農抗爭事件〉，《臺灣史蹟》36，頁251-262。

〈從二林蔗農事件到葡農事件——地域與社會力的形成〉，《臺灣史料研究》16，頁2-21。

2001〈私營農場與二林地區的發展 1900-1945〉，《彰化文獻》2，頁49-74。

2002〈文獻蒐集與地方史志研究——以彰化二水鄉為例〉，《國家圖書館館刊》2，，頁35-52。

〈與河爭地——濁水溪河川地的利用與環境變遷〉，《淡江史學》13，頁169-180。

〈田野調查實務——《二水鄉志》的纂修為例〉，《全國新書資訊月刊》46，頁6-8。

張瑞津

1983〈濁水溪沖積扇河道變遷之探討〉，《地理學研究》7，頁85-100。

1985〈濁水溪平原的地勢分析與地形變遷〉，《地理研究報告》11，頁199-228。

惜　遺

1950〈臺灣水利事業年譜〉，《臺銀季刊》3：3，頁174-183。

許嘉明

1973〈彰化平原福佬客的地域組織〉，《中央研究院民族學研究所集刊》36，頁165-188。

陳一仁

2000〈鹿港區平埔族「馬芝遴社」社域及人口變遷探討〉，《彰化文獻》創刊號，頁149-180。

陳三郎
　　　1978〈大突社番始末初探〉，《臺灣文獻》29：2，頁157-172。
陳世璨
　　　1950〈臺灣農民組織的變遷〉，《臺灣農林月刊》4：44。
陳國典
　　　1993〈二水地名的由來〉，《彰化人》15，頁23-24。
陳國棟
　　　1990〈臺灣的分拓墾性伐林（約1600-1976），收入劉翠溶、依戀
　　　　　可主編，《積漸所至 —— 中國環境史論文集》（下），臺
　　　　　北：中央研究院經濟所，頁1017-1062。
陳紹馨
　　　1956〈新方志與舊方志〉，《臺北文物》5：1，頁1-2。
惠　貞
　　　1992〈二林的開發與沿革〉，《彰化人》13。
曾汪洋
　　　1956〈日據時期臺灣糖價之研究〉，《臺灣經濟史》4，臺北：臺
　　　　　灣銀行經濟研究室，頁73-88。
黃富三
　　　1989、1990〈清代臺灣之移民的耕地取得問題及其對土著的影
　　　　　響〉，《食貨月刊》11：1、11：2，頁19-36。
黃新生
　　　1985〈依賴理論介紹〉，《中華雜誌》264，頁38-41。
黃繁光
　　　2004〈八卦山與濁水溪之間的生存空間 —— 彰化二水地區的人地
　　　　　發展關係〉，《淡江史學》14，頁11-14。
楊幸雪
　　　1995〈漢人血緣聚落的分化與整合 —— 以彰化縣溪湖鎮「湖仔內」
　　　　　地區為例〉，臺北：臺灣師範大學地理系碩士論文。
楊　勝
　　　2001〈鹿港的角頭與角頭廟〉，桃園：中原大學建築研究所碩士論
　　　　　文。

溫振華
    1983〈清代臺灣中部的開發與社會變遷〉,《師大歷史學報》11,
        臺北:臺灣師範大學,頁43-95。

廖武正
    1984〈臺灣葡萄產業市場之研究〉,《農業金融論叢》12,頁291-
        329。

臺灣省立臺中
    1983〈臺灣中部地方文獻資料〉,《臺灣文獻》34:1,圖書館編
        藏頁89-114。

劉俊龍
    1992〈水圳建設與彰化平原的開發〉,臺南:國立成功大學歷史語
        言研究所碩士論文。

劉益昌
    2000〈臺灣中部地區史前文化的檢討〉,《中臺灣鄉土文化學術研
        討會論文集》,頁17-39。

劉淑玲
    1989〈臺灣總督府的土地放領政策 —— 以日籍退職官員事件為
        例〉,臺南:成功大學歷史語言研究所碩士論文。

慶　豐
    1991〈北斗牛墟滄桑〉,《彰化人》7,頁23-24。
        〈嚴禁筏夫勒索示碑〉,《彰化人》7,頁19-21。

潘啟明
    1966〈臺灣之蘆筍罐頭工業〉,《臺灣之食品工業》,臺北:臺灣
        銀行經濟研究室,頁127-162。

蔡子民整理
    1986〈李偉光自述 —— 一個臺灣知識份子的革命道路〉(上),
        《臺訊》1。

蔡明雲
    1997〈由祭祀圈看北斗地區漢人聚落的形成與發展〉,臺北:政治
        大學歷史研究所碩士論文。

鄭勝華，邱雯玲
　　1988〈葡萄酒業地理──以臺灣為例〉，《地理學研究》12，頁
　　　　137-172。
謝英從
　　1990〈永靖──一個彰化平原鄉鎮社區的發展史〉，臺北：中國文
　　　　化大學史學研究所碩士論文。
　　2000〈大武郡社的社址、社域及地權的喪失〉，《彰化文獻》創刊
　　　　號，頁101-148。
謝國斌
　　1998〈臺灣農業政策與農民權力〉，臺北：臺灣大學政治學研究所
　　　　碩士論文。
謝繼昌
　　1973〈水利和社會文化之適應──籃城村的例子〉，《中央研究院
　　　　民族學研究所集刊》36，頁57-78。
　　1979〈平埔族之漢化〉，《中央研究院民族學研究所集刊》47，頁
　　　　49-72。
鍾幼蘭
　　1997〈平埔研究中的「族群分類」問題──再議Hoanya（洪雅
　　　　族）之適宜性〉，《臺灣開發史論文集》，臺北：國史館，
　　　　頁137-166。
蘇容立
　　2000〈水利開發對臺灣中部經濟發展之影響〉，臺南：國立成功大
　　　　學歷史語言研究所碩士論文。
顧雅文
　　1990〈八堡圳與彰化平原人文、自然環境變遷之互動歷程〉，臺
　　　　北：臺灣大學歷史研究所碩士論文。

四、外文資料

（一）專書

三浦正三
　　1937《臺灣殖產關係職員錄》，臺北：臺灣農友會，昭和十二年。
大園市藏
　　1942《臺灣人士動態事業界》，臺北：新時代社臺灣支社，昭和十
　　　　七年。
中村孝志
　　1988〈臺灣と「南支・南洋」〉，《日本の南方關与と臺灣》，奈
　　　　良：天理教道友會。
日本糖業聯合會
　　1935《製糖會社要覽》，昭和十年。
北斗公學校
　　1931（北斗）《鄉土調查》（劉金木藏書），昭和六年未刊本。
北斗郡役所
　　1937《北斗郡管內概況》，北斗：北斗郡役所，昭和十二年。
　　1937、1938《北斗郡概況》，臺北：臺灣新民報社，成文出版社影
　　　　印。
伊能嘉矩
　　1904《大日本地名辭書》，東京：富山房。
佐藤吉治郎
　　1926《臺灣糖業全誌》，臺北：臺灣新聞社。
岩村一哉
　　1922《臺灣會社便覽》，臺北：新高興信所，大正十一年。
明治製糖會社
　　1936《明治製糖會社三十年史》，東京：明治製糖株式會社東京事
　　　　務所。
東鄉實
　　1914《臺灣農業植民論》，東京：富山房。
長谷川昭彦
　　1989《地域の社會學—むらの再編と振興》，東京：日本經濟評論
　　　　社。

屋部仲榮
　　　1930《臺灣各地視察要覽》，臺北：臺北出版協會，昭和五年。
洪寶昆
　　　1937《北斗郡大觀》，北斗：北斗郡大觀刊行會，昭和十二年。
原幹洲
　　　1936《新臺灣之人物》，臺北：拓務評論社臺灣支社，昭和十一
　　　　　　年。
間方正之
　　　1939《臺灣殖產關係職員錄》，臺北：臺灣農會，昭和十四年。
趙水溝編
　　　1937《員林郡大觀》，臺北：臺灣新民報社，昭和十二年。
臺中州
　　　1925-40《臺中州統計書》，昭和元、五、十、十五年。
臺中州
　　　1939《臺中州水利梗要》，臺中：臺中州役所，昭和十內務部水利
　　　　　　課四年。
臺中州
　　　1940《臺中州社會教育要覽》，臺中：臺中州役所，昭內務部教育
　　　　　　課和十五年。
臺中州文書課
　　　1921《臺中州管內概要》（全），臺中：臺中州役所，大正十年。
臺中州役所
　　　1936-40《臺中州管內概況及事務概要》。
　　　1936《臺中州概觀》（二），臺中：臺中州役所。
　　　1939《臺中州概觀》，臺中：臺中州役所。
臺中廳畜牛保健組合
　　　1917《臺中廳畜牛保健組合報》，大正六年。
臺中廳庶務課
　　　1918《臺中廳行政事務並管內概況報告書》，大正七年。
　　　1922《臺中廳管內概要》（三），臺中：臺中廳庶務課，大正七
　　　　　　年。

臺灣新聞

　　　1934《臺中市史》，昭和九年。

　　　《臺灣實業名鑑》，昭和九年。

臺灣慣習研究會

　　　1902《臺灣年表附形勢便覽》，明治三十五年。

臺灣總督府內務府土木課

　　　1940《土木事業概要》，昭和十五年。

臺灣總督府文教局社會課

　　　1940《臺灣の社會教育》，昭和十五年。

臺灣總督府官房臨時國勢調查部

　　　1925、1930《國勢調查結果中間報》，大正十四年、昭和五年。

臺灣總督府殖產局

　　　1913-20《臺灣總督府糖務年報》。

　　　1929《臺灣に於ける母國人農業殖民》，昭和四年。

　　　1930《臺灣工場名簿》，昭和五年。

　　　1934《農業基本調查書第31號》，昭和九年。

　　　1941《農業基本調查書第41號—耕地所有並經營狀況調書》。

臺灣總督府殖產局山林課

　　　1915《臺灣保安林調查報告（特ニ飛砂防備林就テ）》，大正四
　　　　　年。

　　　《臺灣林野調查事業報告》，大正四年。

　　　1916《臺灣保安林施業法》，大正五年。

臺灣總督府殖產局移民課

　　　1919《官營移民事業報告書》，大正八年。

臺灣總督府殖產局農務課

　　　1938《臺灣の農業移民》，昭和十三年。

臺灣總督府

　　　1915《農業試驗場特別報告—臺中廳南投廳土性調農業試驗場查》
　　　　　十三號，大正四年。

臺灣總督府關房臨時國勢調查部

　　　1930《國勢調查結果中間報》，昭和五年。

臺灣總督府警務局
　　　1939《臺灣總督府警察沿革誌第二篇 領臺以後の治安狀況（中
　　　　　卷）》。
臺灣總督府鐵道部
　　　1910《臺灣鐵道史》中卷，明治四十三年。
劉明修
　　　1983《臺灣統治と阿片問題》，東京：山川出版社。
蕃務本署
　　　1910《熟蕃戶口及沿革調查綴》。
臨時臺灣土地調查局
　　　1905《臺灣土地慣行一斑》，臺北：臨時臺灣土地調查局，明治三
　　　　　十八年。
Dudley Seers
　　　1981 *Dependency theory: a critical reassessment*, London : Pinter,.
John R.Shepherd,
　　　1993 *Statecraft and Political Economy on the Taiwan Frontier,*
　　　　　*1600-1800.*Standford:Standford University Press.
L. W. Crissman
　　　1972 *Marketing on the Chunghua Plain, Economic Organization in*
　　　　　Chinese Society, Stanford University Press, pp250-259.
Myers, Ramon H. and Mark R. Peattie ed.
　　　1984 *The Japanese Colonial Empire, 1895-1945,* Princeton:
　　　　　Princeton University Press.

（二）期刊、論文

中村孝志
　　　1936〈荷人時代の番社戶口表〉，《南方土俗》四卷一號，昭和十
　　　　　一年。
伊能嘉矩
　　　〈埔里社平原に於ける熟蕃〉，《蕃情研究會誌》2號 (1899)。

移川子之藏

　　1931〈承管埔地合同約字を通じ觀たる埔里の熟蕃聚落〉（其
　　　　二），《南方土俗》1：3，頁37-44。

鈴木滿男

　　1988〈漢番合成家族の形成と展開〉，山口大學博士論文。

Myers, Ramon H.

　　1973 *Taiwan as an Imperial Colony of Japan: 1895-1945, Journal of
　　　　the Institute of the Chinese University of Hong Kong*
　　　　6(December), pp425-451.

五、官報、報紙、雜誌

《臺灣總督府府報》，明治二十九年（1896）～昭和二十年（1945）。
《臺中縣報》，明治二十九年（1896）～明治三十四年（1901）。
《臺灣日日新報》，明治三十一年（1898）～昭和十九年（1944）。
《臺中廳報》，明治三十七年（1904）～大正九年（1920）。
《臺中州報》，大正九年（1920）～昭和十九年（1944）。
《臺灣時報》，大正十年（1921）～昭和二十年（1945）。
《臺灣民報》，1～140號。
《中央日報》，1961～1994。
《中國時報》（中部版），1961～2001。
《聯合報》（中部版），1961～2001。
《自由日報》，1981～1987。
《自由時報》，1988～2001。

六、口述資料

羅阿龍報導（1927年生），1993.5.8採訪。
吳光輝報導（1943年生），1993.5.8採訪。
曾萬全報導（1919年生，曾為二林農場農務課職員），1993.5.8採訪。

李　水報導（二林鎮利國村人，1914年生），1993.5.8採訪。

楊　氏報導（芳苑鄉新生村二十七戶川邊人），1993.7.24採訪。

葉金練報導（田尾鄉人，1924年生），1993.7.27採訪。

許萬煙報導（埤頭鄉人，1928年生），1993.7.30採訪。

陳　笔報導（二林鎮北平里人，1890年生），1993.10.17採訪。

洪奎河報導（1923年生，二林鎮釀酒葡萄業務負責人），1993.10.30採
　　　　訪。

洪進丁報導（二林鎮興華里人，1928年生），1994.1.15採訪。

公賣局吳專員報導，1994.5.23採訪。

楊拱北報導（1910年生），1994.7.26採訪。

楊浴沂報導　1994.7.27採訪。

胡啟祥報導　1994.7.27採訪。

謝明赫報導　1994.7.27採訪。

蔡國雄報導（臺糖溪湖糖廠二林農場），1994.8.17採訪。

吳福良報導（臺糖溪湖糖廠大排沙農場主任），1994.8.17採訪。

張富男報導（臺糖公司溪湖糖廠萬興畜殖場主任），1994.2.3, 1994.8.18採
　　　　訪。

翁博雄報導（臺糖溪湖糖廠萬興農場主任），1994.8.18採訪。

董啟運報導（臺糖溪湖糖廠舊趙甲農場主任），1994.8.18採訪。

陳世昌報導（榮成紙業二林廠廠長），1994.8.19採訪。

陳俊雄報導（陸協碾米廠董事長），1994.8.19採訪。

陳啟維、陳呈祥報導（養雞業者），1995.1.15、16採訪。

謝炎清報導（豐田里統一衛星牧場），1995.1.16採訪。

孫豪亮報導（二林鎮西庄里人，1951年生），1995.4.7.採訪。

陳文敬報導（二林鎮西庄里人，1943年生），1995.4.7.採訪。

陳正雄報導（二林農會推廣股），1995.4.7採訪。

陳　賜報導（二林鎮西庄里人，1928年生），1995.4.7.採訪。

劉水明（1937年生）、劉東海（1961年生）父子報導，1995.4.7採訪。

曾　美報導（二林鎮原斗里人，1943年生），1995.4.8採訪。

邱深江報導（永靖鄉同仁村人，1925年生），1995.4.9採訪。

洪性明報導（二林鎮南光里人，1937年生），1995.4.9採訪。

洪性榮報導（二林鎮人，前立法委員），1995.4.9採訪。

北斗鎮西北斗地區耆老座談會，1995.5.26。

陳亮居報導（前北斗奠安宮主任委員），1994.7.26、1995.7.12採訪。

顏亦聖報導　1995.7.13採訪。

張廷彬報導（北斗鎮第4、5屆鎮長），1995.7.13、29採訪。

陳紹勳、陳世偉報導，1995.7.14採訪。

許榮聰報導（北斗鎮第9屆鎮長秘書，1911年生），
　　　　　　1994.7.28、1995.7.14採訪。

詹石藏（前彰化縣縣議員）、詹孟士（現任北斗鎮鎮長）報導，
　　　　　　1995.7.15、29採訪。

林仲荃報導（北斗鎮官派第2屆副鎮長），1995.7.17採訪。

林如金報導（1905年生），1995.7.19採訪。

劉瑞欽報導　1995.7.19採訪。

鄭德城報導（北斗鎮第6、7屆鎮長），1995.7.19採訪。

楊宗溫報導　1995.7.20採訪。

林建男報導（林生財長孫），1995.7.21採訪。

莊存仁報導　1995.7.21採訪。

北斗鎮北勢寮地區耆老座談會，1995.7.25。

北斗鎮東北斗地區耆老座談會，1995.7.25。

黃材源報導　1995.7.26採訪。

張來枝報導　1995.7.27採訪。

許世勳報導　1995.7.30採訪。

劉金木報導　1995.8.17採訪。

林輝鐘報導（1906年生），1995.8.19採訪。

吳文通報導（1926年生），1995.8.19採訪。

張協銘報導（1903年生），1995.8.19採訪。

洪見洲報導（北斗鎮第8、9屆鎮長），1995.8.19採訪。

卓建國報導（北斗鎮第10、11屆鎮長），1995.8.21採訪。

洪參民報導（北斗鎮第12屆鎮長），1995.8.21、1996.5.4採訪。

許上土報導（1906生），1995.9.3採訪。

許振益報導　1995.9.4採訪。

賴宗寶報導（二八水文史工作室創辦人），1999.6.12、7.18、8.20採訪。

張瑞卿報導（二水鄉倡和村，1931年生），1999.6.13採訪。

茆文傳報導（二水鄉復興村人，1925生），1999.8.12採訪。

茆明福報導（二水鄉二水村人，1938生，明世界掌中劇團團長），
　　　　　1999.8.12採訪。

陳丁煬報導（二水鄉十五村人，1930年生），2000.1.22採訪。

林　蒐報導（二水鄉復興村人，1928年生），2000.1.24採訪。

卓明德報導（二水鄉復興村人，1926年生），2000.1.24採訪。

謝甲丙報導（二水鄉復興村水尾巷人），2000.1.24採訪。

陳正男報導（二水鄉上豐村村長），2000.1.25、2000.6.20採訪。

陳新拴報導（二水鄉大園村人，1920年生），2000.2.10採訪。

洪萬芳報導（二水鄉修仁村番仔寮人，1919年生），2000.2.11採訪。

陳賜祥報導（二水鄉修仁村人，1925年生），2000.2.11採訪。

陳乾修報導（二水鄉修仁村人，1911年生），2000.2.11採訪。

陳東育報導（二水鄉修仁村人，1923年生），2000.2.11採訪。

陳　盼報導（二水鄉修仁村人，1930年生），2000.2.11採訪。

鄭源捷報導（二水鄉源泉村人，1928年生），2000.2.14、2001.9.26採
　　　　　訪。

陳石胎報導（二水鄉倡和村人，1920年生），2000.2.14採訪。

張泉源報導（二水鄉十五村人，1934年生），2000.2.23採訪。

陳　鰍報導（二水鄉五伯村人），2000.6.18採訪。

陳景輝報導（二水鄉第13、14屆鄉長），2000.6.19採訪。

陳益義報導（二水鄉過圳村人，1927年生），2000.6.19採訪。

藍仁和報導（二水鄉上豐村人，1927年生），2000.6.20採訪。

藍宗源報導（二水鄉上豐村人，1931年生），2000.6.20採訪。

林文炳報導（二水鄉上豐村人，1923年生），2000.6.20採訪。

茆文六報導（民間鄉新民村人，1923年生），2000.6.21採訪。

茆清郎報導（民間鄉新民村人，1945年生），2000.6.21採訪。

茆庸正報導（竹山鎮人，1958年生），2000.6.21採訪。

茆鐏煌報導（埔里籃城人，1938年生），2000.6.22採訪。

蔡森林報導（埔里籃城人，1933年生），2000.6.22採訪。

茆茂松報導（二水鄉復興村人，1932年生），2000.8.27採訪。

洪寬令口述，魏金絨整理，2000.8.16採訪。

許明山口述，魏金絨整理，2000.8.16採訪。

陳其中口述（二林鎮公所財政課長），魏金絨整理，2000.8.25採訪。

鄭子賢報導（二水鄉源泉村人），2000.11.13採訪。

鄭錫隆報導（二水鄉源泉村人），2000.11.13、2001.10.21採訪。

陳昆茂報導（二水鄉合和村人）2000.11.13採訪。

花繼洀報導（溪湖鎮東平建材行老店東），2001.4.2採訪。

蔡炎城報導（律師，原居二水），2001.5.2採訪。

黃瑞昌報導（工業技術研究院），2001.6.10、2004.2.28採訪。

洪長源報導（二林鎮人），2001.6.11採訪。

陳晉祥報導（二水鄉二水村人），2001.9.4採訪。

陳弼毅報導（二水鄉二水村人，第6屆鄉長），2001.9.11、10.21、12.9採
　　　　　訪。

陳乾修報導（二水鄉修仁村人，1912年生），2001.9.23採訪。

陳允得報導（二水鄉合和村人），2001.9.23採訪。

鄭瑞堂報導（二水鄉光化村人），2001.9.24採訪。

鄭　罕報導（二水鄉文化村人），2001.9.26採訪。

林明雄報導（二水鄉二水村人，二水鄉第9、10屆鄉長），2001.10.24採
　　　　　訪。

謝紫經報導（二水鄉光化村人，復興國小第9任校長），2001.10.25採訪。

鄭己聰報導（二水鄉合興村人），2001.11.15採訪。

柯鴻基報導（寶斗文化史料研究會會長），2004.2.28採訪。

國家圖書館出版品預行編目資料

歷史視野中的地方發展與變遷
── 濁水溪畔的二水、北斗、二林

張素玢著. ─初版─ 台北市：台灣學生
2004【民93】
面；公分

ISBN 957-15-1212-5（平裝）

1. 彰化縣 ─ 方志
2. 彰化縣 ─ 歷史

673.29/121.1   93002658

歷史視野中的地方發展與變遷
── 濁水溪畔的二水、北斗、二林（全一冊）

著作者：　張素玢
出版者：　台灣學生書局有限公司
發行人：　盧保宏
發行所：　台灣學生書局有限公司
　　　　　台北市和平東路一段一九八號
　　　　　郵政劃撥帳號：00024668
　　　　　電話：（02）23634156
　　　　　傳真：（02）23636334
　　　　　E-mail：student.book@msa.hinet.net
　　　　　http://www.studentbooks.com.tw

本書局登記證字號：行政院新聞局局版北市業字第玖捌壹號

印刷所：博創印藝文化事業有限公司
　　　　　台北縣中和市中山路三段110號9樓之三
電　話：（02）82215966

定　價：平裝新台幣四〇〇元

西　元　二　〇　〇　四　年　三　月　初　版

67325
ISBN 957-15-1212-5（平裝）